本书系2023年四川省高等教育人才培养和教学改革重
手的一流大学五育并举实效性研究与实践（JG2023-9

# 锵锵鸣凤 通才练识

## 新时代通识教育探索与实践

主　编　党跃武　刘　黎

四川大学出版社
SICHUAN UNIVERSITY PRESS

图书在版编目（CIP）数据

锵锵鸣凤 通才练识：新时代通识教育探索与实践 /
党跃武，刘黎主编. -- 成都：四川大学出版社，2025.
1. -- ISBN 978-7-5690-7514-4

Ⅰ．G640

中国国家版本馆 CIP 数据核字第 2025YB6745 号

书　　名：锵锵鸣凤 通才练识：新时代通识教育探索与实践
　　　　　Qiangqiang Mingfeng Tongcai Lianshi：Xinshidai Tongshi Jiaoyu Tansuo
　　　　　yu Shijian
主　　编：党跃武　刘　黎
--------------------------------------------------------------
选题策划：刘一畅
责任编辑：刘一畅
责任校对：曹雪敏
装帧设计：墨创文化
责任印制：李金兰
--------------------------------------------------------------
出版发行：四川大学出版社有限责任公司
　　　　　地址：成都市一环路南一段 24 号（610065）
　　　　　电话：（028）85408311（发行部）、85400276（总编室）
　　　　　电子邮箱：scupress@vip.163.com
　　　　　网址：https://press.scu.edu.cn
印前制作：四川胜翔数码印务设计有限公司
印刷装订：成都金龙印务有限责任公司
--------------------------------------------------------------
成品尺寸：170 mm×240 mm
印　　张：16.75
字　　数：309 千字
--------------------------------------------------------------
版　　次：2025 年 1 月 第 1 版
印　　次：2025 年 1 月 第 1 次印刷
定　　价：78.00 元
--------------------------------------------------------------
本社图书如有印装质量问题，请联系发行部调换

扫码获取数字资源

四川大学出版社
微信公众号

# 编委会

# 目　录

## 五育并举

## 金课建设

## 建设管理

五育并举

SIMULTANEOUS DEVELOPMENT OF HOLISTIC EDUCATION

# 新时代高校美育课程探索与实践[*]

## ——以四川大学为例

王苏宁　胡廉洁　白　伟　丁宇飞　谭杰丹　王　鹏

四川大学教务处

**摘　要**：坚持五育并举，加强和改进高校美育工作，促进学生德智体美劳全面发展，是新时代高校教育工作的重要课题。本文结合四川大学美育课程建设实际，提供了综合性双一流大学对美育教育的探索与实践的样板，总结了高校美育课程建设途径，为推进新时代高校美育教育走深走实提供可参考的实践思路，助力新时代高校学生成为增智于美、树德于美、强体于美、勤劳于美，德智体美劳全面发展的中国特色社会主义建设者与接班人。

**关键词**：高校；美育；课程；探索与实践

党的教育方针明确把美育作为学生培养目标的重要内容之一。2019年和2022年教育部相继发布《关于切实加强新时代高等学校美育工作的意见》和《高等学校公共艺术课程指导纲要》等高校美育工作专项文件，党的二十大报告中更是明确指出要落实立德树人根本任务，培养德智体美劳全面发展的社会主义建设者和接班人。因此，高校美育教育是一项持久的、需要不断探索和发展的教育活动，其与德育、智育、体育、劳育紧密相连，与高校课程建设息息相关。本文以四川大学为例，探讨新时代美育课程建设探索与实践。

## 一、新时代高校美育教育的重要意义

随着国际竞争和人才竞争的加剧，社会发展越来越需要身心全面发展、综

＊　本文系四川省2023年高等教育人才培养质量和教学改革项目"以'三进'为抓手的一流大学五育并举实效性研究与实践"（项目编号：JG2023－9）的阶段性成果。

合素质优秀的人才。培养德智体美劳全面发展的中国特色社会主义建设者和接班人是我国教育的总目标。其中，"美育"作为一种感性教育，能培养学生在具有审美意识的同时，具有感受美、创造美和鉴赏美的能力，有助于提升学生的感知力和想象力，锻炼学生的判断力和思维能力，塑造学生个体的完整人格，促进学生各方面和谐发展。美育作为促进素质教育发展的根本，成为高等教育的重要组成部分，是高校落实好立德树人根本任务的重要途径。党的十八大以来，以习近平同志为核心的党中央高度重视学校美育工作，并作出系列重大决策部署。2020 年中共中央办公厅和国务院办公厅联合印发的《关于全面加强和改进新时代高校美育工作的意见》，强调从新时代的历史方位出发，进一步凸显美育的价值功能，加强美育与德育、智育、体育、劳育的深度融合。因此，实施美育教育既是新时代高校坚持立德树人根本任务的重要课题，也是时代赋予高校的重要使命。

## 二、新时代高校美育教育的现状分析

美育教育被正式列入国家教育方针以来，高校美育教育工作实施取得了长足进展。在新时代背景下，高校美育教育迎来前所未有的发展机遇，但同时也面临诸多挑战。随着国家教育政策的导向和社会对美育价值的认可，高校逐渐认识到美育在人才培养中的重要作用。许多高校开始将美育纳入课程体系，并积极探索美育教育的有效途径。这种思想认识的转变，为高校美育教育的发展奠定了坚实的基础。然而，尽管高校对美育教育的重视程度有所提高，但在实际操作中仍存在一定的差距。首先，美育课程设置仍然不够完善。尽管大部分高校都开设了美育相关课程，但课程的种类和数量仍然有限，难以满足学生的多样化需求。其次，美育教育在人才培养体系中的定位仍然不够明确。部分高校在课程设置和教学资源分配上仍然侧重于专业知识和技能的培养，而忽视了美育教育的重要性。第三，师资力量是制约高校美育教育发展的关键因素之一。一方面，美育教师的数量相对较少，难以满足高校日益增长的美育教育需求。另一方面，部分美育教师的专业素养和教学能力有待提高，难以胜任新时代美育教育的重任。此外，高校美育教育的教学方法和手段亟待改进。传统的教学方法往往注重知识的传授和技能的训练，而忽视了对学生审美情感和创造力的培养。在新时代背景下，高校美育教育需要更加注重学生的主体性和实践性，采用多样化的教学方法和手段，以激发学生的学习兴趣和创造力。

## 三、新时代高校美育教育的实践路径

本文以四川大学为例，探索新时代高校美育教育的实践路径，旨在为各高校提供可作参考的美育建设探索与实践样板。四川大学在办学实践中以立德树人为根本，以社会主义核心价值观为引领，坚持明德引领风尚，秉承德智体美劳全面发展的理念大力推进美育"三进"改革，筑牢"以美增智、以美养德、以美铸魂"内涵，丰富美育手段，强化美育功能，逐步构建"大美育"体系，充分发挥美育在构建五育并举的高质量人才体系中的重要作用，做好弘扬中华美育精神的时代课题，努力培养德智体美劳全面发展的时代新人。学校深入推进美育课程建设，充分唤醒学生的审美意愿，培养学生的审美能力，将美融于学术和生活，让审美成为一种自发的技能，在学习、生活中笃行而不倦，志洁而行芳。

### （一）坚持顶层指导，推进制度保障，全面做好美育课程建设支持

美育课程建设是一项充满使命感的任务。高校要明确美育课程建设在高等教育体系中的重要地位，通过制度保障大力支持美育，确保美育课程不被边缘化，确保美育课程在师生中顺利开展，确保美育成为五育并举的重要组成部分，助力学生成为具有审美情趣、文化素养、创造力等综合素质的时代新人。四川大学高度重视美育课程建设，成立由党委领导的通识教育中心，负责整合通识教育、美育教育的整体规划、建设等相关工作，推进美育课程教学改革与创新，做好美育课程的规划、建设与评估。依托学校教材建设和选用审核委员会，统筹学校本科、研究生美育课程教材建设和管理工作。成立美育教学指导委员会，负责学校美育教学的理论与实践研究，研制美育教育教学基本规范、质量标准和场地设施配备要求，组织开展学校美育教师教学能力提升培训、学术研讨、经验交流、展演展示和国际交流。

### （二）坚持融会贯通，突出丰富全面，持续提升美育课程建设强度

美育课程不仅仅是培养学生的艺术技能，更是促进其全面发展的重要途径。融合各种艺术形式和学科内容，能够更好地激发学生的创造力、想象力和批判性思维，拓展学生的认知边界，培养学生的审美情感、人文素养和社会责任感。此外，不同学生在美育方面的兴趣、天赋和需求各异，丰富全面的美育课程才能为学生提供更多选择和发展空间，促进其个性化发展。

新时代下，四川大学对照学校人才培养目标，将美育教育潜移默化融入课

程教学内容。美育课程在实现知识传授和能力培养的同时突出价值引领和品格塑造，春风化雨般将文化自信、家国情怀、责任担当等元素融入课程建设中。根据学校不同学科的专业特点，加强美育要素有机融合，挖掘学科专业中的"人文美""科学美""工程美""医学美""运动美""劳动美"等元素，将美育教育纳入专业教育、思想政治教育、创新创业教育，开足开齐美育课程。多措并举引导学生树立正确的审美观念，提升审美鉴赏能力与文化修养，培养具有崇高审美追求、高尚人文素养的高素质人才。例如，开设"中华文化（艺术篇、文学篇、历史篇和哲学篇）"等全校性必修课程、"视觉的诗篇：艺术的精神与意义""华冠丽服：服饰文化与中国精神"等美育核心课程和全校性选修课程。其中，"中华文化（艺术篇、文学篇、历史篇和哲学篇）"将课程建设与美育深度融合，以中华优秀传统文化引导学生树立正确的审美观念，以美育人，提升学生的审美鉴赏与文化修养，让广大青年学生在艺术学习的过程中了解中华文化变迁，触摸中华文化脉络，汲取中华文化艺术的精髓。开设"弦歌不辍：聆听音乐的多维魅力"课程，立足新时代课程思政建设，精心挑选出以中国共产党党史为创作蓝本的优秀音乐作品，如钢琴协奏曲《黄河》、舞剧《永不消失的电波》、话剧《待放》等，丰富思政教育的形式，将美育的元素融入党史学习中，进一步强化学生的党史记忆，使学生领会到经典音乐所蕴含的红色精神，提升学生的美育修养、文化自信和责任担当。此外，四川大学还打造"巴蜀文化""琴韵剧谭"等优质美育慕课，充分发挥专业艺术教育对学校美育的辐射带动作用，营造学校良好的文化艺术氛围。

### （三）坚持因材施教，强调创新生动，有效释放美育课程实践动力

美育教育强调的是实践性和体验性，美育课程是培养学生的创造力和想象力的重要途径。因材施教，定制教学内容和方法，通过创新生动的教学方式和活动设计，更好地激发学生的创造潜能，提高学习的效果和效率，培养其创新精神和实践能力。四川大学不断强化美育课程实践教学，让美育课程更加"生动活泼"，让学生在艺术创作中学习。例如，学校开设"大美无言：书画艺术与审美意识"课程，通过带领学生进行书画、篆刻创作体验，让学生感受与领悟传统的美学，在动手的过程中体会美、创造美，产生更多的学习兴趣，并通过"中国艺术国际巡展VR虚拟仿真平台"在威尼斯双年展等国际主流艺术场所开展虚拟展览实验，增强学生文化自信，提升学生向世界传播中华优秀传统文化的意识和能力。开设"戏剧交响：从文学到舞台"的课程，围绕戏剧艺术的核心要素——剧本、演员、导演、剧场、观众展开讲授，探寻戏剧艺术的创作思维、演剧观念和艺术本质，引导学生在理论与实践中学习和体验戏剧艺术

的独特魅力，同时提高人文素养、培养审美能力、体验艺术创作、锻炼协作能力。

### （四）坚持深耕厚植，充分激发美育课程教材建设活力

美育涵盖了广泛的艺术形式和学科领域，包括音乐、舞蹈、戏剧、视觉艺术等多个方面，而每个方面都有着丰富的历史、理论和实践内容。深耕厚植，使美育教育更专业、更系统，通过深入挖掘和积累丰富的教学资源和教学经验，提供更优质、更丰富的教学内容和教学方法，提升教学质量和教学效果。使美育课程更全面、更深入地涵盖各个学科领域，为学生提供更广阔的学习空间和更丰富的学科体验。美育领域发展日新月异，不断涌现出新的艺术形式和教学理念，需要不断更新和完善美育教材内容和教学资源，以适应时代发展的需求。通过激发美育教材建设活力，不断推动美育课程的发展和创新，保持其与时俱进的特点。

四川大学积极建设一批扎根中国、融通中外，体现国家和民族核心价值观，格调高雅，凸显中华美育精神的美学和艺术史论类、艺术鉴赏类、艺术实践类教材。近年来，已出版《3D 打印技术与成形工艺》《艺术符号学》等 4 种美育类教材。此外，《中国传统图案设计》《中国古代书论经典讲读》《中国电影经典导读》等 25 种美育类教材申报立项建设。学校实施"经典导读"计划、"一课一书"计划，大力推进"大美无言：书画艺术与审美意识""戏剧交响：从文学到舞台"等 20 余种美育类通识核心课程教材建设。

### （五）坚持广纳贤才，打造精英师资，持续壮大美育课程教师队伍

师资队伍是美育课程建设的重要保障。优秀的美育教师能够为学生提供更高水平的教学，引导学生在艺术领域实现更好的发展，学生将更有动力和信心去探索、表现和发展自己的艺术才华，从而实现个人价值的最大化。优秀师资不仅具有扎实的教学功底，还具备丰富的教学经验和创新意识。他们能够传承美育领域的优秀传统，同时也能够引领美育教育的创新发展，推动美育教育走向更高水平。

四川大学高度重视美育课程教师思想政治素质和教育教学水平提升。学校依托国家级教师教学发展中心，构建与国际接轨、世界一流的教师教学能力培训机制，全面提高美育课程教师教学水平和人才培养质量；以内培与外引相结合的方式，实施青年教师学位提升项目、高端人才引进项目、大师级人物培育项目、年薪制教师聘任项目等，强化中青年学科带头人和学术骨干队伍建设，打造一流的美育教育师资队伍；探索实施美育课特聘教授制度，吸引社会资

源，进一步加强客座或兼职教授队伍建设，汇聚一批美育教育名家名师。

### （六）坚持调研分析，深入了解学生需求，不断革新美育课程建设路径

美育课程建设与推进调研有助于促进教育改革与发展。通过调研考察分析，可以更好地发现和解决美育教育中存在的问题，为探索新的教学理念和方法并推动美育教育不断向前发展提供新的思路和方法。为进一步深入强化"以学生为中心"全员育人的工作格局，四川大学对学生在美育课程类别、课程内容、教学方式和能力提升等方面开展了详细的调研分析，探讨学生对美育课程的认识与意见，为美育课程建设提供参考。

通过调研了解到，四川大学学生美育课程修读比率约为50％。接近80％的学生对现有美育课程的教学表示满意。在课程类型方面，学生最希望修读的是艺术鉴赏类课程，其次是美学类课程、艺术实践类课程、艺术与本学科交叉课程、艺术经典课程等；在课程内容方面，学生最喜欢的是影视类课程，其次是音乐类课程、综合类课程、书法类课程等；在能力提升方面，学生最希望提升审美能力，其次是艺术专项技能（如绘画、舞蹈等）、创新能力、艺术基础知识等；在教学方式方面，学生最喜欢实地参观体验，其次是课堂讲授、课堂实践、线上线下混合式教学等；在意见和建议方面，学生最期盼增开美育课程，提升美育课程容量，让每位同学都有机会学习。

根据调研，学校将持续深入推进美育课程建设，进一步增加美育课程数量与容量，增设艺术技能类课程如绘画、摄影、美术等，增添教学实践环节，促使学生多动手、多体验、多创作。同时，注重课程趣味性与实践性，促进学生在放松中提升审美能力。此外，注重增加艺术展览和艺术类比赛的场次，进一步丰富学生课外活动。

## 四、新时代高校美育的未来图景

本文结合四川大学美育课程建设"以学生为中心"教育理念，阐述了美育课程建设的做法与成效，并通过在学生中调研，进一步引发对美育课程的思考。新时代下，高速发展的科技给高校美育带来了机遇，高校应积极构建智慧美育的新模式，要更加注重整合艺术、人文、科学等多学科领域的资源，创造更为丰富多彩的美育学习环境，提升学生的综合素养；更加注重实践性教学和体验式学习，通过丰富多样的艺术活动、实践课程和参观实践等方式，让学生亲身感受艺术的魅力；更加注重拓展创新教学手段，引入新媒体、新技术等现代技术，打破时间和空间的限制，创造出更为开放和自由的学习环境，提升美

育课程的教学效果和吸引力；更加注重挖掘优化资源配置，充分运用心灵美、礼乐美、语言美、行为美、科学美、秩序美、健康美、勤劳美、艺术美等多种美育资源，推进课程教学、社会实践和校园文化建设深度融合。通过不断强化美育教育的可持续发展性，以大爱之心育莘莘学子，以大美之艺绘传世之作，努力培养心灵美、形象美、语言美、行为美，以及具有正确的历史观、民族观、国家观、文化观的新时代青少年。

## 参考文献

[1] 教育部办公厅关于切实加强新时代高等学校美育工作的意见[EB/OL]. (2019−04−11) [2023−12−23]. http://www. moe. gov. cn/srcsite/A17/moe _ 794/moe _ 624/20190411 _ 377523. html.

[2] 教育部办公厅关于印发《高等学校公共艺术课程指导纲要》的通知[EB/OL]. (2022−12−01)[2023−12−23]. http://www. moe. gov. cn/srcsite/A17/moe _ 794/moe _ 624/2002212/t20221201 _ 1009975. html.

[3] 习近平. 高举中国特色社会主义伟大旗帜为全面建设社会主义现代化国家而团结奋斗 [EB/OL]. (2022−10−16)[2023−03−08]. http://www. xinhuanet. com/politics/cpc20/202210/25/c _ 1129079429. htm.

[4] 孙勇，范国睿. 我国学校美育工作的现状、问题与对策 [J]. 教育科学研究，2018 (22)：70−75.

[5] 刘健婷，万蓓，詹麒. 新时代高校美育实施：意涵流变、逻辑遵循与路向建构 [J]. 学生发展，2023 (10)：99−103.

[6] 郭声健. 基于素养测评的新时代学校美育评价改革 [J]. 人民教育，2022 (22)：37−40.

[7] 谢秋水. 数字技术赋能高校美育的价值功能、现实困境与实现路径 [J]. 思想教育研究，2023 (4)：131−136.

[8] 郭声健，聂文婧. 高校美育教材建设：政策导向、现实诉求与创新思路 [J]. 湖南师范大学教育科学学报，2023 (3)：18−26.

# "数字嵌入"与"具身书写"：新时代高校艺术美育通识课程建设的川大实践

## ——以四川大学"大美无言：书画艺术与审美意识"通识教育核心课程的建设为个案<sup>*</sup>

### 支 宇

四川大学艺术学院

**摘 要**：21世纪以来，尤其是党的十八大以来，四川大学在通识教育改革与研究中持续不断地进行新时代通识教育川大经验的探索，初步形成了一系列高质量的通识教育"川大范本"。在新一轮通识教育改革后，四川大学第二批通识教育核心课程"大美无言：书画艺术与审美意识"一方面以"数字嵌入"来应对时代语境和通识教育接受主体期待视野的变化，另一方面以"具身书写"来响应中华优秀传统文化和审美意识的全面复兴，为四川大学艺术美育通识核心课程建设提供了一个较有特色的实践例证和改革个案。

**关键词**：数字嵌入；具身书写；通识教育；课程建设

21世纪以来，尤其是党的十八大以来，中国高校通识教育面对着两个重要的时代特征：一是"数字技术与人工智能的极速迭代与发展"，二是"中华优秀传统文化的全面复兴"。面对这一全新的时代语境，新时代高校艺术美育通识核心课程建设既充满挑战，也充满机遇。

四川大学启动并开展新一轮通识教育改革以来，通识教育核心课程"大美无言：书画艺术与审美意识"（简称"大美无言"）教学团队积极回应时代特征，以"数字嵌入"与"具身书写"两大路径来探索中国高校艺术美育通识核心课程建设的新方向，努力为新时代通识教育改革与研究"川大经验"的探索

---

　* 本文系四川大学高等教育教学改革工程（第十期）研究项目"国家级艺术学虚拟仿真实验一流课程建设的研究与实践"（项目编号：SCU10018）的研究成果之一。

和"川大范本"的构建提供个性化的实践例证。

## 一、"数字嵌入"："大美无言"对时代语境与期待视野的回应

党的十八大以来，线上教育的常态化使中国高校通识教育的时代语境发生了巨大的变化。随着"Z 世代"学生大量进入高等教育场域，通识教育的教学主体和接受主体都受到了"数字全球化"（Digital Globalization）的剧烈冲击与深刻影响。根据美国学者史蒂芬·韦茅斯（Stephen Weymouth）的论述，在我们所处的这个时代，"数字技术正在重塑全球经济，并使治理合作复杂化。技术和商业创新推动了全球化的一个新的数字驱动阶段，这一阶段的特点是跨境信息流动的扩大，这引发了政治冲突和政策分歧"。从这个意义上看，"数字全球化"并非一个简单的经济学命题，而是一个基于当代技术的文化概念或哲学观念。其目标与"去全球化"和"逆全球化"不同，它倡导的是"新全球化"，即一种基于数字技术和互联网技术的"全球化"。也就是说，数字技术与互联网正在重组"全球化"，它在深刻影响当代社会基本结构的同时，也对高校的教育系统和教学方式产生了颠覆性的重构作用。

在数字全球化时代，不同民族、不同语言与文明之间的交流更为顺畅。数字技术突破了地理空间的边界，让高等教育信息、教学手段和艺术文化数据无缝连接。在"赛博"空间，我们可以轻易获取艺术作品信息，包括其数量、大小与存放地点。由于虚拟博物馆的开放，以及社交媒体的视频分享资源，我们能够极为快捷地了解世界各地的教育新闻、社会事件与艺术资讯。远在千里之外的人们甚至也能够基于 3D 技术重建虚拟性的展览现场并获得沉浸式体验。数字全球化和中国当代审美文化为高校学生提供了学习知识的接受背景。作为"数字原住民"，当代学生普遍对虚拟现实（VR）、混合现实（MR）、增强现实（AR）和元宇宙等数字技术有着天然的亲近感和熟稔度。这个时代，即使最为传统的书法绘画，也不断地通过数字技术得到传播和再造。全球化时代，为了获得文化交流与对话的有效性，各个民族国家和文化体系的艺术家们不约而同地走上"再传统"的艺术创造之路，即将各自的文化记忆当作最珍贵的文化资源。在这个时代的洪流中，中国传统书画因为数字技术的加持而得到青年一代追捧和喜爱。早在 2010 年，我国已经开始使用全景动画数字技术对传统书画进行现代性演绎。在上海世界博览会上，中国馆的主体建筑就采用了多种中国文化元素。其中，国家馆不仅采用了极具中国特色的"东方之冠"外形，而且其与传统书法印章之间也有一种文化传承与符号挪用的关系。上海世界博览会举办期间，许多人都慕名参观了电子动态版《清明上河图》。这件作品以

动画方式将《清明上河图》里的人物生活场景表现得栩栩如生。时至今日，随着 VR 技术的发展，还出现了 VR 书画和人工智能（AI）绘画。统计数据表明，基于数字技术的"国潮"现象，其主体受众正是中国青年一代。

在党的二十大报告中，"教育数字化"首次上升为事关中国当代社会发展的国家战略。党的二十大明确将"推进教育数字化，建设全民终身学习的学习型社会、学习型大国"作为重要历史使命。在此背景下，规模空前的"世界数字教育大会"于 2023 年 2 月 13 日至 14 日在北京召开。这次大会以"数字变革与教育未来"为主题，围绕教育数字化转型、数字学习资源开发与应用、师生数字素养提升、教育数字治理等方面进行深入交流，并发布《中国智慧教育蓝皮书（2022）》、2022 年中国智慧教育发展指数报告和智慧教育平台标准规范，发起成立世界数字教育联盟倡议和发布世界数字教育发展合作倡议等，受到全国高校通识教育界的极大关注。

基于这样的时代语境，四川大学通识教育核心程"大美无言"教学团队积极进行通识教育的数字化改革尝试，强调在与时俱进的进程中，让中国传统书画和审美意识与 21 世纪数字化生存产生对话性关系。也就是说，课程致力于引导学生一边学习、体验与讲授中国传统艺术，一边不忘自身所处的数字全球化时代。书画是世事人心之表迹，而传统书法、绘画与篆刻艺术则是中国人不朽精神境界的精醇呈现。本课程全面介绍中国传统书法、绘画与篆刻艺术的媒介、材料、技法、主题及其发展和流变的过程与规律，并通过初步的书画创作体验让学生感受与领悟中国传统审美意识的感性特征，进而梳理中国传统审美意识的基本精神与发展过程。为了实现这一教学目标，本课程以"数字嵌入"为教学手段来契合当代通识教育接受主体的期待视野与审美偏好。本课程教学团队自主成功建成了 2 个四川大学拥有完全自主知识产权的虚拟仿真教学模块："中国艺术国际巡展虚拟仿真实验系统 V1.0"（证书号：软著登字第 7682679 号，登记号：2021SR0960053，时间：2021 年 6 月 28 日）和"海上丝绸之路艺术国际巡展虚拟仿真实验系统 V1.0"（证书号：软著登字第 10853010 号，登记号：2023SR0265839，时间：2023 年 2 月 21 日）。基于这两个教学模块，本课程以教育数字化为指导，运用计算机、互联网、智能化教学设备等先进技术手段，将以往学生听讲、观看视频和教师演示等被动学习方式，转变为学生主动操作，让学生真正参与到课堂当中。本课程"数字模块"采用 Photoshop 制作的高清晰度贴图来获取中国古代传统书法与绘画精品和中国现当代油画、国画、版画和雕塑等多种艺术门类 400 余幅作品图像的逼真性。同时，运用 3D STUDIO MAX 软件进行三维场景、三维艺术品、三维角色等三维素材的制作，本课程的数字教学系统还原了展馆的物理结构和细节，并与共建"一带一路"国家 6 大虚拟展馆的组件比例和位置保持一致,为学生提供了更为真实的体验。在教学过程中,当学生与虚拟展馆进行交互时,"数字模块"能够迅速响应并提供相应的反馈信息,使学生在虚拟环境中获得与现实世界相似的操作体验。

在"数字模块"中,学生可以通过 8 个课时的自由探索和自主学习,掌握中国艺术史重要艺术家、艺术现象与艺术流派、熟悉现当代艺术展览的基本工作流程和研究方法。本课程的实验系统提供了中国油画作品 123 幅、版画作品 71 幅、国画作品 67 幅、雕塑作品 24 件,以及其他作品 15 幅。通过"数字嵌入"的教学手段,本课程能够让学生在虚拟系统中认知共建"一带一路"国家美术馆的空间关系和地理方位,通过选择为欧洲、亚洲和非洲各大展览场馆确定巡展路线、认知艺术作品、确立思潮主题、挑选艺术家与作品,然后经空间分割、展墙搭建、作品安放、灯光调整和导览动线设计等的虚拟仿真实践步骤与环节,最后将中国有代表性的艺术家与艺术品呈现给世界。

"大美无言"以"数字嵌入"为教学改革手段,积极回应数字全球化的时代语境和通识教育接受主体的期待视野和认知偏好。自 2021 年秋季学期开始,"大美无言"通识课程已经连续运行了 5 个完整的教学周期,受到全校不同专业背景学生的欢迎,取得了较好的教学效果。

## 二、"具身书写":"大美无言"对通识课程教学设计与教学方式的新探索

由于信息技术和电子移动科技的飞速发展,数字全球化时代在催生"赛博"空间快速膨胀的同时,也引发了高校通识教育受众另一种相反的心理需要:具身性交流与在地化呈现。也就是说,主要由"Z 世代"构成的"数字原住民",在数字化的私人空间与公共性的数据流中待得太久,反而需要到真实的教学课堂和充满偶然性的交互性教育空间里重新获取原初的存在感。基于这一反向性心理渴望,数字全球化时代的高校通识教育亟需重构课堂氛围和教学方式。在当前的通识教育中,如何以灵活而生动的教学设计与教学方式来满足新一代高校学生对具身性交流的渴望,成为新时代我国高校人才培养的理论与实践问题中十分突出的一个课题。

从这个角度出发,"大美无言"积极发掘中国传统书画艺术的"审美具身性"特征,致力于通过"具身书写"来调动学生对真实性和互动化教学空间的参与热情。21 世纪以来,计算机科学与数字技术飞速发展。尤其是近年来,随着元宇宙、ChatGPT 与 AI 等的出现与极速迭代,人类已经置身一个比过去更加远离身体、更加依赖于技术的处境与状况当中。笔者曾在《认知艺术学》

一书导论中对这一现象进行过较为深入的揭示与分析：

> 用当代"认知艺术学"的理论来讲，中国书画艺术与审美意识面对的是一个越来越"离身化"的数字技术化与虚拟仿真化的世界。著名认知科学与哲学家达马西奥和莱考夫等纷纷指出"身体"与"技术"的分离正主宰着我们的生存方式与心智活动。面对这样的生存危机与文化危机，第二代认知科学正致力于用"具身认知"来重新唤醒人类的认知灵活性与生存具体性。

在从"表征计算"的人工智能走向"具身认知"的新一代数智技术这样一个过程中，中国书画艺术和审美意识所蕴含的"具身书写"和"无言大美"等多种特征无疑对全人类都具有重要的启示性意义与思想价值。受到当代认知科学"具身认知"理念的启发，本课程大力用"具身书写"来回应数字算法时代高等学校通识教育的"离身化"倾向。由于现在的数字技术已经渗透当代人的日常生活，人们离自己的身体经验与知识世界越来越远。许多时候，即便人们觉得自己的躯体还和自己在一起，但实际上，四肢、躯干、眼睛、耳朵等部位的知觉信息和自身的情绪已完全被遮蔽在工具理性的自我意识之下。"大美无言"这门课程，通过让大家练习书法和绘画，让自己的心灵、智慧重新回到与身体血肉相关的境界中，以此获得更多的创造性。"具身性"除了聚焦每一个审美主体与自己身体、工具、媒介与环境的耦合关系，还强调一个身体主体和另一个身体主体之间的关系。人类不同于 AI 的本质性因素在于，人类是活生生的、具体的，是来自一个有着具体"地方"和真实空间的书写主体。虽然，学生们在课堂上确实是在教师的指导下模仿与学习米芾的书风或苏东坡的书风，但最终产生的视觉效果与审美效应却与标准化和数字化 AI 机器人的输出完全不一样。作为"大美无言"的重要特征，"具身书写"让学生们得以在听、写、刻、绘的活动中，在眼、手、身、心的并用中，在刀、石、笔、墨、纸、砚等媒介的互动中参与传承中国传统艺术的精髓，也通过这样的方式推进"中华优秀传统文化的全面复兴"。

"大美无言"课程一共有 3 个学分，每周 3 个课时。除了中国书画美学史知识的讲授，本课程还将书法、篆刻与绘画直接搬到课堂，让每一个学生都能够在教师的指导之下学习书画技法并进行书画创作实践。在教学大纲的安排上，本课程第一讲"无言之美与具身书写"对中国传统书画艺术的美学精神及其所处的时代语境进行了阐释与概述。第二讲到第四讲集中讲授中国传统书法与绘画的基本知识与创作要领。其中，第二讲"书为形学"主要介绍中国传统书法、篆刻的媒介、材料、工具与技法；第三讲"书如其人"开始让学生们在专业教师的指导之下开展书法、篆刻创作与审美体验；第四讲"骨法用笔"对中国传统绘画媒介、材料、工具与技法进行讲授；第五讲"传神写照"结合第四讲知识点，让学生们进行中国传统山水画和人物绘画的创作与审美体验。通过上述五讲，本通识课程已经为学生们提供了初步的书画知识，并用"具身书写"来激起学生的参与学习与互动的热情。

此后，第六讲到第十一讲将中国书画史经典作品的赏析与学生们的书画练习与创作实践结合起来。其中，第六讲"中和之美与凝重瑰丽"以先秦美学与秦汉书画为主体内容，第七讲"顾恺之的气韵与王羲之的风度"主要分析魏晋南北朝书画的代表作品，第八讲"盛世华章"以经典作品为例深入讲授隋唐书画的法度、格调与气象，第九讲"林泉高致"引导学生通过宋元书画名品来体会与模仿中国传统艺术的冲淡韵味与隐逸境界，第十讲"性灵独抒"和第十一讲"胸中之竹"分别在明代书画艺术和清代书画艺术的"具身摹写"中结束对中国传统书画艺术与审美意识的跨时空游历。在这一教学过程中，学生不仅从审美意识与东西方跨文化艺术比较的角度领略了中国传统书画艺术"大美无言"的生命境界，而且还在教师的指导下欣赏了大量历代名画名帖并通过"具身书写"进行了整整一个学期的创作体验。

本课程不仅用"具身书写"来概括中国书画艺术与审美意识的根本特征与文化精神，而且也通过"具身书写"来推动学生们运用自己的眼、手、心来回应中国传统艺术与时代语境的内在关联。这事关中国书画艺术与审美意识的当代意义与价值。本课程认为，只有处于与时代语境的对话性关系中，"Z世代"青年学子才能深入感受与深刻体悟中国书画艺术与审美意识的当代价值与悠长启示。

## 三、结语

"大美无言：书画艺术与审美意识"以"数字嵌入"和"具身书写"为基本特征来探索数字全球化时代艺术美学通识教育的教学路径与方法。本课程的目标是希望在文明互鉴和文化复兴的语境中、在传统文科与数字虚拟仿真技术的学科交叉中，帮助广大师生以全球化和当代性的方式去触摸和重温古典书画艺术，以具身化的面貌方式去对话虚拟现实和人工智能，亲身参与知识、心智和审美活动的构造，而不是仅仅使用冷冰冰的计算机或者是看似无所不知的AI程序。经过3年5个教学周期的运行和检验，本课程团队深深地体会到：真正的创造性可能就蕴含在数字技术与身体知觉的双向互动中，潜藏在中华优秀传统艺术与当代世界技术哲学的文明互鉴之中，等待我们去唤醒、去开掘并激发。

## 参考文献

［1］Stephen Weymouth. Digital Globalization ［M］. Cambridge：Cambridge University Press. 2023.

［2］支宇. 再传统——中国当代艺术的文化立场与记忆模式 ［J］. 文艺争鸣，2014 (6)：15－21.

［3］张东海. 新时代我国高校人才培养的理论与实践问题——中国高等教育学会高等教育学专业委员会 2022 年学术年会综述 ［J］. 高等教育研究，2023 (1)：107－109.

［5］支宇. 认知艺术学导论 ［M］. 北京：文化艺术出版社，2023.

# 马克思主义文艺理论下的五育并举探索

## ——以四川大学美育通识课程为例

张清嵋

四川大学文学与新闻学院（新闻学院、出版学院）

**摘　要**：培养德智体美劳全面发展的社会主义建设者和接班人，既是新时代教育的目的，也是新时代党的教育方针的核心要求。近年来，国家、社会对大学美育的关注度愈加增强，背后的原因在于教育中"唯分数论"导致的学生能力低下。素质教育的本质在于提升一个人的素养，而不在于提高考试分数。马克思主义文艺理论中将"美"视为人的本质的体现，能够在大学美育探索中给予我们思考，"先学做人，再学做学问"。在教育中，"人"的塑造是一个永恒的终极命题。

**关键词**：大学美育；通识教育；马克思主义文艺理论；五育并举

## 一、近年来社会对美育的关注分析

随着高校素质教育的不断完善发展，德智体美劳五育被纳入了高校学生评价体系，作为学生综合素质的参考指标。近年来，社会对"美育"的关注度显著提高。2002 年 11 月，党的十六大报告提出，要"全面贯彻党的教育方针，培养德智体美全面发展的社会主义建设者和接班人"。习近平总书记在 2018 年全国教育大会上明确提出"要努力构建德智体美劳全面培养的教育体系，形成更高水平的人才培养体系"。2019 年，在中共中央、国务院印发的文件《中国教育现代化 2035》中也强调，应更加注重学生全面发展，大力发展素质教育，促进德育、智育、体育、美育和劳动教育有机融合的"五育融合"育人目标。2020 年 10 月，中共中央、国务院印发了《关于全面加强和改进新时代学校体育工作的意见》和《关于全面加强和改进新时代学校美育工作的意见》，并发出通知，要求各地区各部门结合实际认真贯彻落实上述文件。

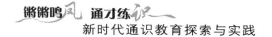
随着五育并举育人格局的确立，"美育"从一般生活内容被纳入更高层级的教育体系，成为促进学生全面发展的重要指标、培育和践行社会主义核心价值观的重要内容。

在五育融合受到普遍欢迎的当下，我们更需要去分析其中的原因。近些年关于美育的话题不断被提起，这实际上反映了素质教育中学生审美能力的缺失。现实中不乏高校毕业生拥有傲人的考试成绩却无法树立正确的审美观的例子，这提示我们不仅要促进政策的完善，更要将其落实，为社会发展培养能满足其需要的时代新人。审美教育是促进学生自我完善，同时促进社会发展的重要一环，大学作为高等教育的重要开展场所，承担着塑造学生审美观的重要责任。

## 二、马克思主义文艺理论视域下的美育

### （一）"人"的本质

近代美育集大成者、德国思想家席勒曾经指出，艺术活动所涉及的是完整的人对客观现实的关系以及与反映和总结着这一现实的社会——人的对象化活动的关系，马克思在这一思想上进一步生发，强调艺术中人的主体性和完整性——"人以一种全面的方式，也就是说，作为一个完整的人，占有自己的全面的本质"。可见，只有在自觉意识与自由意志下的活动中，人类才能够按照美的规律塑造美，从而真正占有自己的本质。

马克思在《1844年经济学哲学手稿》中有大量关于"美"的论述，其中尤其强调了人类对"美"的自发追求是推动社会进步发展的重要源泉。真正的、未异化的劳动源自满足自身的需要，而"人"的类属性质便在于对"美"的追求、欣赏与创造这一高于一般物质需求的精神需求，正是在物质与精神的双重辩证统一下，在与"他者"的对象性关系之上，人才能真正地占有自己的本质。在动物与人之间，马克思用"意识"将二者划分开来。"动物不把自己同自己的生命活动区别开来。它就是这种生命活动。人则使自己的生命活动本身变成自己的意志和意识的对象。他的生命活动是有意识的。"正是在意识的萌发下，人方能认识到人之为人的主体性，从而能够将生活对象化，继而产生"生命的生活"。

### （二）审美与人的全面发展

从个人的角度出发，在马克思看来，人是有生命且有需要的人，他的一切

行为都是由需要引起的，人的需要在一定程度上决定了人的生存、发展状况。人类有着不同于其他一切动物的无限性和普遍性，又以其需要的丰富和发展证明和充实人的本质力量，其生存和发展活动的根据和动因都深深根植于人的需要之中。这种需要鲜明地体现在人对于"美"的追求和创造中。但是，在异化日益严重的现代社会，劳动者的创造难以是自己意志的自由自觉的体现，也无法成为本质力量的充分展现和发挥。人成为非人，人的美感以及依照美的尺度的生产也丧失了其特有的本性，反过来否定人、压抑人，变成了我们生存的手段，最终成为我们同自己、同他人异化的力量。

"一切人"的自由发展同样离不开个人对美的追求。实践论美学的最高主题就是追求社会的同时又是个体感性的人的本质的全面自由发展，并以共产主义社会的实现为理想目标。

## 三、大学美育：在"美"与"育"之间

### （一）超越工具理性

现代工具理性的话语霸权造成了人的精神异化，从山野到工厂，从手工业到机器，从口耳相传到大数据，我们今天经历的是一场数字化的工业革命，它让我们生活得更加有效率。然而，我们在获得进步的同时，也在付出代价，文化对立、社群撕裂、战争威胁、普遍的指标量化思维模式对我们的束缚……这样的矛盾、悖论，毋宁说就是现代性，而诸如"美"这样的人类终极追求是无法被量化的。当代社会是实用的，利益是发展的驱动工具，学生进入社会后常常面临不得不认同社会价值观的情况，否则可能难以生存，"但是至少在毕业之前，学生可以保持一点超功利的批判精神。这样做是必要的思想训练，很可能是此生唯一的机会"。大学之责任在此，大学美育之责任在此——须解放思维，矫正异化，携带美育精神超越工具理性。

当下的大学作为一种制度性的存在，所依存的必要条件包括人、国家与社会，而作为为社会培养人才的摇篮，大学更是连接知识与教育的桥梁。师者研究并传授，学生理解并内化，倘若大学中教授的所有知识都是工具性的、实用主义的，人与只懂得输入输出、数据检索的机器有何差异？社会和世界的意义被扁平化；技术与生活背道而驰，高质量的生活遭到贬黜；从实现人的本质的劳动到逃避劳动；艺术、审美同社会发展、社会实际脱离。作为现代的产物，当代大学无疑需要"超越"现代，摒弃线性思维与纯粹的工具理性，配合五育并举政策的实施，真正为社会培养所需之人。

## （二）以美育"人"

建立在工业革命基础上的现代性造成一切社会关系不停地动荡。如何在这样"动荡"的时代保持人的尊严？我们认为，首先得恢复人的尊严，树立起"人"这个概念。

国立西南联合大学曾有校训："先学做人，再学做学问。"习近平总书记亦多次强调，做好美育工作，要坚持立德树人，扎根时代生活，遵循美育特点，弘扬中华美育精神，让祖国青年一代身心健康成长。"美"作为人的自觉追求，是人类本质的体现之一，同理，"人"的形成也离不开学校的教育，树立大学生的审美理想，是素质教育的旗帜。以美育人，是为社会培育合格公民的关键一环，当下的高校积极探索美育模式，以通识课程为载体，促进大学美育发展与完善，而"通识教育模式下培养出来的学生不仅学有专长，术有专攻，而且在智力、身心和品格各方面能协调而全面地发展，成为具有社会责任感的公民"。

## 四、促进美育持续发展的可能措施

## （一）从"并举"到"融合"

当下五育政策存在由"并举"走向"融合"的转变，从中我们不难窥见促进美育发展的路径。素质教育以提高学生的整体素养为目标，人以整体的形式存在，实际难以对能力做出分割。同样，美育的发展离不开其他"四育"的发展，以劳动教育为例，美诞生于实践，而不劳动又如何实践？美育不仅仅是一串串艺术理论与专业术语，"应力求加强传授艺术审美必需的基础理论和方法，做到理论与实践、课内与课外紧密结合，避免技能训练与情感表现脱节、审美教育与个人兴趣分离的状况"。同理，劳动教育也离不开美育，劳动教育不是纸上谈兵，也不仅仅是为了达到汗流浃背的效果，实践只是基本要求，养成自觉的劳动意识才是劳动教育的精神内核。"如果在进行体力劳动时心灵机能不起作用，那么这会对人产生有害的影响。"在劳动的同时，要呼唤心灵的觉醒，这与美育的目标在本质上是相通的。

以四川大学通识教育核心课程"生命哲学：爱、美与死亡"为例，该课程的授课教师由11个领域的专家构成，内容兼具传统人文视角与现代自然科学和社会科学的最新成果，打破学科壁垒，力求将各类知识融会贯通，引导学生思考生命中的重要命题。五育本是一体，"生命哲学：爱、美与死亡"课程授课教师充分利用翻转课堂、名家分享、第二课堂等多种方式将德智体美劳以多样的视角呈现，广泛采用启发式、探究式的教学方法，一堂堂立体而生动的课程兼具学习性与趣味性，在取得优异教学成果的同时广受学生好评。

### （二）继承中华优秀传统文化

马克思主义文艺思想为我们勾勒出了美育的框架，而在实践中，一切需从实际出发，具体问题具体分析，作为拥有五千多年文明发展历程的国家，我们拥有源远流长、博大精深的中华文化，对传统文化的批判继承是推动中国式美育发展的一大动力源泉。

推动中华优秀传统文化的传承与发展，不仅是涵养社会主义核心价值观的重要源泉，也是我们在世界文化激荡中站稳脚跟的坚实根基。中华优秀传统文化是高校开展美育的母体，近年来，随着"国学热""汉服热"等潮流的兴起，社会对于中华优秀传统文化的关注度大为提高，大学美育更应以中华优秀传统文化为基石，推动传统美学的发展与创新，建构学生与优秀传统美学之间"互惠互利"的模式，在提升高校美育活性的同时引起学生的兴趣，在推动传统文化继承的同时促进美学的发展。

以四川大学美育通识教育核心课程"中华文化（文艺哲艺）"为例，该课程以中华优秀传统文化为根植土壤，立足中华文化经典，实现优秀传统文化在新时代的赓续传承与发扬光大。从文学、哲学、历史、艺术四方面切入，选取中华优秀传统文化中的精华为课堂内容，贯彻落实《教育部关于切实加强新时代高等学校美育工作的意见》，以美润心、以美培元。该课程汇聚各学院专家学者，打通"专""通"隔阂，以通俗易懂的方式引领学生树立正确的审美观，坚持做到以美育人，将课堂内容与学习生活融会贯通，培养德智体美劳全面发展的新时代中国特色社会主义建设者和接班人。

### （三）美育需转向"终身模式"

美育的最终指向不仅仅是学生，而是每一个"人"，美育实现最终目的的场域也不仅仅是学校，而是我们的生活。美源自生活，最终也要回归生活，形成"生活—美—生活"的良性循环。以树人为教育目的，大学美育应把尺度放长至终身，培养学生的自我、自主、自觉意识，以美育增强学生的生命韧性。

四川大学通识教育核心课程始终坚持问题导向与未来导向，着眼于学生的全面发展与终身发展，不仅增加学生的知识，更要扩展学生的见识，以学生成长为中心，用美浸润学生的生命。

## 参考文献

［1］中共中央马克思恩格斯列宁斯大林著作编译局. 马克思恩格斯全集（第42卷）［M］. 北京：人民出版社，1979.

［2］王旭晓. 美育与艺术教育的异同——对以艺术教育取代美育现象的一点思考［J］. 河北师范大学学报（哲学社会科学版），2005（4）：128－133.

［3］陈向明. 对通识教育有关概念的辨析［J］. 高等教育研究，2006（3）：64－68.

［4］张振华. 规范艺术课程 构架科学体系——复旦大学公共艺术课程建设的实践性研究［J］. 中国大学教学，2005（7）：24－25.

［5］卢晓东. 劳动，在人工智能时代意味着什么？［J］. 中国高等教育，2018（21）：7－9.

［6］关于全面加强和改进新时代学校美育工作的意见［N］. 人民日报，2020－10－16.

# 作为哲学实践的通识教育

## ——四川大学"生命哲学：爱、美与死亡"课程建设与反思[*]

梁中和

四川大学哲学系

**提　要**：本文简述了四川大学通识教育理念，并以"生命哲学：爱、美与死亡"课程为例，剖析了当前大学生精神状况和相应的通识教育着力点，重点论述了课程建设、实施和反馈及其从中获得的有益思考。课程组发现，跨越学科、学院与专业，可以从多种角度为学生提供理解生命的视野。美好的东西，让人心中有爱，忘记死亡，或者让人从死亡的痛苦当中抽离。从不同的学科去看待生命，可以让学生对生命有更完备的了解。如果用简洁的方式来说，其实爱和死亡是一体两面的。人们因为对美好事物的热爱，进而克服死亡，反思生命。该课程作为一种哲学实践，既拓展了哲学的边界，也拓展了通识教育的社会和大学教育意义。

**关键词**：爱；美；死亡；生命哲学；通识教育

## 一、通识教育与成就自身

通识课程的任务与专业课程的不同，它着眼于成就自身。我们并不仅仅是因为专业的和共同生活的要求才要去过自己的生活，我们还内在地出于过上一种完好生活的目的去进行专业和公共知识的学习，或者说，我们还从自己内心深处感到一种成为更好的自己的召唤。这种深植于我们自身的精神活动，要求我们为自己的生命和事业赋予意义。此外，这种生命和事业的意义还不仅仅意味着一个单独的个体过得好而已，它更重要的是说：我们在整个自然和文化世

---

　*　本文系 2021—2023 年四川省高等教育人才培养和教学改革重大项目"新时代四川大学通识教育改革探索与实践"（项目编号：JG2021-1）研究成果。

界中存在的意义和价值，其实也取决于我们自己看待整个世界的心胸和格局，并依赖于我们由此去树立自己行动的目的和规划自己行动的能力。简而言之，学习通识课程，就是为了以自由自主的方式，让作为全世界和全人类一员的自我变得更有眼界，更有使命感，更有能力，也更加完善。

从历史上讲，中国的通识教育源于孔子特别主张的"六艺"——礼、乐、射、御、书、数六种对士人的基本教育，或者源于后来根据对基本经典的学习和研究而分类的"六艺"，即对《诗》《书》《礼》《乐》《易》《春秋》等的学习与研究。西方的通识教育源于古希腊柏拉图《理想国》中的教育，主要包括"算数、几何、体育、音乐"，亚里士多德之后各个学科划分逐渐健全，到中世纪形成了被称为"七艺"的规范教育，包括"语法、修辞、辩证法、算术、音乐、几何、天文"。总体而言，古代中西方受过较高文化教育的人，都接受过一些基本的教育，这类教育是为人成为完整而文明的人奠定文化基础。

目前世界上流行的通识教育主要是美国的模式，美国大学现行的通识教育课程的学分，大概占总学分的30%，通常包括写作、统计、文学，以及涵盖人文、社会和自然三大知识领域的其他课程。国内清华大学、复旦大学和武汉大学在开展通识教育方面起步较早，取得了一定经验，其开设的通识课程主要是一些人文、科学、科研能力培养等方面的全校性非专业类课程，其一般规定学生学习的通识课程应不少于总学分的5%—20%。

四川大学的通识教育有自身的特色，我们认为"通"是超越学科界限、从各个已有的人类知识维度，探索和企及事物内在本质；"识"则是理解、思考、探索和实践之后达到的真知灼见。经过了高品质的通识教育，我们更容易德才兼备，也才能成为兼具思维深度与视野广度的人，这样的人既能做到温良恭俭让，又能做到更高更快更强。他们清楚地认识自己，理解世界，能体会学习的乐趣和给世界带来创造性美好的快乐，最终愿意成为自己和他人都真正热爱的那类人。

然而，令我们揪心的是，长期以来，由于应试教育的惯性，部分大学生入学时缺乏独立思考、判断与提出问题的能力，这是其在大学阶段需要克服的第一个难题。爱因斯坦曾说，学校的目标应该是培养独立思考、独立行为，又视对社会的贡献为其人生第一要义的人。被放在首要位置的永远应该是对独立思考和判断的总体能力的培养，而不是获取特定的知识。而我们中一些人从小学或中学阶段就习惯了应试、模仿，而不敢质疑、创新。到了大学阶段，学校需要扭转大家的思考模式和学习方式。如何保护和引导学生的好奇心，让学生不盲从、不苟同，有自信、勇气去思考、创新，去做新的尝试、解决新的问题，以使未来能够完成从 0 到 1 的突破。这是通识教育需要解决的核心问题。

令我们忧心的是，从更宏观的层面讲，当前高等教育界主要由综合性和专业性两类高校组成：综合性高校主要致力于打通学科壁垒，以宽广的多学科办学格局培养贯通古今东西、科学与人文、精神与自然的复合引领性人才，强调思维和方法论意识、思想格局、精神境界的塑造；专业性高校主要致力于挖掘单一学科领域的知识深度，培养在某一学科或专业领域的专精型应用型人才，强调业务素养、专业资质、实操能力的打造。但事实是，一些综合性高校在传统分科的惯性或就业市场的压力下，人才培养越来越向专业性偏移，而一些专业性高校又希望向综合性大学靠拢，如此，人才培养并不能真正实现学有所长、术有专攻。这导致了当前综合性大学并不"宽"、专业性大学并不"深"的尴尬处境，培养的人才就既难以有直面飞速发展的世界、应对变幻莫测的未来的管理素质，又缺少真刀真枪实干、攻坚克难的看家本领和创新能力。

但是，我们相信通识教育所蕴藏的"通"与"专"的辩证关系及其所包含的全人教育与启蒙教育的奥义，正是化解目前高校教育内在矛盾的有效途径。因为通识教育就是在引导大家全面了解人类主要知识领域的基本观点、思维方式和历史发展趋势，引导我们在认识和了解当代社会重要课题的同时，对人类文明和中华优秀传统文化的精髓有深入的理解和领悟，并将其转化为自身的精神力量，构筑起自身的高尚品格和博大胸襟。我们坚信，经过良好的通识教育，能够让我们因为真正地了解了世界，而不孤陋寡闻；因为真正地了解了中国，而不妄自菲薄；因为真正地了解了人类，而不孤芳自赏。要言之，良好的通识教育，能够让我们拥有推动构建人类命运共同体的意识和能力，能够让我们真诚地面对自己、开放地面对世界、自信地面对未来。

新时代、新征程，四川大学聚焦和强化"厚通识，宽视野、多交叉"，从 2019 年开始，计划在 3—5 年内打造百门跨学科、跨学院的优质通识教育核心课程，推出百本通识教育教材，并打造一批向第二课堂延伸的精品项目。截至 2020 年，已经推出的 71 门通识教育核心课程的教师们各显神通，在课堂上展示经典与前沿融合的学术、活力四射的教学艺术、新颖高效的智能技术，通过集体备课、智能测评和分析、"探究式—小班化"课堂教学、全过程学业评价—非标准化答案考试、第一二课堂衔接、校内课堂校外延伸、智能评价及反馈、教学学术成果共享等全方位展现课程魅力。其中，"生命哲学：爱、美与死亡"（简称"本课程"）就是优秀的代表性课程之一。

这门课程团队的教师们认为，生命教育不是单一的内容，我们选了爱的教育、美的教育和死亡教育这三个重要方面，希望引导大家在爱的行为中，找到生命的动力。这爱，不是普泛意义上的爱，而是对于美好事物、对真理的追寻。孔子强调，没有必要去谈论死亡，是因为我们不可能获得关于死亡的任何确切知识，这是我们先民的洞见之一，但是我们可以追问死亡，从而迫使大家思考什么是好的生活、什么是美、什么是爱，我们应该过什么样的生活。在美的阶梯理论上，美从个体的美、群体的美、美的行为、美的学问到美本身，有五个阶梯。在这样的阶梯攀爬过程中，去爱、去拥抱美的、好的，能让我们发现我们拥有共同的价值、追求、意义，以及对美好的感知等，从而获得"共在感"，发现生命并不孤单，让生命找到着落。

## 二、学情诊断

"生命哲学：爱、美与死亡"中的议题都是人类亘古不变的大问题，为什么现在要重提这些问题，为什么要呼应这些问题呢？——因为出现了新的学情，即一些必须在教育中关注的问题。也正是这些问题让我们发现，通识教育还可以成为一种哲学实践，甚至哲学治疗。下面我们分别举例来说明。

1. 个体化时代，学生内倾化严重

现代性的危机下，以前那种高度熟人化的传统社会逐渐消失，个体化趋势增强，人和人之间直接的沟通变少；自我理解、自我认同加强，对他人的理解变少；对生命意义的挖掘，内倾更重，外向更弱。个体主义使得人们强调个人空间，追逐个人权益，在乎个人感受，这种倾向导致很多问题。笔者听一个男学生讲过一件令人惊讶的事。他们寝室 4 个男生，入校第一个月互相没有说话，他们在相互观察，观察室友喜欢打什么游戏、喜欢哪个明星、几点睡觉，甚至是洗澡频率、挤牙膏的习惯，然后才慢慢相互说话。这其实是个体化精神进一步演化的结果，个人心理空间的需求随之放大，心理保护机制越来越强，造成内在化的自我愈发严重。

现代社会发展中家庭关系的演变，以及网络的推动，都对个体化趋势影响较大。现在的父母之爱到什么程度？笔者曾担心学生是否经常和父母联系，有次早上 8 点的课，笔者便问一个学生最近一次跟父母打电话是什么时候。但是，这位学生的回答让人意外，她说就在刚才："我一醒，我妈就给我打电话，说宝贝今天天气怎么样？冷不冷？你今天吃的什么？心情好吗？"根据这位同学反映，母亲的电话一般会在每天早上 7 点 30 分准时打来。另外一个学生，则每天下午 5 点跟爸妈通话，"汇报"当天所有的学业内容、人际交往情况。还有一个学生跟我抱怨，奶奶去世的时候，他在上高二，父母说"你好好学习，不用去参加奶奶的葬礼了，我们会办好的"，仿佛硬生生切断了这分亲情，他感觉自己好像除了学习，在世界上没有任何事情需要去做。

2. 网络对人的异化显而易见

我们听部分学生反映，寝室室友不再是亲密的朋友。笔者向一个社会学专业的学生求证，她说她所在的寝室，室友之间非常客气，但是不交心。"那心事向谁倾诉？"笔者问道。"网友。"她答。虽然不知道对方是男是女，也不知道其高矮胖瘦，但一切苦恼、心里话，她都会跟网友倾诉。一切在匿名的条件下，都可以放开聊。再如，现在的短视频平台众多，学生一打开手机，就能轻而易举地获得"多巴胺快乐"。"上瘾机制"把学生的注意力吸引在手机上，对外的交流、接触变少，学生人性的一部分被网络异化了。我们会发现，个人的喜怒哀乐一旦发布到网上，就会变成很小的数据，淹没在浩瀚的数据海洋中，泡都不会冒一个。在网络交往行为中，人的情绪不再是具体可感的，没有人承托，得不到很好的安抚，人的价值感、存在感大不如前。

3. 难以打破边界，走出自我世界

个体化的结果，让人的边界感非常强。我们上课的内容、包括组织的观影，都围绕爱、美与死亡的主题，就是试图打破这种边界感，让人体会人与他人、与这个世界连接的重要性，去发现我们和他人共通的东西，去发现给我们带来更多感动的是人，而不是物品。几万块钱的包再精美，你就天天抱着睡又怎么样？那种快感很短的。真正耐人回味的是人与人之间的美好。

但是也有人困于人际交往的一些麻烦，不敢付出真心。最终的原因还是"小我"在作祟。过度的自我认同，容易造成根基的缺失，即所谓的生命不能承受之轻。在哲学上看来，社会的个体化趋势容易导致抑郁。当人完全陷入自己的世界里，又没有办法成为意义的源泉时，抑郁就容易产生。

我们认为，意义的源泉，不应该限定在自己的"小我"里。有两条路可以去发现，一条是向外的，接通自然万物，感受万物共生的状态；另一条是向内的，但是不能只挖自己的小我，而应是通过"我"的灵魂认识他人的灵魂，感受人共同的灵魂。我们中国人说，人同此心，心同此理。但是，有些年轻人的认知范围非常局限，其生活体验缺乏到什么程度呢？有次给大一新生上课，笔者问他们坐公交的体验，作答的学生笃定地说："我坐过，高考完以后我为了体验生活去坐了一次。"这表明，这些学生缺乏向外的、和万物间的联系。部分学生因此沉溺在自己的世界，遇到问题很难走出来。

### 三、做激发人性的教育

**1. 为什么要激发人性？**

在教学中我们发现，现在的学生可以很好地完成一项任务，但很少有人知道自己要干什么。本来，一些学生有自己的梦想，但是被家长掐灭了。有次课上，笔者问了一个很简单的问题："你的梦想是什么？"被抽到作答的，是位工科专业女生。出乎意料，女生站起来，直接哭了。平复好心情后，女生擦了擦眼泪说，自己其实喜欢画画，但是父母说工科才好找工作，她没办法，导致现在学的东西不喜欢，喜欢的东西没时间做。她表示，达不成自己精神上的追求，内心分裂，是最痛苦的。

还有个学生，他在高中时候曾经很讨厌费孝通，因为费孝通的《乡土中国》部分内容被选入了教材，不仅有各种对应的题，还有标准化的答案，学生得按照条条框框写。但是大学之后，重新再读费孝通的书，他却喜欢上了。因此，他认为，在"工具人"的意义上学习，根本无法感受知识的魅力、内在价值。

有一天笔者在川大江安校区上课，大玻璃窗外，橙黄色的落日悬在那儿。笔者"请"学生看夕阳，抽了一名学生说说晚霞有几种颜色。这位同学刚好是学艺术的，说得很细，其他学生跟着一起看，发现还真有紫色、蓝色、黄色、粉色、灰色，大家都很佩服他。但这名学生感叹学艺术没什么出路。"你能回想起当年为什么学美术吗？"我问他。他说，他学美术的初心，是感受这类美，但是，当他的兴趣因为应试的需要被工具化了以后，他逐渐忘记了当初对这门专业动心的原因。

这种情况在当今社会普遍存在。当下的人们，困于功利思维，不想或没空去探索生命意义的方方面面，精神力长期处于耗损状态而缺乏补充，内心焦虑、不安，灵魂无处安放。

**2. 在激发人性方面，有哪些具体的工作？**

课堂上，我们会潜移默化地去影响学生，激发他们的人性。笔者给华西校区的学生上"中华文化"课时，跟他们半开玩笑地说，我以后去医院，你们要把我当个人看待，不能把我当数据、当机器。我们也组织了一些对社会开放的读书会、观影会。在家庭教育方面，我们致力于做一些培养社会柔性良知的工作。例如，我们举办了读书会"亲亲与爱人"。古人说："亲亲为大"，我们与亲人的关系是最亲密的，亲情是所有爱的源头，这个读书会就是针对家庭教育的问题，组织四川大学一些老师带着小朋友和家长共读儿童书，提升亲子关系。还有亲子观影会，观影结束后我会采访小朋友，小朋友会说出很多真相，他们父母有时候还有点尴尬。我们举办此类活动的目的是让家长听一听孩子的心声，希望能影响其家庭教育，让他们少一些功利性，软化亲子关系。

这些活动，也是用各种方式来促进人和人之间的直接交流，而不是线上的交流，对培植原本的人性会有好处。

我们在课上强调生命哲学教育，不仅仅是为了讲授知识。以前笔者上"中华文化"课时，有个学生在最后一节课专门过来感谢笔者。他是经济学院的学生，他说"中华文化"对他影响最大。"为什么？"笔者问道。"因为，"他说，"您这个课是唯一一门提到让我做好人的课。"他对此很感激。但是他做个好人的选择，是笔者给他种下的吗？不是。是他心底有这个呼声，想做个好人，本来就有向上的力量，但没有得到外在的呼应，他在这个课上得到了，他的良知在这儿得到了认可——"原来我想做个好人不傻不笨不错，是对的"。因为大学的专业课都以讲授知识为主要目的，但笔者开设"中华文化"课，不仅仅是为了讲授知识，更重要的在于引导大家对美的热爱，发现生命的意义，从而热爱生命。

3. 生命哲学教育的社会意义

当今社会人们的焦虑情绪比较严重，是想寻找确定性但是又没有办法的那种焦灼，没着没落。正如网剧《漫长的季节》里那句诗所说，"打个响指吧，他说/我们打个共鸣的响指/遥远的事物将被震碎/面前的人们此时尚不知情"。从根本上说，如果生命的价值建立不起来，那么外在的物质、钱财、权力，都没有意义。皮之不存，毛将焉附？但生命的意义不是客观存在的，不是向外面找，而是自我赋予的。我们的生命教育，最主要的目的就是让大家能够发现和赋予自我意义。笔者曾收到毕业几年后的学生写的信，感谢笔者当年的指导。工作之后，回味当年所学，他无比感激激发他价值感和信念感的人。这就是本课程生命教育的意义——激发人们的价值感、信念感，呼应人们心中的良知、善念，激发他寻求意义的冲动。在各种喧嚣中，我们哪怕只发出一小点声音，总比没有好。

## 四、课程设置和学生反馈

生命是永恒的谜，而爱、美与死亡是生命中三个重要的议题，没有一个人能自称可为此提供标准答案，但也没有人能说可以不去面对它们。有鉴于此，四川大学才有了这兼具多重美感的课程，跨越学科、学院与专业，从多种角度提供理解生命的视野。经过长达两年的准备，本课程面向四川大学新生开课，激起了他们强烈的思考欲望和学习热情。本课程由哲学系教授梁中和领衔，集合了来自四川大学哲学、生物、化学、医学、经济学、政治学、法学、社会学、文学、戏剧、动画、油画、人工智能等十余个领域的专家讲授。

要做好这样大学科跨度的课程并不容易。为此，课程组的教师们费尽苦心，通过多次线上线下集体备课，定下了一条从微观到宏观逐步深入的授课主线。

本课程从生命的最小分子入手，由化学系老师从生命的腺体角度介绍其形成的物理化学原因，接着由生物系老师讲授大分子生命体的特征及其爱欲和死亡机制，然后是华西医院的主任医师讲授生物有机体在医生眼中的价值和意义，再由华西基础医学与法医学院的老师讲授对生命的看法。完成自然科学部分的教学后，课程便转向社会科学部分，教师们从传播学、社会学、经济学、政治学、法学等社会科学视野剖析人类生产生活，聚焦爱欲和死亡机制、审美机制，分析人们如何去爱，如何去面对死亡，如何去发现美；课程便聚焦人文学科，如哲学、宗教和艺术等，艺术部分将着重讲激情为语言艺术的戏剧，另由作为静止影像的绘画和作为动态影像的动画方面的专家来讲授艺术中如何反思和表达美、爱欲和死亡；最后，涉及面向未来展开人工智能研究的视野时，我们请到相关专家为学生讲解人工智能一般原理并对未来生活中的美的问题、爱和死亡的问题展开畅想和讨论。

为了让课程达到更好的教学效果，学校集智打造了"通识素养测评"和"课程评价"两个专门数据库，并为每一门通识教育核心课程提供了专门的数据平台。学生们只要花 20 分钟时间，就能获得"通识素养测评"结果，知道自己哪些方面还有不足，并获得课程、学生活动和图书等相关推荐资源。"课程评价"也让教师们能够第一时间获得学生反馈并对教学方法进行有针对性的调整。至于开放式的课堂资料共享、问答、讨论等，更是课上课下的"美味佐料"。

下面是一些学生的课堂反馈：

"墙裂"（强烈）推荐！我是一名大一新生，每周三晚要从江安校区"千里迢迢"赶往望江，但正是因为这门课自身的无穷魅力让我觉得一切都值得！这门课主题是爱、美与死亡，是从多视角多学科来进行解读的，目前已经有哲学、社会学、医学、法学、新闻学的老师进行了基于各自专业视角的分析，让人受益匪浅。同时，梁中和老师的睿智自信、侃侃而谈给我留下了很深的印象，使我改变了对哲学以往的看法。总评：吹"爆"

就完事啦！想要拓展视野的同学们，福音来了！

爱"死"这门课了，简直就是理科生的天堂。通过这门课，我有了许多新思考，也教会我很多东西。我不应该轻易放弃独立探索，也不应该惧怕思考带来的暂时性的混乱与不适，勇敢地继续下去，总会有一个全新的、更好的自己破茧而出，日新月异。相信自己在这门课程的引领下可以成就一个更好的自己！

开启民智，提供真知，四川大学责无旁贷。"生命哲学：爱、美与死亡"课程组的教学名师们联合知名艺术家、作家、青年菁英，为成都市民提供了课程延伸的系列讲座、观影会、课程分享会等，3年来办了两百余场，比如，在库闻书店的生命哲学观影会、暑期和寒假时举办的亲子观影会，均效果良好，获得了媒体报道和参与者的好评；在成都著名文化场所如寻麓书馆、一苇书坊、库闻书店、宽窄巷子三联书店、朵云书院等举办各类讲座、新书推荐会、有识青年分享会、亲子阅读会等，邀请到来自英国伦敦皇家艺术学院、美国芝加哥大学、德国海德堡大学等国内外名校学子、青年艺术家和听众进行交流。可以不夸张地说，本课程团队活跃在成都各个文化场所，在进行积极的哲学实践，让通识教育不局限在学校之内，而是成为整个城市的良知和市民追求良好生活的动力。这些实践得到了社会的关注，新华社、《科技日报》《四川日报》《华西都市报》《教育导报》《廉政瞭望》等多家媒体和网络平台就本课程及其第二课堂活动做了专题报道，肯定了本课程的社会意义。

除此之外，本课程还与四川大学出版社合作，参与四川大学"一课一书"计划，成为第一批签约出版的通识教育读本，该读本目前已定稿，即将付梓。截至2024年4月，课程组拍摄的慕课"生命哲学：爱、美与死亡"开课四学期，累计选课人数已超过8800人，最近一学期有4353人选课，是线下课程容量（200人）的20多倍。本课程部分视频上传哔哩哔哩网站（b站）后，梁中和教授讲授的"第一讲：通识教育与爱的哲学"播放次数超6万，获得6000余人的收藏。

## 五、反思

我们认为，厌弃生命是死，热爱生命就是在生命中感受美好，是生命追求的方向。何以产生爱，克服死？答案是"美"。美好的东西，让人升起爱，忘记死亡，或者让人从死亡当中抽离。从不同的学科去看待生命，可以让学生对生命有更完备的了解。如果用简洁的方式来说，其实爱和死亡是一体两面的。人们因为对美好事物的热爱，进而克服死亡，反思生命。

实际上，生命教育课并非高校的主课，但生命教育是一种价值观的教育，是一个潜移默化的过程，其对学生的价值观、生命观会有相对的影响。在价值观方面，本课程从贴近身边的问题出发，让学生们感受不同学科在面对同样一个问题的时不同的解析手段及结论，从而感受到学科之间的张力，感受到人类知识的错综复杂和可贵之处。在生命观方面，本课程通过生命教育课程，让学生获得对人类生命从微观到宏观不同层面整体、深入的了解，从而更加尊重生命、热爱生命。学生通过感受万物的生长过程，反思人应该如何尊重、发展和看待自己的生命，特别是如何发展生命当中纵向的深度，而不只是从表面攫取某些利益。

简单来说，通识课的目的在于打破学科壁垒、建构知识体系、联动生活与科学前沿，让学生在切身的体验与思考中，感受生命议题的重要性和深远意义，为规划和实现人生目标奠定理论基础、获得行动指南。目前，我国在开展生命教育的内容和实践模式上都没有统一的要求，从内容上看，有安全、心理、生活、伦理等不同取向；从实践模式上看，有专门课程、学科渗透、专题教育和文化熏陶等不同形式。生命教育的开展应该是多维度、广视角的，而非简单的引导和安慰，应该有思想的纵深，学生才能有真正的收获和感动。

"生命哲学：爱、美与死亡"作为一种哲学实践，既在探索通识教育的核心要义，也在贡献自己的发现和反思。这条道路才刚刚开始。

## 参考文献

[1] 熊嘉鑫. 美国高校通识课程中的共同价值观教育 [J]. 大学，2024（28）：100－103.

[2] 李文. 中国大学通识教育发展问题研究 [D]. 厦门：厦门大学，2021.

[3] 魏玮. 中国传统文化与大学通识教育的结合探讨 [J]. 才智，2017（12）：202－204.

# 五育并举视域下通识教育优化路径探析

## ——以四川大学为例

唐 萍

四川大学计算机学院

**摘 要**：通识教育是现代科学教育发展的必然产物，旨在拓宽学生的视野，提高学生的素养，提升学生的创新力和创造力。德智体美劳五育并举的教育格局为高校通识教育提供了新思路，将五育并举与通识教育相融合，在五育并举视域下开展通识教育，既可以提升通识教育的维度，又可以推动二者更好地融合，起到更好的育人育才作用。本文分析了高校通识教育的现状和困境，在五育并举视域下探索高校通识教育的优化路径，以期通过提升高校通识教育的课程质量、学生参与度，加强考核机制，真正实现通识教育的育人作用。

**关键词**：五育并举；通识教育；优化路径

## 一、引言

教育是民生大计，是国之基石。中华人民共和国成立至今，我国高等教育的建设成效有目共睹。我国一直在推进高等教育不断发展，推动高校不断提升自身核心力量，将有条件的部分高校建设成世界一流大学和一流学科的"双一流"大学，为实现"两个一百年"奋斗目标和实现中华民族伟大复兴的中国梦提供有力支撑。在这种背景下，我国高校纷纷探索改革之路，对教育理念进行革命性的创新，努力培养对国家有用的高素质复合型人才。随着社会的发展和需求，综合型人才越来越受欢迎，因此，我国高等教育的目标不再只是为了培养某一专业领域的专才，而是培养五育并举的综合型人才。通识教育便是在这样的背景和要求下不断发展并积极改革的。20 世纪 90 年代末，我国开始发展通识教育，经过几十年的改革，通识教育取得了一些成效，但仍然存在一些问题，还有很大的进步空间。

## 二、相关概念解析

### 1. 五育并举的理念

2018 年 9 月，习近平总书记在全国教育大会上强调，要努力构建德智体美劳全面培养的教育体系，形成更高水平的人才培养体系。可见，五育并举是对马克思主义的继承和发展，是新时期我国对育人工作提出的新要求，是新时代我国教育改革与发展的基本方向。

### 2. 通识教育的内涵

通识教育是一种育人模式，我国的通识教育最开始是借鉴西方的通识教育开展的。通识教育是教育的一种，通识教育的育人目标是在现代多元化的社会中，为受教育者提供通行于不同人群之间的知识和价值观。20 世纪 80 年代末，我国高等教育界进行了一次改革，结合国内外先进的育人培养模式进行了变革和改良，将通识教育融入高校育人理念。经过几十年的发展，我国的通识教育通过结合国内实际情况，借鉴国际先进经验，不断成熟和完善。通识教育是除了专业教育外，为培养综合型、复合型人才而开展的非本专业的教育，其目的是为受教育者提供除专业领域以外的知识并培养其相应的能力。现阶段，关于通识教育的研究越来越多，但对通识教育仍然没有统一的定义。本文认为，高校除专业教育之外的所有教育都可以统称为通识教育，通识教育是指对专业学科以外的关于人的共同属性、公民的共性、技能的共性和文化的共性知识和能力的培养，或者是对社会中不同人群的共同认识和价值观的培养。

## 三、高校通识教育的现状与困境

本科阶段是进行通识教育的主要阶段，本科教育注重培养学生的专业基础知识、人文素养，开阔学生的眼界，让学生全面发展，成为社会所需的综合型人才；建立健全人格，树立良好的人生观、价值观和世界观，做一个对社会有用的高素质人才。与本科阶段相比，研究生阶段通识教育开展得非常少，因为研究生阶段的目标是让学生成为专业有特长、术业有专攻的"专家"。因此，高等教育的本科阶段是通识教育的关键时期。

本文将以四川大学为例，探讨通识教育的现状与困境。四川大学作为国内历史悠久的知名学府，是建校时间早、学科种类多、规模较大的综合型研究型大学。学校秉承"严谨、勤奋、求是、创新"的校风，确立了培养"具有崇高理想信念、深厚人文底蕴、扎实专业知识、强烈创新意识、宽广国际视野的国家栋梁和社会精英"的人才培养目标。四川大学学科门类齐全，覆盖了文、理、工、医、经、管、法、史、哲、农、教、艺等 12 个门类，有 37 个学科型学院（系）及海外教育学院等学院。丰富的学科是进行通识教育的良好基础。四川大学在通识教育上进行了多方面的论证和研究，制定了一套良好的通识教育体系，并对其进行不断改进和优化，以达到学校的培养目标和育人理念。但就目前来看，四川大学的通识教育仍然存在一些问题，有很大的改进空间。四川大学通识教育的困境主要可以从以下三个层面来分析：学校因素、教师因素和学生因素。

1. 从学校因素分析通识教育的困境

首先，四川大学的通识教育核心课程主要面向本科低年级学生，即大一和大二年级学生。高年级学生虽然也可以修读通识课程，但实际上只有少部分确实对某些领域感兴趣或者学分不够的学生才会在高年级修读通识核心课程。因此，学校很难做到全过程的通识教育。其次，四川大学通识教育核心课程虽种类繁多，但很难找到关于每门课的具体介绍，绝大多数学生无法获取通识教育核心课程的具体内容，只能通过课程名做大致的猜测然后再选课程。再次，部分通识课从第 9 周才开始上课，学生无法试听，无法在学校统一补退选之前做选择，也不知道是否对课程感兴趣，如果选到不喜欢的课程也无法退课，只能被迫完成学习。最后，学校在通识课程上的宣传力度不够，并未对所有课程属性等做详细的介绍，部分学生不知道什么是通识课、什么属于通识课、为什么要上通识课等，导致本科学生仍然只注重专业知识的学习，忽略通识课。

2. 从教师因素分析通识教育的困境

四川大学作为综合实力较强的研究型大学，对教师的科研要求非常高，部分教师为了职称评定，更加侧重科研产出，在课程讲授上并不愿意花太多时间和心思，有的教师甚至并不愿意上课。因此，通识教育核心课程在讲授上没有太多新意，只是习惯性地沿用传统的教案和教学模式，以课堂讲授为主，教师讲、学生听，相对比较呆板。很大一部分课程安排都是以"折子戏"的形式开展，也就是一个教师只上一次课，下一次课由另一个教师上。以这种形式开展的课程连贯性不强，即使一次不听，也不会影响下次听课。以此形式开展的通识课的整体教学时长相对较短。学生普遍反映课程内容比较简单，浅显易懂，教师也对此类课程要求较低，设置的考核也相对简单。学生虽然能轻松拿到

90 分以上的成绩，但会感觉没有学到什么东西。

3. 从学生因素分析通识教育的困境

部分学生对通识课没有全面的了解，不重视通识课。学生选修通识课大多是因为培养方案中有学分要求，只有个别学生是因为对某些专业非常感兴趣，才会认真学习相关的通识课。

## 四、五育并举视域下通识教育优化路径探析

四川大学充分利用本校学科优势，构建了多方向、多模块养成的通识教育核心课程体系。将"厚通识"放在第一位，旨在培养学生养成深厚的人文底蕴和丰富的创新能力，培养德智体美劳全面发展的人才，奋力推进五育并举育人举措。近年来，四川大学在通识教育改革中取得了不错的成果，但仍然存在一些问题，有优化提升的空间。四川大学在通识教育改革中，全面贯彻习近平总书记的讲话精神和人才体系培养要求，这一人才体系培养要求为开展基于五育并举视域下的通识教育优化路径提供指引。基于四川大学通识教育的现状与困境分析，笔者给出了五育并举视域下通识教育优化路径的一些建议。

首先，通识教育需要持续改进与提升。通识教育要与国际形势、社会热点和社会需求保持挂钩，根据社会的发展不断调整，紧跟时代需求，培养出德智体美劳全面发展的"五育"人才。高校要提升通识教育的绩效发放机制，将通识教育与教师职称评定、绩效等挂钩，从政策上推动通识教育的稳步向前，激励教师在通识教育创新上花心思，提高学生的学习兴趣，提升教学质量。通识教育最关键的点是教师，教师是一门课的灵魂所在。通识教育不在于传授多少知识点，也不在于掌握多少知识点，而是要让学生领悟课程的精髓，感悟治学的独特方法，从而将知识转化为内在精神和成才力量，这才是通识教育的真正目的。

四川大学通识教育核心课程主要面向大一大二的学生，属性为任选，课程通过率较高，学生很难引起重视。学校可以对通识教育进行单独的考核考量，例如，可以每年随机挑选一些通识教育核心课程，将这些课程的考核与学生奖学金评定、绩点、综合测评等挂钩，增加学生对通识教育核心课程的重视程度、端正学生的学习态度。学生是五育的直接对象，其对通识教育的态度直接影响通识教育的育人成效。

其次，在通识教育中要坚定推进五育并举，全面落实立德树人根本任务，提升学生的综合能力，提高学生的创新力和创造力。具体来说，可以通过对通

识教育的课程形式进行创新，改变传统的单一授课模式，丰富通识教育的学习形式，避免学生课上听讲、课后遗忘、课程结束后无收获的现象。可以针对课程发放自编讲义，在授课过程中增加互动性，提升学生的学习兴趣。可以借助相应的实验配套设备开展，提高学生的动手能力和实践能力。只有积极完善通识教育的课程形式和课程体系，才能让通识教育起到育人育才的作用。

## 五、结语

我国高等教育的育人目标是培养德智体美劳五育并举的综合型人才。高校在五育并举视域下通过通识教育提高人才培养质量，提升学生的人文素养和科学精神，增强学生的创新力和创造力，真正达到育人育才的目的。本文以四川大学为例，分析了高校通识教育的现状和困境，探析了五育并举视域下开展通识教育的优化路径。四川大学一直致力于深耕"五育"并举，熔铸金牌通识教育，全力打造极具国际视野和人文素养的高素质大学生。笔者相信，未来，四川大学将继续走在通识教育改革前列，为国内高校通识指南建设工作提供有益借鉴。

### 参考文献

[1] 陈向明. 大学本科通识教育实践研究 [J]. 大学（研究与评价），2008（4）：91—96.

[2] 王义遒. 大学通识教育与文化素质教育 [J]. 北京大学教育评论，2006（4）：2—8.

[3] 周芷羽，司梦迪，张成丹青. 关于我国高校通识教育的现状和发展模式探索——基于对国内六所高校的调查研究 [J]. 河南教育（高教），2018（7）：104—106.

[4] 尤冬克. 我国三类高校通识教育现状调查 [J]. 山西高等学校社会科学学报，2016，28（8）：74—79.

[5] 王茂胜，张凡. "五育并举"视域下高校思想政治工作的评价要求 [J]. 思想理论教育，2021（11）：54—59.

# 浅谈高校"形势与政策"课程建设的探索与实践*

## ——以四川大学化学工程学院为例

李珍珍

四川大学化学工程学院

**摘　要**："形势与政策"课程作为高校思想政治教育的重要组成部分，承担着引导学生认清形势、认同政策的任务。当前，高校在提升"形势与政策"课程质量方面存在困难和不足。对此，四川大学化学工程学院着力从教学管理、教学内容、教学资源、教师队伍、教学方式等方面，加强课程建设，立足"国家政策＋学生需求＋学院特色"基本要求，积极探索"1＋2＋3＋4"模式，推动"形势与政策"课程实现高质量发展。

**关键词**：高校；"形势与政策"课程建设；"1＋2＋3＋4"模式；路径

"形势与政策"是高校所有专业必修的课程，是对学生进行形势与政策教育的主渠道和主阵地，是提高学生思想政治素质和能力的重要途径。由于"形势与政策"课的理论武装时效性、释疑解惑针对性、教育引导综合性都很强，新时代高校建设高质量的"形势与政策"课程显得尤为重要。

近年来，高校紧密围绕中央提出的"谁开课、怎么开、教什么、用什么教、谁来教、怎么教、怎么评、怎样管"原则执行决策部署，持续提升"形势与政策"课程质量，在把道理"讲深、讲透、讲好、讲活"上下功夫。就如何提升"形势与政策"课的质量，教育部高校思想政治理论课教学指导委员会原副主任、形势与政策分教学指导委员会原主任高德毅指出，需要解决如何在系统全面基础上实现及时讲、如何在生动鲜活的基础上实现深刻讲、如何在面向

---

　　* 本文系四川大学"定盘星"辅导员工作室研究成果之一。

全体的基础上实现精准讲、如何在现实师资的基础上实现有效讲的四个关键问题。四川大学化学工程学院（简称"化工学院"）作为四川省"三全育人"试点学院，始终坚持争当思想政治教育创新改革的领头雁。结合学院教学实际，明晰课程属性定位，坚持理念模式创新优化，积极借鉴利用新经验、新技术、新方法，推动"形势与政策"课程高质量建设，打造"教学闭环"，为大学生正确认识国内外大势打开"窗户"，为普及党的理论创新成果奠定坚实基础。

## 一、"形势与政策"课程建设的模式内涵

化工学院在梳理现阶段"形势与政策"课程建设突出问题和资源优势的基础上，着力从教学管理、教学内容、教学资源、教师队伍、教学方式等方面着手，立足"国家政策＋学生需求＋学院特色"基本要求，积极探索"1+2+3+4"模式加强课程建设，实现从内容到形式、从漫灌到滴灌的课程改革愿景。"1+2+3+4"课程建设模式的具体内涵为："1"即"一条主线"，贯彻落实立德树人根本任务这条主线；"2"即"两个目标"，既实现建设"学生喜爱、终身受益、毕生难忘"的高质量的"形势与政策"课程，还要实现全面提升学生学业水平，充分发挥"形势与政策"课程的育人功能；"3"即"三个要素"，全过程、全方位、全员进行课程创新建设探索；"4"即"四个驱动"，制度驱动使课程"立起来"、内容驱动使课程"实起来"、方式驱动使课程"活起来"、实践驱动使课程"亮起来"。

## 二、"形势与政策"课程建设的路径探索

### 1. 制度驱动使课程"立起来"

首先，在"形势与政策"课程开展过程中，化工学院通过加强顶层设计，一方面打造一系列线上线下深度融合、协同育人的制度保障体系，保证思政育人的全覆盖；另一方面，开发一系列具有工科特色"形势与政策"的精品工程。通过收集学生在专业技能提升、就业创业、社会实践与志愿服务、文体与艺术素养提升、组织力交流力提升等方面的需求和建议，从学生实际需求出发，分层分类设计"形势与政策＋"系列制度模块。

其次，创新建立成果导向明确的课程项目化的第二课堂实践育人体系，即在总体人才培养目标框架下，制定第二课堂的教学计划和课程大纲，通过将寒暑期社会实践与学院"形势与政策"课程实践教学整合，切实发挥育人合力。

最后，结合教育部 2022 年 3 月印发的《高校"形势与政策"课教学要点

（2022年上辑）》，严格落实"形势与政策"课程"本科每学期不低于8学时、共计2学分"的要求，并结合不同年级学生学习特点，合理安排开课时间，保证开课不断线。以"时事评论展示＋课堂出勤情况＋学术论文撰写＋社会实践报告"为基本标准，分学期进行考核，切实增强学习成效。

2. 内容驱动使课程"实起来"

化工学院坚持多措并举，树立"形势与政策"课程"内容为王"的理念，进一步丰富教学内容。按照《高校"形势与政策"课教学要点（2022年上辑）》精准设置授课内容，推进习近平新时代中国特色社会主义思想进教材、进课堂、进头脑。把握国家政策方针、把握时政热点、把握地域特色，设置专题讲解、坚持资源下沉，使"形势与政策"课程"实起来"。例如，在雷锋月（每年3月），开展"弘扬雷锋精神"专题；在五一国际劳动节前后，开展"学习劳动精神、工匠精神"专题；在共建"一带一路"倡议十周年之际，开展"丝路精神"专题等。

3. 方式驱动使课程"活起来"

在课程改革大背景下，化工学院结合新时代高校特征，在教学中不断反思与重构教学模式，提出了"三个突出"以有效解决思政课教学过程中出现的问题。

（1）教学资源突出"共享"。化工学院充分挖掘校内外教学资源，依托国家级、省级教学平台，共同打造"形势与政策"课程优质教学资源，实现校内外资源共享，提升"形势与政策"课程与各类课程和全校专业教师的协同效应。

（2）教师队伍突出"质量"。学院采取线上线下相结合的授课模式，整合"专兼"师资队伍，实现"1＋1＋N"全员育人生态圈。其中一个"1"代表校内外行业领域专家；另一个"1"代表专职授课教师如辅导员；"N"代表其他人员，如优秀校友、国家或者省劳模、学校机关党政干部、离退休老教师老专家、专业课教师等，为"形势与政策"课程建设夯实队伍基础。

（3）教学成效突出"反哺"。学院结合大学生思想实际，科学分析当前形势与国家政策，组织学生将学习成果转化为比赛作品，积极参与"互联网＋"创新创业大赛、"挑战杯"等大赛形式，相互促进，互相成就。

4. 实践驱动使课程"亮起来"

学院充分利用社会实践资源，通过校企、校地等合作形式，构建多元的教学实践平台，促进教学成果的有效转化。引导广大师生主动投身地区建设，联合地市推进实践活动走深走实。通过"高校—政府—社区"三方联动，协同做好大学生社会实践育人工作。

首先，学院引导学生在课堂内深入学习"雷锋精神"内涵，在课堂外以"化工萤火"实践团的名义，开展"服务社区、关爱健康、意志传承、爱在昭觉、校园美化、青鸟传信"等志愿活动。

其次，组织学生在课堂内学习"劳模精神、劳动精神"内涵，在课堂外组成"青川劳动实践团"走进五一劳动奖章获得者罗嘉发的技能工作室，学习先进技能，传承工匠精神；走进青平村和团结村开展采茶劳动和植树活动，守护青山绿水，助力乡村振兴。

再次，带领学生在课堂内学习"中国共产党人精神谱系"内涵，在课堂外以"党史实践团"的名义，依托寒假和暑假社会实践，与兰州大学、西北民族大学等24所学校合作，在临潭羊永九年制学校、卓尼县柳林小学、扎尕那景区等地围绕"'两弹一星'精神""井冈山精神"等进行红色精神宣讲。

最后，引导学生在课堂内了解专业发展情况以及国家就业政策，在课堂外以"就业实践团"的名义，参观学习中国石油兰州石化公司、中核四〇四有限公司等化工企业，了解化工行业近年来的发展状况，结合自身学科知识，感受化工行业十年间的腾飞和巨变。

## 三、化工学院"形势与政策"课程建设的成效

### 1. 能够准确把握教学目标，讲出政治高度

化工学院坚持遵循教育规律、突出教学导向，贴近青年学生认知特征和接受习惯，以当代中国马克思主义的真理伟力涵养时代青年。一是提高理论水平，引导学生把学习课程内容与坚持读原著、学原文、悟原理结合起来，了解国内外时事和政策。二是理论联系实际，引导大学生把课程学习同了解中国国情和当代中国实际联系起来，做到学以致用、学用结合、有的放矢。

### 2. 能够深入推进教学创新，讲出理论深度

化工学院在教学中以科学理论为指导，以学生群体为中心，以原著原文为依据，以专题式教学为手段，让不同类型的学生都爱听爱学、听懂学会，真正进耳、入脑、印心。一是创新主课堂教学形式，充分发挥学生主体性作用，综合采用案例式教学、探究式教学、专题式教学、互动式教学等多种教学方式，运用问题中心式、参与讨论式、体验式教学等多元教学方法，通过生动、深入、具体的纵横比较，把道理讲明白、讲清楚。二是全方位打造实践课堂，注重整合校内外丰富的红色资源、历史资源、社会实践资源等，与四川省红色场

馆、企业、社区等共建了一批教学实践育人基地。

3. 创新实施教学反馈，提升情感温度

化工学院始终坚持全方位、多渠道收集教学意见建议，以教学评价反馈深化改革创新。一是定期开展学情调查研究，向全体学生发放调研问卷，深入了解学生的所思所想所感，有效掌握、及时回应。二是定期开展教学督导督查工作，以教学评价为依据，助推课程教学提质增效。

## 参考文献

［1］金芳芳. 新时代高校形势与政策教育体系构建研究［J］. 学校党建与思想教育，2023
（12）：59－62.
［2］唐玮.《形势与政策》课程的教学改革研究［J］. 知识经济，2016（23）：2.

# 新时代审美通识教育的理念反思与教学实践<sup>*</sup>

张　权　杨晓琳

四川大学党委学生工作部艺术教育中心

**摘　要**：在"以美育人、以文化人"的指导下，美育逐渐成为推进高等教育内涵式发展的重要实施途径。本文从视野、体系与实践三个维度，论述了"跳出美育看美育、立足通识建美育、伴随过程行美育"的必要性与可能性，并以四川大学核心通识课程"弦歌不辍：聆听音乐的多维魅力"为具体案例，将美育通识课程的反思与实践，导向对学生关联性思维的全过程培养。本文认为，高校审美通识教育并不是专业艺术教育的简单迁移，新时代的浸润式美育不仅是技能教育更是思维教育，不再是平行教育而是协同教育，不只是短期教育而是终身教育。

**关键词**：五育并举；通识课程；美育教学；关联性思维

我国现已建成世界上规模最大的教育体系。进入新发展阶段，高质量教育体系的构建呈现出新的时代要求。在新知识经济快速发展的背景下，高校作为人才培养的关键阵地，需要积极迎合学科交叉融合的大趋势，推进高等教育的内涵式发展，为中国式现代化培养德智体美劳全面发展的复合型创新拔尖人才。新时代以来，以习近平同志为核心的党中央高度重视美育工作，社会各界对美育的重视程度提升到前所未有的高度。为深入学习贯彻党的二十大精神，2023年底教育部发布《关于全面实施学校美育浸润行动的通知》，为深化美育教学改革行动、提升教师美育素养指明了方向。"浸润式美育"不仅是面向每个人的潜移默化的审美教育，也是协同德智体劳其他"四育"的素质教育。因此，如何基于通识教育认识美育的内涵，如何在教学实践中将美育融入人才培

---

*　本文系四川大学高等教育教学改革工程（第十期）研究项目"全过程策展式教学方法的研究与实践"（项目编号：SCU10051）的研究成果之一。

养全过程，亟待高校美育工作者的研究与探索。本文以四川大学核心通识课程"弦歌不辍：聆听音乐的多维魅力"（简称"弦歌不辍"）为具体案例，以关联性思维的培养为逻辑线索，旨在论述"跳出美育看美育、立足通识建美育、伴随过程行美育"的必要性与可能性。

## 一、融合并举：美育所蕴含的关联性思维

五育并举是我国在 20 世纪 90 年代课程改革中提出的理念，目的是培养德智体美劳全面发展的社会主义建设者与接班人。2019 年 6 月颁布的《中共中央国务院关于深化教育教学改革全面提高义务教育质量的意见》，明确提出了"坚持'五育'并举，全面发展素质教育"的指导方针。从教育体系的顶层设计来看，五育并举试图解决一个客观存在的发展不均衡问题，这不仅是主观认识上不同培养目标之间的不均衡，也是客观上受诸多因素影响的发展速度与发展程度的不均衡。在五育并举的实践过程中，如何在育人体系、课程规划、教学模式等方面促进德智体美劳的交叉融合，逐渐成为顶层设计之下推进素质教育整体发展的新课题。作为一种问题的自然延伸，五育融合与五育并举在概念上并不冲突。换句话说，只有做到五育理念上的融会贯通和实践上的互联互促，才能真正实现广泛且可持续的并举。

五育融合的观念性前提，是意识到德智体美劳的教育中每一方面都有其自身特点，但并不因此与其他"四育"割裂或对立。这种融合不能被理解为静态的拼接或叠加，而应当导向一种诱发思维方式不断创新的动态作用机制，这需要我们从项目化的实体性思维，转向全过程的关联性思维。关联性思维（Relational Thinking）的概念涉及认知社会学、文化研究、教育心理学等很多领域，相较于常听到的批判性思维（Critical Thinking）更为基础。关联性思维是人们认识世界的传统方式，主张在本质上是附着、交织与可变的关系框架中，研究不同教育环境中的人与非人行动者发挥的积极作用，同时认为环境不应是静态的或结构化的，而应被视为各种关系产生的具体结果。

就美育而言，关联性思维主张将艺术实践从独立的私人空间中解放出来，把美的认知朝向广阔的关系网络敞开，这是当代美学研究从哲学本体论转向美学社会学或美学人类学的一个主要特征。这一转向搁置了历史上诸多有关美之起源的形而上学争议，希望人们从具体的互动关系而非抽象本质来认识美，以便在学院化的艺术概念之外留出空间，重构人们对现实生活的认知。在此意义上，五育融合发展中的美育无法单独成为目的。若没有关联性思维的培养，生活中无数美的感知只能停留在碎片化且易逝的状态，无从谈起美的鉴赏与创

造。如今，越来越多的学者开始从"关系美学"的视角重新思考美育与艺术教育的区别。其逻辑深深契合于马克思的著名论断："人的本质不是单个人所固有的抽象物，在其现实性上，它是一切社会关系的总和。"不把美视为纯属于个体且孤立生长的私有物，正是马克思主义美学的核心态度，它鲜明地主张经济社会等日常生活领域的集体劳动者创造并延续了美的生命。

与马克思主义美学类似，中华美育思想也特别重视关联性思维的培养，强调天下诸事万物始终处在的同栖、共生与互动关系。例如，以音乐类比教育的表达就常见于古代典籍。"礼乐教化"在古代中国不仅是君子修养之法，也是移风易俗与治国正民之道。在《礼记》《论语》等经典著作中，"乐"既是类比为教育的初衷，如"善歌者，使人继其声；善教者，使人继其志"，也是教育的最终阶段，如"兴于诗，立于礼，成于乐"，还可以彰显具体教学方法的道理，如"善待问者如撞钟，叩之以小者则小鸣，叩之以大者则大鸣，待其从容，然后尽其声"。可见，我国古代的美育思想并不拘泥于"器"，它与人的全面发展存在千丝万缕的关系。正如王国维先生对此评论道："今转而观我孔子之学说。其审美学上之理论虽不可得而知，然其教人也，则始于美育，终于美育。"

相较于孤立的音乐知识或技能，这种关联性类比蕴含着一种"跳出美育看美育"的宏大开放视野，对美的感知并不局限在学科林立的专业化框架之内，更接近高校美育工作面向大众、面向每个人的美育目标。正如《乐记》指出"黄钟、大吕、弦歌、干扬"仅仅是"乐之末节"，而乐的大节则暗藏于用"音诗歌舞"表现的"和"，内修的"乐"与外修的"礼"之间的互相彰显，恰如不同乐声的调和共鸣。虽然已有不少学者意识到西方美学理论的水土不服，但如何复归传统的礼乐文化却并非没有争议。近年来，以"国学热"为市场的私塾式古典美育机构，试图在形象上与现代美学划界，但实际的教育方法却难以另辟蹊径，导致礼乐文化的内涵仍不免被限定在功利范围，反而强化了艺术教育的"器"的意味，这并不适合高校开展的普及性审美教育。

## 二、通识课程：高校美育建设的体系化平台

五育并举的在实际操作中常常表现为公共课程数目的盲目增加，然而这种方式收效甚微，甚至会产生反效果。高校核心通识课程体系的搭建，有效解决了"大水漫灌"的问题，促进了五育融合发展的有的放矢。作为 19 世纪工业化与城市化的回应，脱胎于旧文科教育的通识教育课程理念，自 20 世纪 30 年代起开始在美国本宁顿学院、威斯康星大学、芝加哥大学等高等

教育机构站稳脚跟。开设这些入门课程的目的，正是帮助学生发现自己的兴趣才能，以便更好选择不断涌现的新学科和新专业。这种新模式受到了皮尔斯实用主义、杜威工具主义及两次世界大战期间的进步教育运动的影响，相较于古老且精英化的自由教育（Liberal Education）对西方文明历史遗产的强调，通识教育（General Education）依托公立学校，关注眼前、当下的现实问题，相信个人能够通过公民教育改变环境，实现社会的创造性变革。

哈佛大学是观察美国高等教育通识课程体系的典型案例。随着学生人数的不断增加，已经高度专业化和部门化的教育体系产生了愈发严重的隔离问题。哈佛大学为此在1943年组建"自由社会中的通识教育委员会"，利用统一设计的课程结构将通识教育概念制度化，旨在调和因专业和教师研究方向自然产生的多元孤立性。1945年，该委员会发布的报告《自由社会中的通识教育》揭开了哈佛大学通识教育的序幕，也使得通识教育从美国个别高校的尝试变成全国性运动。哈佛大学对通识教育的关注反映了一种平衡，其立场是教育既不能完全致力于传统，也不能完全致力于实验，它必须同时坚持遗产和变革、理念和手段。

在经过多轮辩论与改革后，2007年哈佛大学发布《通识教育工作组报告》，课程体系趋于合理化。作为近30年全球本科生通识教育全面改革的基础范例，2007年哈佛大学通识教育方案在类别设置上更强调的是议题而非学科，旨在激发学生对"审美与解释性理解""文化与信仰""实证与数学推理""道德推理""生命系统的科学""宇宙物理的科学""世界社会""置身世界的美国"八大主题的终身兴趣。这也是促进各个学科交叉融合并以制度落实关联性思维培养的一座里程碑，因为该设计有意识地将课堂上学习的材料与广泛关注的问题联系起来。在八个必要的通识教育主题中，"审美与解释性理解"主要帮助学生发展批评技能，即审美反应能力和解释能力，而"文化与信仰"则致力于培养对人类社会文化和信仰传统的理解和欣赏。

当我们打开哈佛大学最新的学生手册，就会发现其本科生通识教育课程体系在不断调整。经过2018年的改革，原有的八大主题改为"4+3+1"的模式，即一种统一与分散相结合的新模式，包括"审美与文化""伦理与公民""历史、社会与个人""科学与社会中的技术"4门基础性必修通识课程，"艺术与人文""科学与工程""社会科学"3门分布式课程，以及1门"实证与数学推理"课程。就美育而言，上述新模式的最明显变化在于将旧方案分立的"审美"和"文化"议题紧密关联了起来，同时可以看出"审美"相较于"艺术"在概念上具有更基础的含义。我们可以从相关的课程介绍中发现，新的美育通识教育理念有两个主要目标。其一是展现审美活动的具身性，即邀请学生解读各种形式的美对自身感官、情感和思想的影响，教导学生把自己对美的感知同时理解为文化的产物和参与者。其二是培养学生分析审美对象在文化背景下被生产和接受的过程，进而审视或创造美在社会重塑中扮演的角色。

课程结构改革与美育观念转型经常同步变迁，这意味着当代高校美育工作无法闭门造车，不能脱离现有通识教育课程群所提供的跨学科协同平台。所谓"立足通识建美育"的含义，便是主张在通识教育的体系化、制度化的大趋势下搭建美育课程体系，在纵向和横向比较的过程中不断优化主题，保持专业教育与通识教育的平衡发展。如今很多世界一流高校的美育通识课程，正在把审美视为一种与经济、政治、社会、文化密切关联的认知方式或分析视角，侧重对审美实践的跨学科反思，而不将其限定为一门仅从个人"品味"中推导出艺术规则的封闭知识。高质量且有中国特色的本土化通识教育，正在成为促进五育融合发展的制度化保证。只不过真正的"跨学科"并不简单等同于"多学科"，美育通识课程的所涉及的关联性主题虽然在学校层面指明了发展方向，但大学的美育效能终究要落实在学生的成长之上。

## 三、以乐为媒："弦歌不辍"的美育教学实践

美育通识教育在教学方面的本土化探索，相较于概念界定显得更为实用且紧迫。中国古代典籍中虽然也有关于"知类通达，强立而不反"的境界描述，但当代通识教育不是为了培养无所不知的"通才"，因为现代高等教育仍然处在专业教育的整体框架之内。就美育而言，如何在一门课程中促进通识素质与专业能力之间的协调发展，并非一蹴而就之事，它离不开课程团队年复一年的思考与努力。下面将以四川大学本科首批核心通识课程"弦歌不辍：聆听音乐的多维魅力"为例，分析该教学团队如何以音乐鉴赏为媒介，将关联性思维的培养寓于学生成长的全过程。

首先，关联性思维起始于教学行为展开之前的课程设计。由于"弦歌不辍"主要讲述中西方音乐的文化起源、发展、表现形式和鉴赏方法等多方面内容，课程设计因此需要平衡两个事实：一是基于不同文化与社会背景所产生的音乐形式的多样性，一是世界各种音乐形式所共通的美学价值。为此，来自西方交响乐、中国音乐、戏剧音乐、舞蹈音乐、影视音乐等专业的五名教师所组建的教学团队，需要在与选课学生见面之前交流沟通，分享汲取他人经验，在中西与古今两个方向上寻求音乐知识与审美素质的联结。通过制度化的集体备课，教学团队有意识地把音乐概念与音乐体验结合起来，采用美国课程专家维

金斯、麦克泰格提出的"逆向设计"思路，策划每个专题的内容、展开方式以及不同专题之间的逻辑关系。

其次，关联性思维得益于高质量的课堂互动。虽然很多教师都在课程设计中预留了现场问答环节，但能否真正引出有价值的高水平互动其实并不确定。考虑到学生多样的选修动机，学生本人是否对预先设计的主题感兴趣，成为培养关联性思维的一大挑战。因为关联性思维绝非简单的知识并置，学生的参与（Participation）并不等于投入（Engagement），这对课堂互动的质量提出了更高要求。这意味着好的"寓教于乐"不会仅仅满足于学生简单的视听享受，更重要的是不断创造化解刻板印象的认知场景，使学生在好奇心的驱使下链接新旧知识和观念。为此，课程团队基于小班化研讨、小组合作、翻转课堂等形式，把即兴合唱和词云讨论作为活跃课堂氛围、激发内在学习动机的手段，鼓励同学在集体创作中体验音乐之美。

再次，关联性思维需要课堂内外多场景的交叉。课堂上的知识传递大多侧重"初次学习"的效能，教学场景较为固定单一。尤其是低年级非相关专业的本科生，很难在对基本概念、事件和理论大体了解之前，获得高水平的"翻转课堂"能力，所以课堂互动往往具有随机性。纵有视听多媒体的技术辅助，仍难免产生"纸上得来终觉浅"的不足之感。原因在于，真正的美育通识教育并不会止步于校园课堂，它必然要与更广阔的社会文化空间，特别是马克思主义重视的集体性日常生活产生具身性关联。因此，课程团队不断挖掘美育资源，鼓励学生深入艺术实践、走进艺术现场，多次组织同学走进音乐厅和剧场观看音乐会、话剧等文艺演出，通过第一课堂与第二课堂、学校美育与社会美育的场景交叉，创造学生"二次学习"的条件。

最后，关联性思维在课程结束的复盘中得到提升。春风化雨、润物无声的浸润效果是无形的，但全过程教学相长的集体记忆应当是可获取的。正如"弦歌不辍"的课程名本身就有"讲习不休"的延展含义，教学团队始终坚持课后学习群的交流，并利用新媒体平台，将讨论词云、同学交流及分享材料以微信平台的公众号文章、小视频等形式长期保留。通过每学期发布前测与后测问卷，教学团队可以了解学生真实的美育需求与阶段性学习情况，从而保持对课程内容、教学效果、课程思政建设等教学实践的跟踪，并针对性地调整与补充。引导过程考核标准和课程复盘的原则，其不完全在于学生是否精通艺术专业，更在于学生是否投入性地享受艺术人生，是否将个体对美的切身体验持续地通达至自然与社会，从而激发更高水平的思维创新能力。

## 四、小结

蔡元培先生本着科学主义的精神，曾认为美育是进行世界观教育的最好途径。他把美育视为一种人们追求进步与发展的动力，认为美育包含着理想教育，可以发展人们的个性，给人们以正当的娱乐和有益的消遣，以提起治学的兴会。在今天五育并举融合育人的总体要求下，需要基于通识教育重新思考美育的内涵，因为美育不仅是技能教育更是思维教育，不再是平行教育而是协同教育，不只是短期教育而是终身教育。为此，"弦歌不辍"的教学团队一直在探索坚持"跳出美育看美育，立足通识建美育，伴随过程行美育"的美育观，将美育所蕴含的"无用之用"，潜移默化地导向它对学生关联性思维的培养。

因此，"聆听音乐的多维魅力"就不再表现为某种单一学科的专业技能，而是呈现为一个集合了审美兴趣、成长经历、认知框架与社会观察的关系网络。在音乐之美的浸润过程中，跨学科思维的窗户被无声地打开。这种关联性思维的美学修养将伴随师生多年，不仅有助于在"教"的一端摒弃表面上的"记问之学"，也能在"学"的一端促进身体感知与思维逻辑两个方面的拓展，最终引发通识素养与专业精神、个体感知与时代要求的共鸣。这是单纯的专业知识教育力有未逮的地方，也是未来美育通识课程体系与教学实践继续前进的方向。

### 参考文献

[1] Decuypere M，Simons M. Relational Thinking in Education：Topology, Sociomaterial Studies, and Figures [J]. Pedagogy, Culture & Society, 2016（3）：371−386.

[2] 中共中央马克思恩格斯列宁斯大林著作编译局. 马克思恩格斯文集（第 1 卷）[M]. 北京：人民出版社，2009：501.

[3] 王国维. 孔子之美育主义 [J]. 教育世界，1904（1）：4.

[4] Miller G E. The Meaning of General Education：The Emergence of a Curriculum Paradigm [M]. New York：Teachers College Press，1988.

[5] 梁柱. 蔡元培的美育思想及其在北京大学的践行 [J]. 北京大学学报哲学社会科学版，2003（6）：5−10.

金课建设

CONSTRUCTION OF THE GOLDEN COURSE

# 学思笃行，提质增效：党的二十大精神赋能通识教育核心课程教学创新与实践[*]

刘晓宇[1]　黄玉波[1]　尹伯彪[1]　杨随先[1]　杨正丽[2]　陈显春[3]　何　亮[1]

1. 四川大学机械工程学院；2. 四川大学水利水电学院；
3. 四川大学高分子科学与工程学院

**摘　要**：近年来我国高校在加强通识教育方面进行了诸多探索和实践，虽取得了很大成效，但仍存在一些问题。通识教育不仅要具备国际视野，还要符合我国国情、民族文化及育人理念。在全面推进高校课程思政高质量建设的背景下，通识教育核心课程已成为课程思政建设不可或缺的重要载体。为切实发挥其育人功效，将党的二十大精神全面融入通识教育核心课程，本文提出基于OBE理念的"主动·学思·践悟"通识教育核心课程教学新模式，从课程目标、教学内容、教学方法、教学手段、考核方式及评价方法等方面详细介绍了教学设计及实践过程，从课堂互动与学习成效、小组研讨与育人成效、课程评价与持续改进等方面，对教学实践结果进行了分析和讨论，以期为建设具有中国特色的通识教育核心课程提供参考。

**关键词**：通识教育；党的二十大精神；课程思政；OBE；教学创新；育人成效

## 一、研究背景

通识教育是现代大学教育的重要组成部分，其目标是在现代多元化的社会

---

* 本文系四川省2021—2023年高等教育人才培养质量和教学改革项目（项目编号：JG2021-23）、四川大学落实党的二十大精神"三进"教学改革研究专项项目（项目编号：SCUSJ18）、四川大学高等教育教学改革工程（第十期）研究项目（项目编号：SCU10087）成果。

中，为受教育者提供通行于不同人群之间的知识和价值观，培养学生独立思考的能力，使学生对不同的学科有所认识，从而能将不同的知识融会贯通，进而成为完全、完整的人。哈佛大学自19世纪中期就启动了一系列针对通识教育的探索与改革，并于20世纪70年代提出建立一种核心课程模式，学生可在五个领域中任选8~10门核心课程以取代分类选修课程，在兼顾专业学习的同时重视价值观、方法论和思维方式的培养。这种核心课程模式被公认为是迄今为止通识教育实施中最好的模式，已受到世界各国高校竞相效仿。

我国的通识教育虽起步相对较晚，但一些高校，如北京大学、上海交通大学、武汉大学和复旦大学等，受到哈佛大学核心课程模式的启发，已纷纷致力于通识教育改革，并将通识教育核心课程体系建设设定为"双一流"建设的重要内容。而需要特别注意的是，成功的通识教育不仅要具备国际视野，还要符合自身国情、民族文化及育人理念。我国高校在借鉴哈佛大学核心课程模式的同时，要建设具有中国特色的通识课程，服务于塑造我国的社会主义核心价值观。

2016年12月，习近平总书记在全国高校思想政治工作会议上发表重要讲话，科学回答了高校培养什么样的人、如何培养人以及为谁培养人这一根本问题，强调要坚持把立德树人作为中心环节，把思想政治工作贯穿教育教学全过程。2020年5月，教育部印发了《高等学校课程思政建设指导纲要》，强调指出："全面推进课程思政建设是落实立德树人根本任务的战略举措。"2022年，党的二十大报告强调，要坚持教育优先发展、科技自立自强、人才引领驱动，加快建设教育强国、科技强国、人才强国，坚持为党育人、为国育才，全面提高人才自主培养质量，着力造就拔尖创新人才，聚天下英才而用之。上述重要论述，为新时代我国教育发展、科技进步、人才培养指明了前进方向，提供了根本遵循。

通识课程作为高等教育课程中的重要组成部分，将理想信念、爱国主义情怀、品德修养等思政元素潜移默化地融入课程内容，充分发挥隐性思政的育人功效，已成为课程思政不可或缺的重要载体，更是落实立德树人根本任务的有效途径。将党的二十大精神全面融入通识课程的课程思政教学，教育引导大学生牢牢把握新时代十年伟大变革的重大意义，既是通识课程建设的核心内容和改革方向，也是课程思政提质增效的实践要求，更是建设彰显中国特色通识教育的重要途径。

## 二、研究现状

现阶段，我国通识教育中存在一些较普遍的问题。首先，通识教育核心课程的教学以教师讲授为主，未充分考虑学生的主体地位，导致学生学习积极性较差、课堂参与度较低。其次，通识教育核心课程的课程思政教学大多是由教师在备课时挖掘思政元素，通过课堂讲授向学生单向输出，学生被动接受思政教育，并没有对思政元素进行主动发现和自主思考。再次，通识教育核心课程的考核方式较单一，多采用课程论文评价且无过程化、个性化考核，没有给学生提供检验学习效果的机会，教师也很难在课堂上考查课程本身的育人成效。鉴于上述几个问题，创新通识教育核心课程教学模式、提高课程思政育人成效是通识教育核心课程建设中亟待解决的关键问题和主要挑战。

## 三、研究思路及方法

### （一）研究思路

针对目前通识课程教学中普遍存在的问题，"万物的面貌：以测量洞悉科学"教学团队提出了融合 OBE（Outcome Based Education）理念及党的二十大精神的通识教育核心课程教学新模式（图 1）。

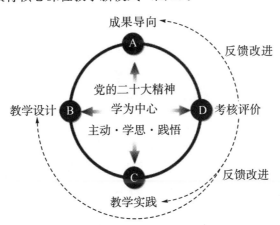

**图 1 融合 OBE 理念及党的二十大精神的通识教育核心课程教学新模式**

1. 融合 OBE 理念及党的二十大精神的通识教育核心课程教学新模式

课程教学团队以 OBE 理念为核心，以党的二十大精神为引领，进行教学设计，旨在实现以"教"为中心向以"学"为中心的转变。通过制定面向学生学习成效的课程目标，反向完成"以学生为中心"的教学设计，正向进行教学实践。在对考核评价结果进行分析的基础上，将其反馈至课程目标制定、教学设计、教学实践及考核等各个环节，形成教学质量监控闭环的同时对课程进行持续改进。

2. 基于"主动·学思·践悟"的课程思政教学新方法

课程思政是通识课建设的核心内容，是达成课程目标的重要途径，是实现"全人"培养的有力保障。针对目前在通识教育核心课程思政教学中存在的学习方式被动化、教学方法陈旧化、育人成效表面化等问题，教学团队围绕"学为中心"的核心理念，以党的二十大精神为引领，创新性地提出"主动·学思·践悟"的课程思政教学新模式，并将其融入各个教学环节。

在这一教学模式中，"主动"是指主动思政，即鼓励学生在参与课堂互动、课程考核的过程中主动发现、挖掘教学内容中所蕴含的思政元素，将被动接受转变为主动挖掘，充分调动学生的主观能动性。"学思"是指学思并进，即教师在课堂教学中，通过设计与课程思政相关的互动问答环节，引导学生对教学内容中涉及的思政元素进行深度思考，积极参与课堂互动，实现价值观的自我塑造。"践悟"是指践悟笃行，即通过个性化、过程化、实践性课程考核，学生可以将主动思政、学思并进的收获和感悟付诸实践，努力践履所学，做到知行合一。

## （二）研究方法

### 1. 文献调查法

通过文献调查研究，了解通识教育核心课程及课程思政相关政策文件、研究现状和相关理论支撑，深入分析各高校通识教育核心课程建设现状，并进行整理、分析和比较，为本研究提供基本依据。

### 2. 案例分析法

在理论研究的基础上，本研究以四川大学首批立项的通识教育核心课程"万物的面貌：以测量洞悉科学"作为试点课程，探索党的二十大精神全面融入课程思政教学的方法和路径。通过教学设计、实践与反思，不断提高通识教育核心课程的育人成效。

### 3. 比较研究法

本研究运用比较研究法来分析通识教育核心课程多个运行学期的课堂互动与学习成效之间的关系，总结教学规律，进而指导通识教育核心课程的持续改进。

### 4. 问卷调查法

本研究通过设置非标准答案作业/考试，发布教学满意度调查问卷，了解学生对课程内容、教师教学的满意度，评价课程的育人成效。另外，通过对学生学习成效的问卷调查，可以了解学生对通识教育核心课程的意见和建议，了解课程思政的育人成效，及时通过学生反馈改进通识教育核心课程的教学设计与实践。

## 四、教学设计

### （一）四川大学通识教育及课程简介

四川大学围绕人才培养的目标和定位，充分发挥自身文理工医多学科优势和特色，在全面落实立德树人根本任务的基础上，更加聚焦和强化"厚通识、宽视野、多交叉"，制定实施通识教育的"川大方案"。其核心就是以"涵养人文底蕴、培育家国情怀、弘扬科学精神、促进融合创新"为目标，以"两大先导课、五大模块、百门通识核心课"为主体构建起川大的通识教育体系。"万物的面貌：以测量洞悉科学"课程隶属于该体系的"信息与交叉"模块。

俄国著名化学家门捷列夫曾说："科学始于测量，没有测量就没有真正意义上的科学"。我国著名科学家钱学森曾说："信息技术包括测量技术、计算机技术和通信技术，测量技术是信息技术的关键和基础。"由此可见，测量技术是众多领域不可或缺的支撑技术，也是开展多学科交叉融合研究的关键技术。因此，开设"万物的面貌：以测量洞悉科学"课程非常有必要，可以满足不同专业、学科学生的广泛学习需求。"万物的面貌：以测量洞悉科学"是于 2019 年立项的 31 门川大首批通识教育核心课程之一，面向全校本科生开设，2 学分，共 32 学时。目前该课程已累计开设 23 班次，累计选课1308 人，课程评价位列全校核心通识课前 20%。该课程总体教学设计如图2 所示。

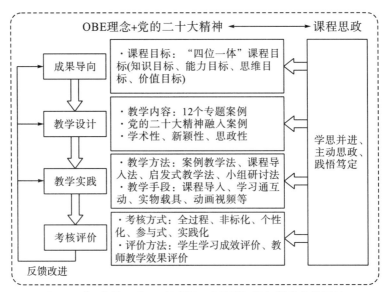

**图2 "万物的面貌：以测量洞悉科学"课程教学总体设计**

### （二）课程目标

"万物的面貌：以测量洞悉科学"课程围绕我国高等教育人才培养"立德树人"的根本目标，秉承 OBE 理念，基于布鲁姆教学目标分类理论，构建了"知识—能力—思维—价值"四位一体的课程目标，促成知识传授、能力提升、思维培养和价值引领的有机融合，实现以思政渗透教学。基于 OBE 理念的课程目标强调的是"学生所得"，即通过该课程的学习，学生能够：①在知识目标方面，掌握测量专业术语，了解基本测量技术、测量原理及方法；②在能力目标方面，提高解决复杂工程问题的能力、学科间交叉融合的学习能力、团队协作能力及汇报展示能力；③在思维目标方面，掌握"提出问题→分析问题→解决问题"的研究方法，培养批判性思维、工程思维和创新意识；④在价值目标方面，通过工程伦理教育树立良好的现代工程观及社会主义核心价值观，激发科技报国的家国情怀和责任感、使命感，培养大国工匠精神。

### （三）教学内容

课程教学团队秉持"以学为中心"的教学理念，为了满足不同学科、专业背景学生的需求，设计了案例式的教学内容。这些案例涉及新工科、新医科、新文科等多个学科专业，兼具学术性、新颖性、思政性，充分体现了多学科交叉融合以及产学研深度融合。通过对案例的分析和讨论，剖析案例中所涉及的测量技术和测量原理。同时，教学团队在深入学习贯彻党的二十大精神的基础上，深入挖掘党的二十大精神思政元素，通过选择合适的课程思政案例，将价值塑造潜移默化地渗透至教学内容中（表1）。

表1　全面融入党的二十大精神的课程教学内容

| 教学内容 | 课程思政案例名称/简介 | 党的二十大精神 |
| --- | --- | --- |
| 第一讲　科学始于测量 | 高铁运维 | 创造精神，科技自信 |
| 第二讲　测量学世界漫游指南 | 测量"中国高度"，世界之巅（珠峰高程测量） | 创新精神，科技强国 |
| 第三讲　智慧生活"小帮手" | "格力奥克斯之争"，制假售假不可取，节能环保要牢记 | 社会主义法治精神 |
| 第四讲　智能制造"核心工匠" | "中国智造"，国产智能手机引领世界 | 创新精神，科技强国 |
| 第五讲　大型基础设施"健康预警员" | 走近大国重器，传承创新精神（建成三峡大坝） | 奉献精神，人民首创精神 |
| 第六讲　航空航天"护卫者" | 大国重器，大型光电望远镜 | 创新精神，科技强国 |
| 第七讲　刚正不阿的"裁判员" | 北宋"水钟"，世界上最早的机械钟 | 文化自信，创新精神 |
| 第八讲　石油管道"监测卫士" | 大国重器，管道检测机器人 | 人民首创精神，奋斗精神 |
| 第九讲　农业轻工"评判官" | "测量保障食品安全"，智慧农业 | 劳动精神，勤俭节约精神 |
| 第十讲　医学"检测与诊断助手" | "呼出气早筛肺癌"，医疗诊断仪自主开发 | 奉献精神，创新精神 |
| 第十一讲　智能感知"芯力量" | "芯力量"，感知世界 | 人民首创精神，科技强国 |
| 第十二讲　古代文明的"解码者" | "三棱箭镞、度量衡制度"，秦统一中原 | 文化自信，法治精神 |
| 第十三讲　明察秋毫的"超级学霸" | "天网"结合人脸识别技术助力人口搜救、罪犯抓捕 | 民族自豪感和使命感 |
| 第十四讲　行业检测机器人 | "深空探测"，走中国人自己的路 | 人民首创精神，科技强国 |
| 第十五讲　玩转测量科学 | 测控仪器的创新性设计，创新文化的传承 | 创新精神，科技强国 |
| 第十六讲　学生小组汇报 | 学生主动思政，自主挖掘课程思政案例和元素 | 学生通过主动思政、学思并进，深入学习并深刻感受党的二十大精神 |

## （四）教学方法

在教学实施方面，教学团队采用了灵活多样的教学方法，包括案例教学法、课程导入法、启发式教学法、小组研讨法等。

案例教学法的使用是该课程的一个显著特点。教学团队精心选择充分体现党的二十大精神的经典案例进行专题教学。如在"行业检测机器人"这一讲中，以"天问一号"火星探测任务作为教学案例，引导学生对案例进行分析，学习该案例所涉及的测量技术，同时使学生了解到"天问一号"探测任务是我国首次独立自主完成的火星探测任务，"天问一号"成功发射升空意味着我国深空探测迈出了崭新的一步，进而增强学生的民族自豪感，激发其科技报国的情怀，使学生明确家国使命。

课程导入法的使用是该课程的另一大特点。教学实践表明，好的课程导入是授课成功的一半，因此教学团队非常重视对课程导入的设计。在开始讲授教学内容之前，通过引入时事热点、科技成就、学术前沿、生活现象、科研经历、计量史料等多种类型的素材，使其与教学内容无缝衔接、有机融合，同时还可以润物无声地进行思政教育。采用课程导入法，可以激发学生的学习兴趣、提高课堂参与度及学习成效。

启发式教学法旨在鼓励学生在案例学习的基础上，深入思考案例所蕴含的思政元素，做到学思并进、主动思政。

小组研讨法是探究式教学中非常重要的一种方法。这种教学方法为学生自主选题、深度探究提供了一个体悟践行的机会。学生可以将主动思政、学思并进的收获和感悟付诸实践，努力践履所学，同时还可以提高团队协作能力及汇报展示能力。

## （五）教学手段

教学团队充分利用多种多媒体技术手段及智慧教学环境，多措并举提升学生学习成效。为激发学生的学习兴趣，教学团队为每节课选择、设计了新颖的课程导入和兼具知识性、新颖性和思政性的教学案例；为提升学生的学习体验，充分利用视频、动画、实物教具等多种方式展开生动教学；为提高学生的课堂参与度，利用"超星学习通"平台进行多种形式的课堂互动，主要包括：主题讨论、投票、选人、随堂练习、抢答等。在多样化的课堂互动中，通过设计基于党的二十大精神的学习感悟的题目，引导学生深切体会党的二十大精神。基于所创设的多样化教学环境，学生的自主探究能力、主动思政能力、体悟践行能力得到了充分锻炼及提高。

## （六）考核方式

该课程采用"全过程学业评价＋非标准答案考查"的考核方式，成绩构成主要包括课堂表现（10％）、课后作业（15％）、课堂互动（30％）、小组研讨报告及展示（45％）。其中，小组研讨报告及展示部分又包括课堂展示（35％）、小组互评（20％）及研讨报告（45％）。

### 1. 多元化的过程考核

基于 OBE 理念，为达成课程目标，该课程制定了"难度适中、自主探究、可参与度高"的过程考核设计原则。根据这一原则，在全课程周期设计了 3 次课后作业以及不少于 3 次/2 学时的课堂互动，采取了随堂测试、主题讨论、抢答、挑人、问卷、投票等多样化的课堂互动方式。过程考核可以全面考查学生在参与互动及课后作业中所表现出的学思并进和主动思政能力。

### 2. 高标准的期末考核

该课程期末考核主要采用小组研讨报告及展示的方式，鼓励学生将课程与自己的学科、专业相联系，在充分考虑学科交叉融合的基础上，进行个性化自主选题，同时将自主选题与党的二十大精神深度融合，以通过自主学习，形成对党的二十大精神的学习反馈。在期末考核中重点考查学生践悟笃行、知行合一的实践能力，以及团队协作、表达展示的综合能力。

## （七）评价方法

该课程关注教学的两大主体，即学生和教师。围绕"学生学得怎么样""老师教得怎么样"两大问题，构建了"学生学习成效＋教师教学效果"的多元化课程评价体系，即基于"诊断性评价—形成性评价—总结性评价"的学生学习成效评价和基于"同行教师听课评议—督导组专家听课评议"的教师教学效果评价。

课程既关注学生学习成效的评价，也需要了解同行教师对于教学效果的评价，两者缺一不可。采用学生评价与教师评价相结合的方式，以多元化的评价机制实现对学生学习成效和教师教学效果的全面评价。基于评价反馈，教师通过深刻的教学反思，提出关于课程持续改进的措施，从而构建起完善的教学机制，实现以评促教、以评促改的目的，推动课程持续优化提升。

## 五、教学实践分析及讨论

基于融合 OBE 理念及党的二十大精神的通识教育核心课程教学总体设计，

在课程目标、教学内容、教学方法、教学手段、考核方式及评价方法等方面进行了充分的教学实践。在此基础上，从课堂互动、小组研讨及课程评价等方面对教学实践结果进行分析及讨论，以推进课程持续改进。

## （一）课堂互动与学习成效

该课程主要采用基于"超星学习通"的课堂互动，主要形式有随堂测试、主题讨论、抢答、挑人、问卷、投票等。

为了进一步研究通识教育核心课程中课堂互动与学生学习成效之间的关系，笔者对近三学期的课堂互动情况及考核成绩进行了统计（表2）。结果显示，自2020至2021秋季学期开课以来，教师发布课堂互动的次数不断增加。从2020至2021秋季学期到2021至2022春季学期，学生人均参与课堂互动次数由32次增加到45次，课堂互动参与率由64%增加到75%，学生课程考核的平均分由84.33分提高到86.26分。由此可见，随着课堂互动参与率的提高，学生的课程成绩有所提升。

**表2　学生参与课堂互动情况及考核成绩**

| 序号 | 学期 | 选课人数 | 教师发布课堂互动次数 | 学生人均参与课堂互动次数 | 课堂互动参与率 | 课程考核平均分 |
|------|------|----------|----------------------|--------------------------|----------------|----------------|
| 1 | 2020至2021秋季学期 | 258 | 50 | 32 | 64% | 84.33 |
| 2 | 2020至2021春季学期 | 220 | 52 | 35 | 67.31% | 84.67 |
| 3 | 2021至2022秋季学期 | 236 | 58 | 41 | 70.69% | 85.75 |
| 4 | 2021至2022春季学期 | 191 | 60 | 45 | 75% | 86.26 |

另外，学生对课堂互动的主观评价也充分表明合理有效的课堂互动是提升学生通识教育核心课学习成效的关键环节。

答案：测量听起来似乎很"高大上"，与我们学生遥不可及，通过这堂课的学习我发现测量和我们的生活息息相关。这堂课的<u>每一位任课老师讲课都非常有趣，经常与学生互动，引导学生思考</u>。

答案：这门课的<u>授课方式新颖，互动频繁</u>，同学们和老师有<u>更多的交流</u>，对于知识有了更深层次的把握和理解。

答案：感觉上这个课，大家的<u>参与度比较高</u>，"<u>针不戳（真不错）</u>"。

答案：老师们知识渊博、<u>讲课生动有趣，上课内容由浅入深</u>，作为文科生也可以轻松听懂。

答案：大多老师的课程都<u>内容丰富，授课风趣幽默，课堂氛围活跃</u>。

答案：感觉老师讲得很有趣，<u>课堂互动也做得很好，调动了我们的学习兴趣</u>。

答案：很好的课，教师队伍强大，教学质量优秀，<u>课堂学习氛围浓厚</u>。反正我个人很喜欢这门课。

## （二）小组研讨与育人成效

课程的核心在于育人，育人的成效需要通过学习者来呈现。设计小组研讨报告及展示的考核方式旨在鼓励学生在学习课程内容的基础上，基于个性化自主选题，通过自主探究研讨内容，主动挖掘党的二十大精神等思政元素并进行深入思考，将学思并进的收获和感悟付诸实践；通过小组汇报及展示，努力践履所学，做到知行合一。

图 3 为学生的个性化选题情况。由图 3 可知，学生的选题非常丰富，涉及测量技术在农业、考古、工业、基础设施、生活、旅游、艺术等多个领域的应用，充分体现了多学科的交叉融合。图 4 为融入党的二十大精神的学生小组研讨报告，学生通过主动思政，深入了解新时代中国在经济、政治、文化、社会、生态、科技等领域取得的巨大成就，能进一步增强爱国主义情感，进而成为勇于担当、努力奋进的中国特色社会主义事业的建设者。教学实践表明，小组研讨报告及展示的考核方式为学生提供了学习成效的践行机会，是检验课程育人成果的有效手段。

图 3　部分小组研讨汇报主题

图4　融入党的二十大精神的学生小组研讨报告

## （三）课程评价与持续改进

四川大学教务处高度重视核心通识课建设质量，建立了良好的质量保障机制，每个月面向选课学生发布"四川大学通识核心课程评价问卷"，便于教学团队全方位、多角度了解学生对课程的评价，及时反思，持续改进。学生的主观评价充分肯定了课程在价值塑造、知识传授、能力培养等方面的成效，也证明了该课程提出的党的二十大精神赋能的通识教育核心课程教学新模式是切实可行的。

## 六、结语

大学的通识教育要面向人的全面发展、面向学生创新能力和独立思考能力的提高、面向学生视野尤其是国际视野的拓展、面向学生家国情怀和责任担当的培养。针对通识教育核心课程教学中普遍存在的问题，为了提高通识教育核心课程的思政育人成效，"万物的面貌：以测量洞悉科学"课程教学团队提出了融合OBE理念及党的二十大精神的通识教育核心课程教学新模式，创新了"主动思政、学思并进、践悟笃行"的课程思政教学方法。教学实践表明，合理有效的课堂互动可以提高学生的自主探究和主动思政能力，是提升学习成效的关键环节；个性化、过程化、实践性课程考核为学生提供了思政践行机会，是检验课程育人成效的有效手段。不断强化通识教育核心课程的课程思政建设仍是今后大学通识教育改革的主要方向，也是实现培养堪当民族复兴大任的时代新人目标的内在要求。

## 参考文献

［1］徐志强. 哈佛大学通识教育课程改革研究［M］. 北京：中国社会科学出版社，2015.

［2］聂迎娉，傅安洲. 课程思政：大学通识教育改革新视角［J］. 大学教育科学，2018（5）：6.

［3］张友燕. 哈佛大学通识课教育改革对我国高校通识课建设的启示［J］. 黑龙江高教研究，2021（322）：59−63.

［4］张大良. 课程思政：新时期立德树人的根本遵循［J］. 中国高教研究，2021（1）：5−9.

［5］中华人民共和国教育部. 教育部关于印发《高等学校课程思政建设指导纲要》的通知（教高［2020］3号）［EB/OL］.（2020−05−28）［2023−03−01］. http：//www. moe. gov. cn/srcsite/A08/s7056/202006/t20200603＿462437. html.

［6］《高等学校课程思政建设指导纲要》（教高［2020］2号）［EB/OL］.（2020−06−01）［2022−04−023］. http：//www. moe. gov. cn/srcsite/A08/s7056/202006/t20200603＿462437. html.

［7］中华人民共和国中央人民政府. 习近平：高举中国特色社会主义伟大旗帜为全面建设社会主义现代化国家而团结奋斗——在中国共产党第二十次全国代表大会上的报告［EB/OL］.（2022−10−16）［2023−05−01］. http：//www. gov. cn/xinwen/2022−10/25/content＿5721685. htm.

［8］Anderson L. W. 布卢姆教育目标分类学：分类学视野下的学与教及其测评［M］. 蒋小平，罗晶晶，张琴美，译. 北京：外语教学与研究出版社，2018.

# "四新"建设背景下通识核心课程"浸润式"教学探索与实践

## ——以重庆大学"文明经典"课程为例*

袁　敏

重庆大学人文社会科学高等研究院

**摘　要**：回顾文明经典，"返本开新"是生产知识与思想的重要方式之一。开展文明传统教育，旨在建设中华民族现代文明。为回应国家需求，重庆大学建设通识核心课程"文明经典"，秉持"文明以止、立德树人"的理念，探索坚守中国立场、会通古今中西的经典阅读课程体系。出于体认经典的内在需求、"三全育人"的客观要求、课程思政的必然要求，"文明经典"课程采用"浸润式"教学，综合运用环境浸润、情感浸润、活动浸润等教学方法，采取过程性评价与终结性评价相结合的评价方式，取得人才培养实效：在情感态度价值观目标上，坚定"四个自信"；在知识与能力方面，具备"5C核心能力"。

**关键词**：文明经典；"浸润式"教学；"四新"建设；三全育人；课程设计

2019年，教育部在《关于深化本科教育教学改革全面提高人才培养质量的意见》中明确提出"以新工科、新医科、新农科、新文科建设引领带动高校专业结构调整优化和内涵提升"。2021年，习近平总书记在视察清华大学的讲话中，强调瞄准世界科技前沿和国家战略需求来推进"四新"建设。2022年，教育部发布《关于深入推进世界一流大学和一流学科建设的若干意见》，要求"打破学科专业壁垒"，推进"四新"建设。同年，高等教育司吴岩司长在重庆普通本科高校"四新"建设推进会上做报告。《教育部高等教育司2023年工作要点》提出"以课程改革小切口带动解决人才培养模式大问题，实现高等教育

---

\* 本文系重庆市高等教育教学改革研究重点项目"服务国家文化战略的全校通识核心课大思政创新模式研究与实践"（项目编号：242004）成果之一。

改革创新发展强突破"。

通过简要梳理"四新"建设历程可以发现,"四新"建设是国家立足中华民族伟大复兴战略全局,应对国际竞争挑战,提升综合国力,坚定文化自信,建设高等教育强国,促进学科专业交叉融合创新,自主培养卓越拔尖人才的战略一招、关键一招、创新一招。在建设过程中,课程改革是重要切口。国家有需求,我们有行动。高校探索服务于"四新"建设的全校性通识核心课程的教育教学改革势在必行。

重庆大学于 2021 年秋季学期开设通识核心课程"文明经典",同时覆盖全校本科新生 6000 余人。这是重庆大学建设一流本科教育、推动"四新"建设进程、繁荣校园文化和提升整体思想创新氛围的开创性举措,是推动学校通识教育 2.0 体系升级的关键环节。

## 一、"返本开新"的"文明经典"课程体系

"四新"之中,新文科肩负着为其余学科乃至国家、社会提供价值引领的重担。价值引领不是空中楼阁,需要脚踏实地。2023 年 6 月 2 日,习近平总书记出席文化传承发展座谈会并发表重要讲话,指出建设中华民族现代文明,是我们在新时代新的文化使命。中华优秀传统文化有很多重要元素,共同塑造出中华文明的突出特性——连续性、创新性、统一性、包容性、和平性。重庆大学"文明经典"课程组在集体备课时认为,这五大特性可以通过《诗经》《庄子》《史记》《世说新语》《孙子兵法》等经典阅读进行体认。同时,其他文明的优秀成果如《荷马史诗》《社会契约论》,能够为我们提供有益滋养。习近平总书记要求"不忘本来、吸收外来、面向未来"。在"文明经典"课程中,学习中华文明经典,就是"不忘本来";从文明互鉴的角度了解其他文明经典,就是"吸收外来";培养会通中西、贯通古今、德智体美劳全面发展的社会主义建设者和接班人,就是"面向未来"。

"四新"建设首重创新。"新"从何来?"返本开新"自古以来就是生产知识与思想的重要方式。德国哲学家雅斯贝尔斯将"公元前 800 年到公元前 200 年"称为"轴心时代",认为人类"每一次飞跃都回顾这一时期,并被他重燃火焰",而《论语》《理想国》等经典正是"轴心时代"中西方文明的结晶。进入新时代,面临新需求,有必要回顾经典。因为产生于学科分化之前的经典天然具有跨学科的特质,能够帮助我们理解不同学科之间的关联,并认识融会发展的可能,从而激发创新思维。

为回应国家需求,重庆大学通识核心课程"文明经典"以"文明以止、立

德树人"为理念，着眼于文明传统的价值引领、文明交流的未来向度，发掘"新文科"对理工优势类高校学生成长成才的重要意义，服务于本科生院"大类培养"方案，构建一流本科教育体系。

鉴于中国近一百年来遭遇的主要问题之一就是西方文明冲击，重庆大学"文明经典"课程组整合现有的专业基础和师资力量，优先建设"文明经典A"和"文明经典B"两个序列，分别对应中、西文明经典；待条件成熟，将开设"文明经典C/D"等序列，聚焦其他文明的重要经典。课程以史为纲，强化古今之变的中西方文明演进线索。师生共读十几本中西文明经典，采取"浸润式"教学法，锻造学生"5C核心能力"，即创造力（Creativity）、批判性思维能力（Critical Thinking）、沟通能力（Communication）、合作能力（Collaboration）、持续学习能力（Continuous Learning Ability），培养德智体美劳全面发展的社会主义建设者和接班人。为实现上述目标，课程组设计了以学习成果为导向（Outcome-based Education，OBE）的"文明经典"教学体系（图1）。

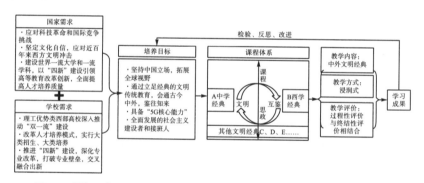

**图1 以学习成果为导向（OBE）的"文明经典"教学体系设计流程图**

课程组调研了北京大学、复旦大学、武汉大学以及美国哥伦比亚大学的本科生院哥伦比亚学院2020年至今的经典阅读类通识课。将重庆大学"文明经典A"课程涵盖的中学经典和上述3所国内高校所选经典进行对比；将"文明经典B"课程涵盖的西学经典和哥伦比亚学院经典阅读核心课"当代文明"涉及的30多种经典①、《世界一流大学学生在读什么经典——一项来自百万开放课程大纲大数据的研究》列出的22种高影响力经典以及上述3所国内高校的通识课西方经典选本进行对比（图2）。

———————————

① 哥伦比亚学院通识核心课"当代文明"创建于1919年，其课程大纲不断修订，与时俱进。目前该课程持续一年两个学期。本文依据的是2020年至今该课程官方网站所列秋季学期、春季学期必读书单。

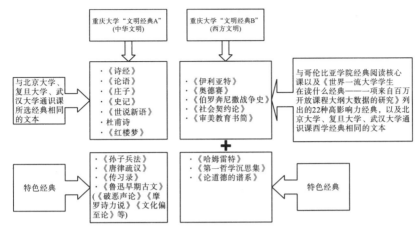

**图 2　重庆大学"文明经典"课程（A 中学、B 西学）选本与国内外名校对比图**

由此可见，重庆大学通识核心课程"文明经典 A/B"选择的是符合社会主义核心价值观，注重勾勒文明自我更新演进的历史脉络，强调学思用贯通、知信行统一的经典文本，在这些彰显文明特性的经典基础上建构会通古今中西的课程体系，注重文明互鉴，贯穿课程思政，探索"返本开新"之路，借助经典打开与古今中西圣贤对话的路径，寻求阐释历史与当下问题的创新视角。

## 二、"文明经典"课程"浸润式"教学的实践依据

课程组经过四轮完整的教学实践（2021 秋至 2023 春）认为，"浸润式"教学是最契合"文明经典"课程性质的教学方式。

### （一）体认经典的内在需求

"文明经典"课程教学中最常见的问题就是从文本到文本，无法回应学生的现实关切。而中国传统的经典教育，一向主张学以致用，正如孔子所言："诵《诗》三百，授之以政，不达。使于四方，不能专对。虽多，亦奚以为？"熊十力指出：中国哲学注重"体认"的方法，"觉入所觉，浑然一体而不可分"。体认经典，就是以个体身心去感受、认识、领悟经典，与经典冥合。课程组引导学生像朱熹与弟子讨论《孟子》"知言养气"说时那样，以身心体验为基础进行经典阐释，在整合、会通的基础上，回应现实，有所担当，追求卓越。因此，中国哲学注重"体认"的特点，决定了教学理念的人本导向，决定了经典阅读必须采用"浸润式"教学——浸润在"体认"经典对"我"、对国家社会的意义中，丰富个人生命体验，回馈国家社会，实现知行合一。为了更

好体认《史记》等经典，课程组牵头与陕西秦始皇帝陵博物院签订合作协议，建立学生实习实践基地。理论浸润与环境浸润有机结合，拓展学习时间与空间。

### （二）"三全育人"的客观要求

重庆大学是全国首批"三全育人"综合改革试点高校，扎实推进全员育人、全过程育人、全方位育人。"文明经典"课程与"两课"同向同行，是夯实课堂育人阵地的重要抓手。"三全育人"要求学校整体装修陈设等物质环境凸显育人理念，师生共同体理想信念的引领、和谐的人际关系等精神环境拓展育人空间。这些都与"浸润式"教学的需求珠联璧合。同时，卓有成效的经典阅读"浸润式"教学，必将反哺校园文化育人阵地建设。课程组大力支持"书香校园"建设，围绕经典开展"我与校长书单有约"等全校性读书活动。"浸润式"教学是最契合"三全育人"要求的教学方式。

### （三）课程思政的必然要求

2020年教育部印发《高等学校课程思政建设指导纲要》，要求"在潜移默化中坚定学生理想信念"，"达到润物无声的育人效果"。全校性通识课程的思政元素必须做到"如盐入水"。在课堂教学"主渠道"上，采取"浸润式"教学，引导学生挖掘经典中哪些思想观点是社会主义核心价值观的历史渊源，有助于学生在思想上、情感上实现政治认同与文化自信，是落实课程思政的有效手段。课程组围绕经典先后孵化了"荷马史诗""世说新语"等重庆市高校课程思政示范建设项目。

## 三、"文明经典"课程"浸润式"教学的实施方式

"浸润式"教学，是以培养"坚持中国立场，会通古今中西，全面发展的社会主义建设者和接班人"为目的，以体认经典、"三全育人"、课程思政为依据，在社会、校园、课堂中，师生共同营造浸润环境，精选浸润途径，以学习成果为导向的一种过程性活动。具体实施方式如下。

### （一）环境浸润

从宏观环境来看，首先需要国家营造社会文化氛围。例如，从"学习强国"到"青年大学习"，深入开展习近平新时代中国特色社会主义思想主题教育，为大学生营造理想信念坚定、文化自信的良好社会氛围。其次需要学校结

合"三全育人"打造校园文化氛围。重庆大学早期建筑于 2019 年入选第八批全国重点文物保护单位①，学生在国家级文物中生活学习，更易激发起传承中华优秀传统文化的责任感与使命感。

从课堂教学的微观环境来看，一方面，打造智慧教室，借助科技手段，将教室布局改造为灵活机动的以学生为主体的多功能学习空间；另一方面，教师对于课堂氛围的塑造、教学情境的创设也至关重要。走进中国古代经典，我们不仅关注其思想内容，也应留意古籍版本形制。课程组联合重庆市图书馆古籍修复传习所开展"中国传统技艺进课堂——古籍线装书制作"活动。学生先"云参观"中国国家版本馆线上展厅，再一起动手现场制作线装书，激发对于传统技艺的兴趣，深刻理解古籍装帧知识及背后的文化底蕴，自觉承担文化传承使命。"兴趣+能力+使命"的培养路径，显著提升人才培养质量。

### （二）情感浸润

习近平总书记高度重视情感在教育中的作用，指出"好老师对学生的教育和引导应该是充满爱心和信任的，在严爱相济的前提下晓之以理、动之以情，让学生'亲其师''信其道'"。

为促成学生"亲其师"，课程组着力打造教学名师和团队，充分发挥名师对学生精神上的引领作用。课程组骨干、重庆市"五一劳动奖章"和重庆市"最美女教师"荣誉称号获得者万曼璐老师于 2023 年 10 月 14 日至 25 日期间，在央视"百家讲坛"主讲"千古家书"系列。一封封古代家书，承载着家国大义等人间至性与亲情、友情、爱情等人间至情，感人至深。课程组精心设计"千古家书"系列与"文明经典"课程情感浸润的切入点，如在"世说新语"课前预习环节，要求学生观看嵇康临终前写给儿子的《家诫》这一讲。很多学生表示看后深度共情，这样的方式不仅使经典中的人物栩栩如生，历史背景知识得到形象展示，更使立大志、守大节的家国情怀入脑入心。结合情感浸润开展教学，效果立竿见影。

### （三）活动浸润

活动浸润是以学生为主体，组织丰富有效的教学活动，涵盖第一、二、三课堂。作为"主渠道"的第一课堂，应根据经典自身特点进行设计，探索多样

---

① 重庆大学早期建筑（1933—1935 年）是中国西南地区较早的一组近代教育建筑群，由理学院（A 区一教）、工学院（A 区二教）、文字斋、寅初亭及周边自然环境所构成，总建筑面积约 8249.51 平方米。

化的课堂活动组织模式。例如，《论语》《理想国》《传习录》等含有大量对话的经典，可采用穿越采访的方式，模拟与圣贤对话；《庄子》等含有大量寓言的经典，可采用专题讨论式，研讨寓言的多重含义；《红楼梦》等具有时代感与戏剧性、人物形象鲜明的经典，可采用角色扮演的方式，沉浸式体验；鲁迅作品中兼具理论价值与现实意义且存在争议的话题，可采用辩论式。

第二课堂，课程组与本科生院、图书馆、艺术学院、博雅剧社等形成联动，营造校园艺术文化氛围。课程组与本科生院联合主办 2022 年、2023 年央视"中国诗词大会"川渝赛区重庆大学选拔赛，在校内掀起诗词风潮。依托图书馆打造"重大悦读"平台，集中展示和管理文明经典电子书，掀起经典阅读风潮；与艺术学院联合主办"翰墨丹青雅集"活动，掀起书法绘画风潮；联动博雅剧社排演的心理剧《气球》参加 2022 年第五届全国高校心理情景剧大赛，获百佳剧目，掀起戏剧风潮。艺术文化氛围反哺课程形成环境浸润，实现良性循环。

第三课堂，指导学生围绕经典积极参加创新创业活动。例如，学生团队以《诗行》为题参加第十八届"挑战杯"大学生课外学术科技作品竞赛红色专项赛道，获特等奖。

## 四、成绩评定方式

"浸润式"教学重视学生的学习体验。因为学习体验综合反映了课程浸润的质量，评价的过程要与浸润过程、学习体验持续生成的动态过程保持一致，这就决定了在成绩评定方式上必须重视过程性评价。

"文明经典"课程过程性评价的指标在多轮教学实践中不断完善。2023 年秋季学期设定的过程性评价指标有：第一，大班授课的课堂表现。以大数据签到、学生诵读及试讲经典片段、大班展示汇报为具体观测点，考查学习、理解与传承经典能力。第二，小班讨论课表现。以小组活动的参与度和表现为具体观测点，考查学生创新能力、批判性思维能力、沟通能力、合作能力、口头表达能力。第三，读书报告写作实践。以字数（每篇 1500 字）、审题、紧扣经典的论述情况、创新点为具体观测点，考查学生阅读理解能力、逻辑思维能力、发现问题与解决问题的能力、书面表达能力。

在课堂教学结束后，及时开展终结性评价。采用期末闭卷笔试的方式，以基础知识、基本能力与方法的掌握程度为具体观测点。

综上，"文明经典"课程学生成绩评定采取过程性评价与终结性评价相结合的方式，具有立体化、开放化、个性化的特点，能够使成绩更加客观、公正、科学，提升学习高阶性和挑战性。

## 五、学习实效

"文明经典"课程以"文明以止、立德树人"为理念。具体到课程思政、情感态度价值观目标上，体现在坚定"四个自信"，对中国特色社会主义道路、理论、制度、文化充满自信。例如，课程组教师指导的学生团队以"从《春秋》'通三统'看中国特色社会主义道路的历史连续性"为题荣获第十七届"挑战杯"大学生课外学术科技作品竞赛三等奖；重庆大学队荣获2023年全国港澳台大学生中华文化知识大赛二等奖。

在知识与能力方面，着力培养学生"5C核心能力"。借助经典返本开新，激发创新能力，学生获得第一届全国青年创新翻译大赛二等奖。小班讨论等活动有助于锻炼学生的批判性思维能力、交流与合作能力。学生获得第24届"外研社·国才杯"全国英语辩论赛三等奖。引导学生自主学习和深度学习，有助于培养学生的可持续学习能力。学生获得第五届中华经典诵写讲大赛"诗教中国"诗词讲解大赛一等奖，实现从中华优秀传统文化学习者到讲解者甚至传承人的转变。

## 六、存在的问题与对策

第一，如何依托"文明经典"课程孵化更多创新创业成果是课程组当前面临的重要问题。课程组成员的学科背景多以文科为主，目前的成果也主要集中在文科，未来应吸纳多学科背景的教师加盟团队，依托课程组这一基层教学组织搭建特色跨学科研究平台，以创新创业项目为抓手，促进学科交叉融合，推动"四新"建设。例如，课程组与图书馆共建"经典与数字人文"学术集群，借助计算机和数据科学等方法和手段进行"浸润式"经典研究与教学，将定性研究与定量研究并重、因果分析与关联分析并重、问题驱动与数据驱动并重，探索交叉融合之路。

第二，在理工优势类高校，如何对"文明经典"课程开展有质量的教学督导、实施科学的教学评价是难点问题。一方面，学校从行政与管理架构到政策层面应重视教学督导工作。本科生院不断完善督导体制机制，加强督导评估队伍建设，明确督导组定期发布通识专项检查结果报告、与课程组沟通反馈的制度。另一方面，要加强教学研究，精心设计评价框架、质量观测点。课程组下一阶段将调研复旦大学、武汉大学等全校性通识课的教学评价体系，助力本科生院构建契合经典阅读自身特点，具有中国特色、"重大风格"的通识教学评价体系。

第三，如何立足经典经世致用是课程建设中的痛点问题。"浸润式"经典阅读不能停留在古典文本层面，而应以古鉴今，发挥战略研究、政策建言、舆论引导等功能。课程组建设智库项目"经略研究院"，让学生早进项目，在导师指导下聚焦中国发展与世界格局转换中的战略与政策议题，以"资政应用"为导向，组织开展专题研究和文明经典科普活动，依托经典培养知识界和社会公众的文明自觉。

## 参考文献

[1] 教育部关于深化本科教育教学改革全面提高人才培养质量的意见[EB/OL]. (2019－10－08) [2023－10－27]. http://www. moe. gov. cn/srcsite/A08/s7056/201910/t20191011 _ 402759. html.

[2] 教育部、财政部、国家发展改革委关于深入推进世界一流大学和一流学科建设的若干意见[EB/OL]. (2022－01－26)[2023－10－27]. http://www. moe. gov. cn/srcsite/A22/s7065/202202/t20220211 _ 598706. html.

[3] 吴岩. 深化"四新"建设走好人才自主培养之路 [J]. 重庆高教研究，2022（3）：3－13.

[4] 教育部高等教育司 2023 年工作要点[EB/OL]. (2023－03－29)[2023－10－27]. http://www. moe. gov. cn/s78/A08/tongzhi/202303/t20230329 _ 1053339. html.

[5] 习近平出席文化传承发展座谈会并发表重要讲话[EB/OL]. (2023－06－02)[2023－10－27]. https://www. gov. cn/yaowen/liebiao/202306/content _ 6884316. htm?device=app&wd=&eqid=cdb34f480016992900000006649268b9.

[6] 习近平. 决胜全面建成小康社会夺取新时代中国特色社会主义伟大胜利——在中国共产党第十九次全国代表大会上的报告 [M]. 北京：人民出版社，2017.

[7] 雅斯贝尔斯. 历史的起源与目标 [M]. 北京：华夏出版社，1989.

[8] 孟祥保. 世界一流大学学生在读什么经典——一项来自百万开放课程大纲大数据的研究 [J]. 大学图书馆学报，2020（1）：68－74.

[9] 钱穆. 论语新解 [M]. 北京：九州出版社，2011.

[10] 熊十力. 熊十力全集：第 4 卷 [M]. 武汉：湖北教育出版社，2001.

[11] 习近平. 同北京师范大学师生代表座谈时间的讲话 [N]. 人民日报，2014－09－10 (2).

[12] 袁敏. 文本细读·小班讨论·多元写作——重庆大学经典阅读课程的探索与实践 [J]. 通识教育评论，2022（10）：129－142.

# 论人工智能浪潮下的全面 AI 化教学改革

## ——以"商业重塑：人工智能驱动的产业变革"通识课程为例

鲁　力

四川大学历史文化学院（旅游学院、考古文博学院）

**摘　要**：随着人工智能浪潮的袭来，传统高校教育模式受到较大挑战，以学生和能力培养为中心，教师、学生、人工智能多向互动的"人工智能＋教育"体系成为新的机遇。基于此，笔者设计了"商业重塑：人工智能驱动的产业变革"通识课程，通过对人工智能技术在教学内容、互动形式以及考核方式三方面的引入，实现了课程的引领性、前沿交叉性以及学生共创性，探索出一条全面 AI 化教学与考核的变革路径。

**关键词**：人工智能；全面 AI 化；教学改革

## 一、开课背景：生成式人工智能时代的新挑战

2022 年 11 月 30 日，ChatGPT 横空出世，两个月后就吸引了 1 亿用户。2023 年，生成式人工智能技术寒武纪式爆发，在语言理解、图像生成和数据分析等领域取得显著的技术突破。2024 年 2 月，OpenAI 发布了人工智能文生视频大模型 Sora，再次引起世界范围内的轰动。随着生成式人工智能的不断涌现和快速更迭，各个领域都开始面临新的挑战和机遇，教育行业亦是如此。对高校教育而言，做好迎接人工智能时代知识工业革命的准备，重新审视人工智能浪潮下教与学的内容安排和形式设计，才能更好地适应人工智能飞速发展对未来人才培养方式的挑战，实现教育的数智化新发展。

生成式人工智能时代的到来，对传统以教师为中心、以课堂为中心、以教材为中心、以考试为中心的"工业化教育"模式造成新的冲击，对高校教育中的教学内容、互动形式和考核方式产生了深远影响，推动了教育理念的创新与升级，催化了教育方法的革新与变革，对教育模式的重塑与拓展起到了重要引

领作用。

首先，在教学内容方面，生成式人工智能的引入极大地丰富了教学资源，使得教师可以获取更多前沿、交叉的学科知识，并将其融入课程教学中，这不仅提升了教学内容的引领性和前沿性，也为学生提供了更广阔的学习视野。人工智能的发展使各个学科之间的联系越来越紧密，课堂教学内容将更加注重跨学科融合，培养学生的综合素质和能力。与此同时，人工智能的应用与职业对接更加紧密，课堂教学会更加强调将所学知识应用到职业素质培养中，提高学生的职业能力和素养。

其次，在互动形式方面，生成式人工智能为师生提供了更多元、更高效的互动方式。例如，通过智能语音识别、自然语言处理等技术，学生可以在课堂上更便捷地与机器进行对话和交流，获取学习上的帮助和指导，实现课堂的双向互动，从而更好地理解和掌握知识，提高教学效率和质量。此外，学生能够根据兴趣、进度、学习能力等因素，借助生成式人工智能选择适合自己的学习路径，获得个性化的学习体验。同时，生成式人工智能的使用过程和学生的评价可以为教师提供及时的教学反馈和评估，使其了解学生的学习情况，及时调整教学策略，提高教学效果。

最后，在考核方式方面，生成式人工智能的引入为传统的考核方式带来了创新。生成式人工智能可以促进教学考核方式的综合化，将传统的单一考试形式转变为多元化的考核方式。除了传统的考试成绩，还可以考虑学生的课堂参与度、在线讨论表现、项目完成情况等因素，更加全面地评价学生的学习表现。同时，生成式人工智能的出现使教学考核更加注重学生的实际应用能力。学生可以通过与生成式人工智能交流对话，提高其解决实际问题的能力，培养创新思维和实践能力，教师也可以更加深入地了解学生对学科知识的理解和应用，从而更加全面地评价学生的学科素养。

## 二、课程设计：内容、互动与考核

"商业重塑：人工智能驱动的产业变革"作为一门通识教育核心课程，面向四川大学全体本科生开设，课程秉持"强基础、厚通识、宽视野、多交叉"的育人理念，带领学生从商业的视角去理解人工智能的产业应用，通过深入浅出的理论讲授、启发式的课堂研讨、问题导向式的现场调研，分析和讨论人工智能在不同产业的前沿应用及其带来的一系列问题与挑战，让学生能准确分析、科学阐述人工智能时代产业变革的特点和表现形式，开阔学生创新创业的视野，帮助学生做好职业发展规划。

近年来，在课堂教学中，笔者发现有不少学生对人工智能时代的商业机会表现出极大的兴趣，于是笔者开始搜集相关的教学资料，并在开设多年的专业必修课程中设置了专门的章节讲授相关内容。通过结合学生诉求，在前期整理资料的基础上，笔者提炼了与创新创业相关的内容，结合人工智能时代的前沿知识，设计了"商业重塑：人工智能驱动的产业变革"，申报了四川大学第三批通识教育核心课程，并于 2022 年秋季学期首次开课。2022 年 11 月，ChatGPT 等生成式人工智能相继推出，对各个领域产生了重大影响，鉴于此，笔者在 2023 年春季学期，对课程内容进行了大量调整和更新，并推出全过程人工智能式的教学和考核方式，实现课程的全面 AI 化改革。

### （一）模块化教学内容，鼓励学生知识共创

本课程的学生专业背景差异大、对人工智能商业应用的认知不齐，如何平衡通识知识与专业知识、衔接基础知识与前沿应用、化解传统考核与人工智能之间的冲突，是笔者开展教学的问题和难点。为了解决这些问题，课程组将教学内容分成三大模块，并进行了不同的教学设计。

首先是基础逻辑模块，该模块对应教材前四章，深入剖析了人工智能的起源与发展历程，探寻其背后的关键技术支撑，并展望了这些技术在产业化应用中所引发的商业模式重塑与思维方式的深刻变革。该模块以教师讲授为主，采用探究式教学方法，通过手机投票、小组讨论、案例分析等手段，激发学生积极参与课堂互动。

其次是行业应用模块，该模块对应教材第五至第九章，主要聚焦于人工智能在多个行业领域中的实际应用：从工业制造的智能化升级，到农业生产的精准化管理，再到医疗诊断的精准高效，以及金融服务的创新变革和城市治理的智慧化转型，人工智能正在深刻改变着各行各业的面貌。为了让学生更深入地了解并体验这些应用，笔者根据选课情况将学生按照专业类别进行了分组，让他们在五个行业领域进行自主选择，收集资料、交流反思、协作讨论，然后在课堂上进行汇报分享。同时，我们会邀请不同领域的教师和行业专家，到课堂上与学生交流对话，分享行业前沿动态和实践经验，进一步增强学生的实践能力和行业认知，实现学生自翻转课堂互动以及教师、学生、行业专家之间的资源共建与知识共创。

最后是专题研讨模块，该模块对应教材最后两章，组织学生针对人工智能产业应用所引发的伦理道德和法律空白问题，以及人工智能时代的职业机遇与挑战展开讨论。在研讨过程中，课程组鼓励学生积极利用生成式人工智能工具进行论点的收集与整理，帮助他们更高效地梳理思路，深化对问题的理解。同

时，课程组也引导学生思考如何实现人机协作，充分发挥人工智能的潜力，为人类社会的可持续发展贡献力量。

## （二）互动化教学形式，支持学生参与体验

一方面，课程组致力于向学生传递"人机协作"的核心理念。在课堂上，教师积极组织互动讨论，引导学生思考人工智能与人类之间的协作关系，以及这种协作如何推动社会进步。同时，课程组采用了"提出问题—学生讨论—形成初步结论—生成式人工智能输出结果—学生比较与分析"的课堂互动模式，将与生成式人工智能的对话贯穿整个课堂，通过课堂实践鼓励学生进行人机对话，培养学生正确的技术应用观念。在引导学生使用人工智能的同时，课程组强调批判性思维的重要性，鼓励学生对人工智能的输出结果进行审慎评估，学会识别其中的不足和局限。

另一方面，课程组强调行业互动和生涯规划的重要性。借助四川大学学科交叉创新创业教育分中心的平台，课程组联系了"智慧蓉城研究院""亚度家居""川大智胜"等单位，带领学生进行实地考察调研，深度感受人工智能在各种行业的应用场景，增强学生的感性认识，开拓学生创新创业的视野，并有机融入职业生涯规划教育，为学生今后的职业发展拓展思路。

## （三）AI化教学考核，引导学生人机对话

本课程采用全过程考核模式和非标准答案考核，考核指标除了课堂签到、手机投票、小组研讨、小组课堂汇报等过程性课堂表现外，还包括一项重要的个人作业。作业要求学生充分利用ChatGPT、Midjourney、文心一言等生成式人工智能平台，深入探索智能画图或智慧问答的多元应用场景。学生需选定具体问题，通过不同提问方式的比较，观察生成式人工智能输出结果的差异，并系统整理整个互动过程，形成一份详尽的分析报告。这种考核设计能够有效培养学生的提问能力、自我学习能力和人工智能应用能力，为学生更好实现人机协作打好基础。

# 三、课程评价：收获与成效

## （一）学生的收获与成长

"商业重塑：人工智能驱动的产业变革"已经服务了数届学生，在最近开课的两个学期共4次四川大学通识课程评价中，该课程总分排名3次获评全校

第一，得到了学生们的一致认可和支持。不少学生评价说，这是一个令人"耳目一新"的课，既拓宽了思维与眼界，也让自己对未来的职业生涯规划产生了新的认识和思考。总的来看，本课程带给学生的收获与成长有以下几点：

第一，引导学生进一步认识和理解人工智能技术。通过修读这门课程，学生可以更全面地了解人工智能技术的发展现状、应用领域和对产业的影响，理解大环境下人工智能在不同产业的具体应用成果和给社会经济带来的变革，进一步提升对前沿领域和新兴技术的认识和理解能力。

第二，引导学生加深对职业生涯挑战和机遇的认识。本课程鼓励学生结合自身专业展开思考，探讨在人工智能的时代背景下，未来职业生涯发展存在哪些机遇和挑战，以及应该如何应对挑战、抓住机遇。因此学生可以更清晰地认识到人工智能技术对传统职业的影响，了解到哪些职业更容易被替代、哪些职业很难被替代，从而更有针对性地进行职业生涯规划，提升对未来职业市场的认识和规划能力。

第三，引导学生对于未来如何实现更好的人机互动进行反思。修读完这门课程后，学生意识到人工智能技术的发展将会对人类社会产生深远影响，并开始思考如何在人工智能时代更好地与智能机器共存、共同发展，实现"人机互动""人机合作"，以及如何在伦理角度保护人类的尊严和权益。这种反思有助于培养学生的人文关怀意识和社会责任感，引导他们更加理性和积极地应对人工智能带来的挑战和机遇，从而更好地适应未来社会的变化。

## （二）教师的收获与展望

如今，人工智能正在用生成方式打造一个全新的世界，把人工智能融入教育教学和管理全过程、各环节，是数字化转型背景下高校教育的大势所趋。"商业重塑：人工智能驱动的产业变革"的全过程人工智能式教学，正是对人工智能时代的主动适应和积极探索。

笔者也在近两年就人工智能对教学创新的影响等相关主题到电子科技大学、西南财经大学等高校进行交流分享，获得了教师同行的高度评价。依托本课程最后一个章节拍摄制作成的慕课"人工智能时代：职业的挑战与机遇"，被评为 2022 年四川省高校就业创业指导金课。

未来，笔者将继续完善教学团队，建设慕课，出版通识教育核心课程教材，并在有形教材的基础上建设数字化开放教材，实时更新人工智能产业应用领域的前沿内容，并积极参与"慕课出海"，以开放心态向世界分享中国人工智能产业应用的成果，培育出更多具有跨学科思维、国际视野和创新能力的优秀人才。

## 参考文献

[1] 周洪宇，余江涛．2023 中国教育治理研究热点与未来前瞻 [J]．现代教育技术，2024
    （3）：5－16．

[2] 荆洲，杨启光．生成式人工智能赋能教育研究范式变革：机理、风险与对策 [J]．中
    国电化教育，2024（3）：68－75．

[3] 廖仲尼，张伟．人工智能＋教育课堂教学改革新路径探索 [J]．创新创业理论研究与
    实践，2024（2）：54－56．

# 数字素养类通识核心课程的
# "知识＋技术＋场景"教学实践[*]

晁祥瑞

四川大学商学院

**摘 要：**"虚实相生：虚拟社会与未来决策"课程主要讲解"大模型、大数据、大智能"驱动下的数字经济与实体经济共生的社会、经济、商业与创新创业等交叉领域的通识知识。通过"知识＋技术＋场景"相结合的教学实践，突出通识核心课程中的习近平新时代中国特色社会主义课程思政与中华传统道德情感教育，注重学生的课堂参与、实验与调查，设计非标准化的课程考核，取得了良好的效果。

**关键词：**场景驱动；课程思政；技术伦理；非标准化课程考核

"虚实相生：虚拟社会与未来决策"（简称"该课程"）是四川大学建设的第四批通识核心课程之一。该课程构建面向"大模型、大数据、大智能"高速发展，以及数字经济与虚拟经济迅速发展成为与实体经济共生的经济范畴的时代背景，旨在帮助学生了解数字经济对当代社会经济的深层次影响，认识人工智能技术的发展现状与趋势特别是在现实场景下的技术运用与反思，对提升当代大学生的知识层次以及创新能力、完善职业规划、形成宽广学术视野与科研素养起到重要的作用。在学校 2023—2024 学年秋季学期的通识核心课程评估工作中，该课程评价总分排名第八，推荐率排名第一，在本科生中产生了积极的反响。该课程立足于"知识＋技术＋场景"相结合的教学思路，开展了如下实践。

* 本文系教育部教学内容与课程体系改革项目"大学数字素养通识教学中的'知识＋技术＋场景'教学改革实践"（项目编号：231005844143815）和四川省 2021—2023 年高等教育人才培养质量和教学改革项目"项目管理硕士立体化实践教学体系的创建与实践"（项目编号：JG2021—6）的研究成果之一。

## 一、以"五育并举"为核心，创造"知识＋技术＋场景"相结合的多元课堂

课程内容贯穿课程思政。党的二十大报告指出："加快发展数字经济，促进数字经济和实体经济深度融合。"新一代信息技术与产业结合形成数字化生产力和数字经济，是现代化经济体系发展的重要方向。该课程中贯穿了习近平新时代中国特色社会主义的技术伦理，体现了技术为人民服务、为社会服务、公平正义的中国特色社会主义核心价值观。例如，该课程对数字经济、互联网精神与中国式现代化的内涵讲解，能够引导学生认识到中国式现代化与互联网精神的高度一致性。互联网精神强调平等、开放、协作、共享与中国式现代化特征的共同、协调、共生、和平契合；能够使学生深刻理解"中国式现代化是人口规模巨大的现代化，是全体人民共同富裕的现代化，是物质文明和精神文明相协调的现代化，是人与自然和谐共生的现代化，是走和平发展道路的现代化"的深刻含义。

弘扬马克思主义唯物史观。该课程通过虚拟现实技术的场景展示，为学生介绍虚拟技术的最新进展如微软公司开发的混合现实头戴式显示器（Microsoft HoloLens），以及元宇宙游戏《第 2 人生》（*Second Life*）等，然后通过泽尔默·佩蒂的《农场马与消防马》引入技术进展的螺旋上升特征。让学生明白：对于意义深远的科技变革，我们不可能预测它会造成哪些间接的消极影响，同理，我们也无法预知它将造成哪些间接的积极影响，当我们思索人工智能对就业的影响时，需要迎接宛如过山车一般的大起大落。

课程融入传统道德观。人工智能作为一种颠覆性的技术，引发了一系列的伦理问题。该课程将技术的社会属性与"仁、义、礼、智、信"五德目中所蕴含的中国传统道德观相统一，结合数据安全、责任归属、人类尊严等问题，阐述主动利用人工智能创造的物质财富重构经济体系，强调更珍视人类的爱、共情和服务他人的态度。课程将技术伦理教育与技术可信和系统可信相结合，通过对社会的积极影响讲授技术属性，突出社会主义核心价值观。

课程讲授以场景为切入点。该课程在教学内容上摆脱了单纯的技术罗列，将技术的发展与现实的生产场景相结合，以系统科学的商业视角去理解数字金融与虚拟经济中的社会组织形式、虚拟技术现状、实践应用成果与社会治理问题等。通过经济与金融领域的经典问题和前沿科技发展成果引导学生了解虚拟技术对传统生产的冲击，了解技术与社会的融合产生的经济管理新业态。例如，结合计算机验证码的发展历史为学生讲授图灵测试的由来，引导学生参与

以验证各类人工智能大模型为目的的图灵测试，加深了学生的知识理解。再比如，通过介绍金融科技的发展过程，让学生感受技术进步带来的金融服务变革，掌握基本的现代金融知识。

注重学生的课堂参与。在课程教学中课程组引入大量的课堂讨论、调查研究以及课堂实验，让学生更加深刻地理解决策技术与技术发展的成果。例如，该课程通过设计实验，引导学生了解群体决策的结果可信度、大模型问答的准确性、大模型在学习中的运用等，加深了学生对新技术的理解。

## 二、通过非标准课程考核提升通识写作能力，引发学生对技术发展的积极反思

该课程的非标准化考核重点考查学生的通识写作能力、学术思维能力以及研究与分析问题的能力。考核内容为"阅读材料并撰写通识论文"，具体如下。

首先，学生需阅读下面 6 段材料。这些材料涵盖了社会新闻、技术论述、院士观点、传统文化等方面，具有发散性特征。

材料 1：近代出现了三种不同的技术观，即技术恶论、技术善论、技术中性论。技术善论核心观点认为技术是一切进步的原动力，技术能够解决人类生存与发展的根本问题，能够保证把人类带向一个理想的社会；科学的技术和方法是决定社会形态和人类命运的根本因素。

……

然而，技术不是没有条件凭空出世的，新技术的诞生总是伴随着社会的种种变革。技术的"社会属性"决定技术不可能只是中性的工具。技术是人类的主体活动的创造物，人可以利用和控制技术。社会的占有结构、所有制关系也反过来规定技术的特点和性质。正如凯文·凯利所说："我们必须与技术进入相同的轨道，并赋予其优雅与美丽。

材料 2：据武汉大学官网，11 月 29 日上午，武汉大学 1987 级计算机系校友，小米公司创始人、董事长兼首席执行官雷军向母校捐赠 13 亿元人民币。雷军表示，此次捐赠主要聚焦三个方向：支持数理化文史哲六大学科基础研究、支持计算机领域科技创新、支持大学生培养。

……

材料 3：……人工智能技术在各个领域中广泛应用，为社会带来了诸多便利和效益，然而，同时也可能造成一些负面影响，如失业、收入差距、数字鸿沟、社会分化等。这就引发了一系列重要的问题：如何保证人工智能技术的普惠性和包容性？如何促进人工智能技术的公平公正和非歧视性？如何平衡人工

智能技术的经济效益和社会效益？

材料4：……从夏商周时期到先秦时期，从两汉时期到宋明时期，从近代至今，"仁义礼智信"五常思想的不断发展促进了中华民族伦理道德精神的逐步形成，同时也一直深深影响着中华民族道德价值取向。

材料5：2017年，在S36次香山科学会议中，何积丰院士在世界范围内首次提出可信人工智能的概念。所谓可信人工智能，主要包含三个要素——人、信息、物理。而所谓的安全，也包括数据安全、技术安全和系统安全。何积丰表示，判断是否可信的先决条件之一，是设立关于可信的度量标准。比如，要求数据本身真实可信。他再三强调数字真实、准确、可信的重要性……

材料6：新闻两则。第一则新闻题为"Is Argentina the First A. I. Election?"（阿根廷是第一个进行人工智能选举的国家吗），2023年11月20日发布于美国纽约时报。第二则新闻题为"Deep Mind Accurately Forecasts Weather on a Desktop Computer"（DeepMind AI在台式电脑上准确预测天气），2023年11月17日发布于自然杂志（Nature）。

其次，学生阅读上述6则材料后，根据自身学术兴趣撰写通识作文，学术写作能力、发散性思维能力均得到了提高。他们通过搜集资料，进行了不同视角和程度的思考，并提出了各自的观点和未来学习的方向。举例如下。

工科试验班（智能制造）专业王同学的论文《AI绘图造成的负面影响研究》系统分析了AI绘图的技术原理、鉴定技术进展、技术规范、社会影响等，提出人的自主性观点，并提出对大学生娱乐平台的使用反思。

国民经济管理专业廖同学的论文《从技术内在价值分析技术中性论合理性——以生成式人工智能为例》从经济学的原理出发，分析经济学原理以及价值分析，提出了对技术中性的经济学理解。

工科试验班（智能制造）专业尤同学的论文《阿根廷人工智能选举：揭示AI在政治领域的重大挑战》分析了人工智能在政策透明度与解释性、劳动力关系、法律与伦理等方面的挑战并提出"加强对AI技术的监管和管理、保持透明度和诚信以及注重人机协同和合作等来应对这些挑战"等观点。

互联化工专业张同学的论文《从易经看人工智能》提出，"人工智能也遵循自然本源与法则，按照天地人三才与老子的宇宙生成论进行架设，将复杂的类人智慧归结到智慧的本源与生成法则中，必将事半功倍地解决类人智慧的问题，真正实现强人工智能"。

电气类专业蒋同学的论文《运用批判理论对近代的技术观进行批评》运用安德鲁·芬伯格的技术代码等思想对技术中性论进行批判，并在末尾给出基于马克思主义理论的以实现技术民主为道路的解决方案。

电气类专业黄同学的论文《虚实相生：数字遗产的管理与意义》在"数字永生""数字殡葬""数字遗产"等背景下剖析了数字遗产的概念、意义及问题，由此引申出数字永生的介绍和对未来的畅想。

综上，"虚实相生：虚拟社会与未来决策"课程为学生打开了虚拟社会组织形态、虚拟交互技术趋势、数字金融和经济模式与未来决策范式等通识知识的大门，也为学生拓展了思路、开阔了视野，提升了本科生的智能技术素养，加深了其对技术与社会的融合产生的虚拟经济新业态的了解，达到了教学目标。

### 参考文献

[1] Prasad E S. The Future of Money：How the Digital Revolution Is Transforming Currencies and Finance [M]. Boston：Harvard University Press，2021.

[2] Dalio R. Principles for Dealing with the Changing World Order：Why Nations Succeed and Fail [M]. New York：Avid Reader Press，2021.

[3] 葛剑雄. 通识写作：怎样进行学术表达 [M]. 上海：上海人民出版社，2020.

[4] 布拉德·史密斯，卡罗尔·安·布朗. 工具还是武器：直面人类科技最紧迫的争议性问题 [M]. 北京：中信出版社，2020.

# 基于 SPOC 的 "植物生物学" 混合式
# 教学改革探索与实践

白 洁  唐 琳  何兴金  席德慧  王健美  肖朝文  周颂东

四川大学生命科学学院

**摘 要**：为有效提升 "植物生物学" 课程的教学质量和教学效果，笔者根据课程的特点，依托信息技术，从教学内容、教学资源和教学方法等进行了基于 SPOC 的混合式教学改革的探索与实践。实践证明，价值引领下的 "以学生为中心、问题为引导、项目为载体" 的混合式教学模式发挥了学生的主观能动性，促进了学生的全面发展。

**关键词**：植物生物学；SPOC 混合式教学；教学改革

随着现代信息技术的迅猛发展，慕课在线开放课程（Massive Open Online Course，简称 MOOC）的建设与应用已成为高校日常教学的重要组成部分。与传统课堂教学相比，MOOC 的优点在于突破时空限制，汇聚丰富教育资源，提供自主学习的机会。然而，为了更好地满足学生的个性化学习需求，提高学习参与度和控制教学质量，在 MOOC 的基础上，又衍生出更具灵活性、可进行个性化选择的小规模限制性在线开放课程（Small Private Online Course，简称 SPOC）。SPOC 是一种 "校本化" 的学习平台。学生可以在线下享受传统课堂的互动与深度讨论，同时在线上利用 SPOC 在线资源进行自主学习和拓展，形成了一种线上线下相辅相成的混合式教学。这种教学模式，实现了教育的数字化转型，为现代教育注入了新的活力。

"植物生物学" 作为面向大一学生开设的生物学专业核心课程，在学生知识、能力和价值体系建构中发挥先导和基础作用。然而，在传统教学中教师仍然侧重知识灌输，师生互动少；学生往往死记硬背知识点，缺乏系统性认知；难以实现个性化教育；学时有限，难以覆盖广泛且具时效性的内容。已建的线上教学资源虽然丰富，但因缺乏有效的教学指导，难以有效利用。因此，如何调动学生的主观能动性，促进学生自主学习意识和创新能力的提升是"植物生物学"课程亟须解决的问题。针对上述问题，2020 年，四川大学"植物生物学"教学团队在 MOOC 上开发了"植物生物学"线上教学资源，在坚持"学生中心、问题导向、能力提升"理念基础上，以四川大学课程国家级"精品课程"(2005)、资源共享课（2015）、四川省精品在线开放课程（2017）"植物生物学"建设为基础，推进了基于 SPOC 的混合式教学改革，以提高教学质量，促进人才培养。该教学改革成果也获评四川省一流本科课程（2021）。本文总结了该课程的混合式教学改革措施，以期为高校专业核心课程教学改革工作提供借鉴。

## 一、基于 SPOC 的"植物生物学"混合式教学改革举措

### （一）课程内容优化与教学资源建设

教学内容是决定人才培养成效的重要环节，坚实的基础知识和宽广的知识面是创新的"基石"。"植物生物学"是一门既资深又年轻，既传统又在不断发展的基础学科课程，内容涵盖了宏观和微观领域。随着分子生物学技术的渗透，植物学充满了活力和创新。相应地，"植物生物学"课程的教学内容也需要优化和创新，注重"两性一度"。为此，课程团队调整了课程内容，以发育为主线，整合优化基础知识，构建起四大模块，即形态结构发育和功能、生命活动和调控、植物多样性、植物和环境；增补社会热点、前沿成果，提高广度和深度。改革后的"植物生物学"课程强调基础应用、经典前沿、结构功能、理论实践、微观宏观的结合，并突出西南地区植物资源特色，旨在构建完善的知识体系，确保学生全面、系统了解植物学科的历史、现状、进展和发展趋势，有利于学生从整体上把握知识，促进学生创新意识、应用能力的培养。此外，课程团队致力于挖掘和凝练植物中的人文内涵和思政元素，以实现人才培养的价值目标和情感目标。

课程团队建设了配套的高质量教学资源。依托高等教育出版社出版了系列教材教参，如新形态纸电教材《植物生物学》(2018)、《望江芳华：四川大学校园植物》(2016)、《植物生物学实验》(2012)等。另外，依托四川大学课程中心、国家级资源共享课、四川省精品在线开放课程、MOOC 平台开发建设内容丰富的线上教学资源。以 MOOC 平台为例，包括授课视频（53 个，时长 631 分钟）及配套课件、植物影像库、习题库等线上学习资源。"植物生物学"以优质丰富的线上学习资源，吸引了大量学生积极参与，促进了植物生物学知识的广泛传播。截至 2024 年 4 月，四川大学课程中心"植物生物学"课程浏览量超过

29万人次；资源共享课学习人数为9308人；MOOC平台课程和SPOC课程分别运行了7期和3期，有5143、527人参与了学习。多样化的学习载体为学生提供了更具广度、深度和启发性的学习体验，满足了学生的个性化需求。

### （二）混合式教学设计和教学内容的实施

丰富的教学资源，让"植物生物学"得以打破单一授课模式，借助MOOC平台实施SPOC混合式教学，基于课程基础性和新生自主学习能力亟待培养的学情，教学团队设计了线上（13学时）和线下（35学时）相结合的教学方案（图1）。

线上教学将记忆性知识前移线上学习，增加了课堂研讨互动的时间，有效延伸了教学时空。教学活动包括：①学生完成记忆性知识点视频学习、测验、讨论等，并提出问题。②教师发布任务、分析学习数据、及时答疑并调整教学安排。线上教学重在记忆性知识，如器官形态结构、类群特征等。

线下教学活动包括：①融合信息技术，教师讲授共性问题和重难点，提高教学效率，如器官发育、无机营养、光合作用、生长发育和调控、系统演化等知识。②聚焦研讨与案例分析，深化教学内容，培养学生解决问题能力。③开展现场教学和专题实践活动，检查学习成果，确保学以致用。

线下+线上的教学活动包括：①学生课后反思总结，开展探究项目合作学习，如绘制思维导图等，构建系统的知识体系，并在课堂或线上分享学习成果。②教师布置拓展任务，为学生提供个性化指导，提升学生综合能力。③通过线上和面对面交流实现学习反馈的双向及时流动。

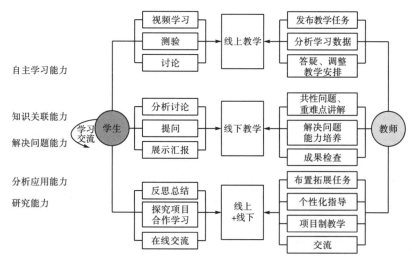

**图1　"植物生物学"SPOC混合式教学方案**

## （三）教学方法改革

教学方法上，课程团队以学生为主体、问题为核心，注重信息技术与教学、理论与实践、科研与教学的深度融合，强化学习成效。

### 1. 采用问题导向建立学术思维

课程团队采用问题导向教学方式，鼓励学生主动探索、合作学习和批判性思维，通过解决实际问题来促进对知识的理解和应用。教学中，以发育为主线，构建从细胞到系统的知识链条，采用案例启发、互动研讨、项目探究等多元教学形式，培养科研思维与解决问题的能力。例如，讲解植物根时，引导学生思考根的形态结构对其功能发挥有什么意义？如果根的结构发生改变，会对它的生长和生存产生怎样的影响？大树应该如何科学移植？在提出这些问题后，请学生分组进行讨论，鼓励学生提出不同的假设和解释，并引导他们通过逻辑推理和实验设计来验证这些假设，培养他们的批判性思维和逻辑推理能力。

### 2. 突出学生主体，调动学习积极性

课程团队利用信息技术实现抽象知识可视化，结合实景互动教学，激发兴趣；也将难点知识如"植物检索表"制作成情景微视频，让学习过程更加生动有趣。

课程团队设计了以学生为主体的教学活动，如探索校园植物、植物种植以及开展"根茎智慧、叶落知秋、花虫恩仇记"植物小论坛等，激发学生创造性思维和团队协作精神。每章节通过思维导图，培养学生融会贯通的能力。此外，利用校园、自然博物馆开展现场教学和专题实践活动，通过植物资源调查、校园植物电子图鉴、校园植物挂牌等活动，强化学以致用，提高学生的积极性。

### 3. 注重科教融合，提升学术意识和能力

课程团队通过科研与教学的紧密结合，不仅丰富了植物生物学的教学内容和方法，还激发了学生的学习兴趣，提高了学生的科研能力。例如，让学生运用花发育 ABC 模型来解决藏红花产量低的科研难题，做到学以致用；以形态学和叶绿体基因组用于伞形科系统分类的科研成果，强调经典分类与分子生物学的结合对学科发展的推动作用，从而培养学生思辨能力和解决问题的能力。为了让学生更直观地理解理论知识，课程团队还将"挖掘和解析细胞壁关键基因重要性"的课堂讨论延伸到实验室参观学习。这些活动不仅能帮助学生深入理解抽象的理论知识，也能培养他们的科研思维和创新能力。此外，课程团队

还为学生提供了加入教师课题组的机会，通过实验操作、野外调查、项目孵化和学科竞赛等方式，全面提升学生的科研素养和实践能力。这种教学与科研的相辅相成，不仅提高了课程教学质量，也促进了教师学术水平的提升，为培养更多优秀人才奠定了坚实基础。

4. 强化个性指导，实现教书育人

为确保信息的及时传递与反馈，课程团队建立了线上讨论区、QQ 群等多渠道沟通机制。这些渠道共同确保学生的问题能够得到精准导向的互动式解决，真正实现了因材施教的教学理念。鉴于班级规模较大，为确保每位学生都能获得深入且个性化的学习体验，课程团队特别安排了助教协助学生进行两次小班研讨。每次研讨的学生人数控制在 30 人左右，以确保每位学生都能与助教开展充分的互动与交流。通过小班讨论，学生有机会就课程内容进行深入的探讨和思考，从而加深对知识点的理解和应用。这种教学方式不仅提高了学生的学习效果，增强了团队协作能力和批判性思维，也有助于教师提供更具针对性的指导和反馈。

此外，课程团队特别注重从植物文化、家国情怀、生态文明以及专业伦理等多个维度出发，为学生开展课程思政，旨在培养学生的文化自信、专业责任感以及社会使命感。

### （四）课程成绩评定方式调整

为客观反映学生学习效果，课程团队采用线上线下结合的全过程考核和多元评价体系，并通过增加非标准测试题比例，全面地反映学生的实际能力和素质。"植物生物学"的评价体系中，平时成绩占 60%，包括线上视频学习、互动和测试，以及线下的课堂研讨、课堂测试、课后作业、合作探究学习，旨在考核学生的知识能力、综合素质以及交流合作、多维展示能力。期末闭卷考试成绩占 40%，约 35% 为非标准测试题，旨在考查学生发散思维和问题解决能力。

## 二、基于 SPOC 的"植物生物学"混合式教学改革成效

基于 SPOC 的"植物生物学"混合式教学改革得到了学生的广泛认可。笔者曾通过问卷星在线调查学生的学习满意度。结果显示，学生的自主学习能力、合作能力、社会责任感和科学素养都有了很大提升，98.3% 的学生对课程教学感到满意（图 2）。

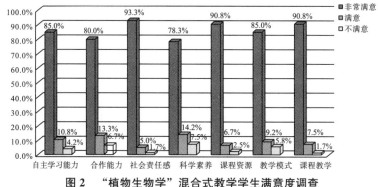

**图 2 "植物生物学"混合式教学学生满意度调查**

"植物生物学"课程目前形成了具有特色和推广价值的课程建设体系，具体如下。

结构合理、与时俱进的知识体系：夯实基础知识，深化教学内容，拓宽学生视野，激发创新思维。

多元化、智能化的教学资源：提升学生学习体验和自主学习能力，拓展知识面并培养综合素质。通过教学资源建设提升教师水平，确保优质教学。

价值引领下的"以学生为中心、问题为引导、项目为载体"的混合式教学模式：以学生为中心，将问题驱动与启发式教学、自学与思辨教学、群学与研讨教学、现场教学与探究式教学、理论与项目式教学、植物文化思政元素与专业教学进行多重结合，有效提升学习成效、科研思维和创新能力，增强学生文化自信、专业担当和社会责任，全面培养学生的综合能力，实现立德树人。

## 三、SPOC 课程建设存在的问题及建议

SPOC 课程建设已成为许多教育机构和教师关注的焦点，其核心是为每位学生提供个性化、深入的学习体验，然而，在具体实施的过程中，笔者发现了一些问题。

首先，线上互动及主观题的质量把控不足。线上讨论区、测验和 QQ 群等沟通机制的使用，可能会产生大量信息，导致教师难以把控互动质量。此外，目前线上主观题的批阅流程存在局限性，教师无法总览多份试卷后再进行批阅，只能按照顺序逐个处理。这种批阅方式不仅降低了效率，还可能影响批阅的准确性和公正性，不利于对学生答案的科学评估。因此，笔者建议平台利用技术手段，帮助教师获得及时、准确的反馈；改进主观题批阅方式，以方便教师更好地进行个性化指导。

其次，SPOC 课程线上测试方式有待改进。每章节测试固然有利于基础知

识的掌握，然而，在当前的 SPOC 课程中的测试环节，学生有 3 次答题机会。这虽然能获得高分，但容易导致学生在答题时不够果断，从而感到压力。因此，笔者建议，今后的 SPOC 课程将测试题答题机会限制为 2 次，分别设置在自主学习阶段和课后查漏补缺阶段，以更好地平衡学生知识掌握与能力提升的关系，培养学生的决策能力和责任感。

再次，多维度内容的设计与整合有待加强。课程内容的丰富性和深度对于学生的学习体验至关重要，因此，课程内容需从专业知识、家国情怀、生态文明等多个维度来整合性设计，这需要教师具备跨学科的知识背景和较强的理解能力。因此，笔者建议邀请跨学科的专家参与 SPOC 课程设计，他们的专业知识和独特视角能够为课程注入新的活力并加大深度。同时，建议加强教师间的合作与交流，共享资源和经验，提升多维度内容的设计与整合能力。

最后，助教培训有待加强。助教在 SPOC 课程中扮演着举足轻重的角色，一个负责、专业的助教可以更好地保障线上教学质量。因此，笔者建议对助教进行系统的培训。

## 四、结语

基于 SPOC 的"植物生物学"混合式教学有机融合了线上线下教学过程，实现了师生全过程的互动，极大地提高了学生的学习兴趣和主观能动性，提高了教学质量，为学生综合素质的发展奠定了基础。

## 参考文献

[1] 韩筠. "互联网＋"时代教与学的新发展 [J]. 中国大学教学，2019（12）：4－7.

[2] 蔡冲，朱诚. "互联网＋教学"的植物生物学课程探索与实践 [J]. 生物学杂志，2021（3）：120－126.

[3] 杨文权，姜在民，易华. 基于慕课的"植物学"课程混合式教学的探索 [J]. 中国林业教育，2021（4）：61－64.

[4] 魏力军，钱宇，聂桓等. 多方位教学模式在植物生物学及实验教学中的探索 [J]. 生物工程学报，2022（5）：2012－2018.

[5] 李春梅. 提升基于 MOOC 的混合式教学实效的困境与对策 [J]. 学周刊，2020（4）：22－23.

[6] 濮晓珍. SPOC 模式下植物学教学中重难点的突破方法 [J]. 新课程教学（电子版），2021（14）：185－186.

# 四川大学通识教育核心课程"英文之用：沟通与写作"推进学科交叉融合的理念与路径

张露露

四川大学外国语学院

**摘　要**：本文深入分析了四川大学通识教育核心课程"英文之用：沟通与写作"在推动学科交叉融合方面的理论与实践。该课程通过采用创新教学策略，如案例分析、小组讨论和项目式学习，显著提高了学生的英语应用能力及跨学科知识整合。本文基于对课程实施中的主要挑战——学科壁垒和学生英语水平的差异性——的深度剖析，提出了有效的解决策略。本文通过具体案例分析，展示了课程在促进学生跨学科融合能力方面取得的显著成就，并探讨了这些能力对学生个人发展和职业生涯的积极影响；展望了课程未来的发展潜力，强调了在全球化和知识经济背景下，跨学科融合教育在高等教育中的重要性，以及在培养未来创新人才方面的核心作用。

**关键词**：跨学科融合；英语应用能力；通识教育；创新教学策略；学科壁垒

## 一、引言

随着全球化的深入发展和知识经济时代的到来，高等教育界面临着前所未有的挑战与机遇。在此背景下，学科交叉融合教育模式应运而生，被广泛认为是培养具备创新精神和解决复杂问题能力人才的关键。通识教育，作为高等教育体系的核心组成部分，旨在超越传统的专业知识教育，培育学生的跨学科思维、创新能力及有效沟通技巧。

在这一教育理念指导下，四川大学致力于教育改革和课程创新，旨在通过高质量的通识教育课程，为学生提供宽广的知识视野和丰富的学习体验。特别是，四川大学开设的"英文之用：沟通与写作"通识教育核心课程，不仅仅是一门传统的英语语言学习课程，更是一门整合了跨学科知识与沟通技巧训练的创新型课程。该课程融合英语学习与专业知识，旨在提高学生的英语实际应用能力，同时促进学科间知识的融通与交流，培养学生的全球视野和跨文化沟通能力。

本文将探讨"英文之用：沟通与写作"课程通过其独特的设计和教学方法，推动学科交叉融合的理念及实践路径；通过对课程内容、教学策略及学生学习成果的深入分析，评估该课程对学生跨学科思维能力和沟通技巧的影响，探讨其作为通识教育典范的作用及对高等教育发展的潜在启示。

在全球化和知识经济的大背景下，"英文之用：沟通与写作"课程的开设不仅体现了四川大学对通识教育和学科交叉融合重要性的认识与重视，也向其他教育机构展示了一种创新的教育模式与实践路径。通过本文，笔者期望为通识教育和跨学科融合的理论与实践提供新的见解和思考，为未来教育改革提供参考和灵感。

## 二、课程概述

### （一）课程设置背景

在全球化日益加速的当今世界，英语作为国际交流的主要语言，在学术交流、国际合作及日常沟通中占据着核心地位。鉴于此，四川大学精心设计并开设了"英文之用：沟通与写作"课程，旨在超越传统的语言学习范畴，通过综合性教学平台，全面提升学生的英语应用能力，同时拓展其国际视野和跨文化交流技能。该课程的推出，是基于对当前全球化社会对具备高级跨学科知识和英语沟通技能人才日益增长的需求的深刻洞察。

### （二）课程内容概览

"英文之用：沟通与写作"课程涵盖了从基础英语写作技巧到高级写作表达的全方位教学内容，同时融入批判性思维训练、团队合作及公众演讲等关键技能的培养。该课程采用多样化的教学方法——包括课堂讲授、小组讨论、案例分析、项目式学习以及同伴评审——旨在促进学生的主动学习和互动合作，进而提升其独立思考和问题解决能力。课程评估体系的设计旨在全面衡量学生的学习成果，通过课堂表现、作业提交、项目报告以及期末论文等多维度反馈，确保学习效果的最优化。

### （三）课程特色

该课程最显著的特色在于其跨学科的课程设计理念。课程不仅关注语言技能的培养，更强调专业知识与英语学习的有机结合。精心设计的课程内容覆盖经济、管理、工程、医学等多个领域，使学生能够将英语作为沟通和写作的有效工具，在专业领域中自信地应用。此外，通过引入国际案例研究和跨文化交流活动，该课程进一步强化了学生的全球视野和跨文化沟通能力，为其在全球化职场环境中的成功奠定了坚实基础。

## 三、推进学科交叉融合的理念

### （一）理念阐述

当前教育领域的一大趋势是学科交叉融合，旨在突破传统学科边界，促使知识、技能及思维方式的综合发展。跨学科融合教学不仅要求知识内容的交叉整合，更强调不同学科视角和方法论的融合，以促进学生对复杂问题的全面理解和创新解决方案的生成；同时强调可理解输入在语言习得中的重要性，即把英语与跨学科内容教学相结合，分析学生如何通过接触跨学科的英语材料提升其语言习得效率和应用能力。四川大学开设的"英文之用：沟通与写作"课程正体现了这一教育理念。该课程将语言学习视作跨学科知识交流的桥梁，而非仅限于传统的语法和词汇学习。

### （二）理念的实践意义

在快速变化的知识经济时代，对复合型人才的需求日益增长，跨学科融合的教育理念变得尤为关键。它不仅能够促进学生建立完善的知识结构，更重要的是能够激发其创新思维和问题解决能力。"英文之用：沟通与写作"课程提供了一个跨学科学习平台，使学生能够深入探索特定领域知识，并通过英语这一国际语言有效传达自己的观点和研究成果。这不仅提升了学生的英语应用能力，更通过实践项目和案例分析等教学活动，使学生探索到知识融合新视角，培育出跨学科思维和创新能力。此外，课程的实施反映了高等教育适应未来社会挑战的积极姿态，通过鼓励学生的主动探索、批判性思考和跨学科协作，为其未来的学术和职业发展奠定坚实基础。

## 四、研究方法

### （一）数据收集

本文结合定量分析和定性分析，全面评估"英文之用：沟通与写作"课程的教学效果。定量数据主要通过课程前后的学生自评问卷收集，旨在量化学生的英语应用能力和跨学科知识融合能力的提升。定性数据则通过半结构化访谈和课程作品的内容分析收集，目的是深入了解学生的学习体验、感受以及课程对其能力发展的具体影响。

### （二）数据分析

定量数据通过社会科学统计软件包（SPSS）进行分析，主要采用描述性统计、成对 t 检验和方差分析（ANOVA），以评估学生能力的提升和学习成效的差异。定性数据分析则采用 NVivo 软件支持的内容分析和主题编码技术，从学生访谈和作品中提炼关键主题和模式，以深化对课程效果的了解。

### （三）研究工具和技术

1. 问卷调查

本研究设计了包含多项选择题和开放式问题的在线问卷，以评估学生对课程各方面的满意度。

2. 半结构化访谈

本研究采用半结构化访谈指南，对选定的学生进行面对面访谈或在线访谈，收集关于课程体验和学习成效的详细信息。

3. 作品分析

本研究对学生提交的项目报告和研究论文进行质性分析，评估其跨学科知识应用能力和英语写作能力。

## 五、实施路径与策略

### （一）教学方法的创新应用

"英文之用：沟通与写作"课程采纳了多元化和创新的教学方法，以促进学科交叉学习并提升学生英语应用能力。其中的案例分析环节，通过引入跨学科实际问题，引导学生以英语进行深度讨论和分析，不仅增强了其语言能力，更扩展了其知识边界。小组讨论环节促使学生围绕特定议题进行深入探讨，激发知识交流和思维碰撞。项目式学习进一步要求学生协作研究跨学科主题，全程运用英语进行研究规划及报告呈现，既锻炼了英语应用能力，也提高了团队合作和项目管理技巧。这些教学策略的融合不仅符合当前教育的需求，更为学生提供了一个跨学科交流和合作的平台，为其全面发展助力。

### （二）学科融合的实践案例

该课程通过具体的学科融合实践案例展示了如何将英语写作技能应用于跨学科知识领域。例如，该课程会在以"环境保护"为主题的实践案例中要求学生综合运用经济、法律及工程技术等学科知识，提出创新解决方案。通过广泛查阅相关跨学科文献，撰写及呈现英文报告，学生不仅展现了对问题的全面理解，也体现了英语写作在跨学科沟通中的核心作用。这些实践案例有效地将理论知识与实际应用相结合，展示了跨学科学习的巨大潜力和价值。

### （三）教师在跨学科融合中的关键作用

教师在促进跨学科融合教学中扮演着不可或缺的角色，因此不仅需要具备扎实的英语教学基础，还应掌握跨学科知识，以引导学生探索并整合不同领域的知识。四川大学通过建立跨学科背景的教师团队，促进教师开展知识交流和合作，进而开发和完善课程内容。此外，教师通过采用反转课堂、在线协作平台等创新教学工具，进一步激发了学生的学习动力和创新思维，有效推动了学科交叉融合的教学目标实现。

## 六、面临的挑战与应对策略

### （一）挑战识别与分析

学科壁垒的挑战不仅体现在学科专有术语和研究方法的差异上，而且深层次地影响着学生的思维模式和学习路径。跨学科学习的挑战在于如何促使学生在不牺牲深度的情况下，实现宽度的拓展。在"英文之用：沟通与写作"课程中，学生需要通过英语这一共同语言，探索和整合来自不同学科的知识，这一过程中的困难不容小觑。

针对学生英语水平差异的挑战，研究显示学生的语言能力直接影响其学习效果，尤其是在需要使用英语进行学术探讨和写作的跨学科课程中。学生的英语水平差异可能导致学习参与度和学习成效的不均衡，进而影响课程的整体教学效果。

### （二）应对策略与实践

为打破学科壁垒，四川大学采取了"增设跨学科入门课程"的策略，不仅旨在介绍基本概念，更通过具体案例和实际操作促使学生理解和应用这些概念，如通过分析经济学和环境科学的交集来探讨可持续发展主题。此外，四川大学还采用"跨学科项目合作策略"通过实践操作体验，让学生在解决实际问题的过程中，深化对跨学科整合的理解和应用。

面对学生英语水平差异，学校采取了"分层教学"和"增加语言支持服务"的策略，如设立针对不同英语水平学生的分级辅导班，以及提供在线英语学习资源，这些措施有助于提升学生的英语学习效率和自信心；同时，鼓励学生之间的相互教学与学习，不仅提高了学生的英语能力，还增强了他们的社交互动和协作能力。

这些应对策略的成功实践，不仅展示了四川大学在推进跨学科融合教育过程中的创新思维，也为其他教育机构提供了可借鉴的经验。通过这些策略的实施，本课程有效地克服了挑战，促进了学生的全面发展，实现了教学目标。

## 七、课程评估机制与效果

在四川大学开设的"英文之用：沟通与写作"课程中，教学团队实施了一套多元化的效果评估机制，旨在全面捕捉课程对学生能力发展的影响。此评估机制包括但不限于学生反馈、作品展示以及成绩比较，每个环节均从不同角度反映出课程的教学效果。

1. 学生反馈

学校采用问卷调查和面对面访谈的方式收集学生反馈，这些反馈直接反映了学生对课程各个方面的满意度与见解。例如，根据《2023 年四川大学通识课程报告》，最近一次课程结束后的问卷调查中，98％的学生认为该课程有效提升了他们的英语应用能力，97％的学生表示该课程增强了他们的跨学科思维。

2. 作品展示

学生在课程中完成的项目报告和研究论文成为评估学习成果的关键依据。

通过对这些学术作品的质量评估，教师能够直观地了解学生在英语写作能力、跨学科知识应用能力以及创新思维方面的进步。该课程衍生出的一项关于"可持续城市发展"的跨学科研究项目成果，既反映了学生是如何将环境科学、城市规划和社会学等学科知识通过英语这一媒介综合运用的，又展现了该课程对促进学生跨学科融合能力和英语应用能力双重提升的显著效果。该研究项目成果不仅在学校的学术会议上获得了广泛认可，还被推荐发表在了专业期刊上。

3．成绩比较

通过对比课程前后的测试成绩，可以定量分析学生的学习进步。调查显示，学生在英语写作技巧方面的平均分数提高了 30％，专业知识掌握程度和跨学科综合能力的提升幅度分别为 40％和 50％。

通过具体的评估数据和深入的案例分析，我们可以清晰地看到"英文之用：沟通与写作"课程在提升学生英语应用能力、跨学科知识融合以及创新思维方面取得了显著的成效。这些成果不仅验证了课程设计和教学方法的有效性，也为未来课程的持续改进和发展提供了宝贵的经验和启示。

## 八、结论与展望

### （一）结论

四川大学"英文之用：沟通与写作"课程的成功实施，不仅是通识教育和跨学科融合教学理念在高等教育领域深化发展的体现，更是对这一教育模式有效性的实践验证。通过采用创新教学方法、整合跨学科内容以及强调学生英语应用能力的提升，该课程显著促进了学生跨学科知识的融合应用，不仅提高了学生的英语沟通能力，也激发了他们的创新思维。此外，该课程的成功，为同类教育实践提供了可借鉴的经验和策略，对高等教育的发展产生了积极影响。

### （二）未来展望

1．课程发展的潜力

在全球化和知识经济快速发展的背景下，跨学科融合教育显得尤为重要。"英文之用：沟通与写作"课程已展现出其强大的发展潜力。未来，该课程有望进一步扩大其内容范围，覆盖更多学科领域，促进更深层次的学科交叉融合，以适应日益复杂的全球挑战。

2．改进方向

为进一步优化课程效果，建议加强教师团队，积极探索国际合作项目，增加学生的国际交流机会，同时利用最新科技改进教学方法、提升学习体验。课程应更加重视培养学生的批判性思维和解决复杂问题的能力，以培养适应未来社会需求的创新人才。

3. 对高等教育的长远影响

本课程的持续发展和成功实践将为高等教育体系完善提供重要的启示，推动更多高校重视并实施跨学科融合教育。这不仅有助于高等教育体系更好地适应社会发展趋势，还将促进培养具有国际视野、跨学科知识背景和创新能力的复合型人才。

综上所述，"英文之用：沟通与写作"课程的成功实践不仅对学生个人发展产生了深远影响，也为推动高等教育改革与发展提供了宝贵的经验和参考。鉴于其显著的教学成效和广泛的影响力，该课程有望成为未来学科交叉融合和创新人才培养的重要平台。

## 参考文献

[1] 孙曙光. "产出导向法"中师生合作评价原则例析 [J]. 外语教育研究前沿，2020（2）：20－27.

[2] 文秋芳. "师生合作评价"："产出导向法"创设的新评价形式 [J]. 外语界，2016（5）：37－43.

[3] 肖欢，邓雅琼，等. 基于CBI的情景式教学在药学英语中的应用探讨 [J]. 光明中医，2021（14）：2449－2452.

[4] 王晓霞，叶玮. 大学英语教育中跨文化交际与文化意识的培养 [J]. 外语教育与研究，2019（5）：92－97.

[5] 刘淑华，杨旭. 再评高等教育依附理论——基于印度近30年来的高等教育国际化现实 [J]. 高等教育研究，2018（6）：89－96.

[6] 李瑞芬，顾家华. 大学英语教育中国际视野的培养 [J]. 现代语教育与研究，2018（9）：100－104.

[7] 卢琰. 让学生在真实语境中学习英语 [J]. 中国教育学刊，2016（6）：105－106.

[8] 王涛. 亚洲高等教育国际化发展评略 [J]. 教育与现代化，2009（4）：57－63.

[9] Paul R, Elder L, Hall P. Critical Thinking: Learn the Tools the Best Thinkers Use [M]. Upper Saddle River: Pearson Prentice Hall, 2006.

# 建设高质量通识核心课程，助力大学生全面发展
## ——以"法医世界：全球大案的深度剖析"课程建设为例

刘　渊　梁伟波　云利兵　陈晓刚　张　奎　罗海玻

宋　凤　叶　懿　顾　艳　李钢琴

四川大学华西基础医学与法医学院

**摘　要**：新时代背景下，高校通识核心课程肩负着培养德智体美劳全面发展的人才的重要使命。本文以四川大学优秀通识核心课程"法医世界：全球大案的深度剖析"为例，从课程建设策略、"两性一度"建设等方面就如何建设高质量通识核心课程展开了探讨，以期为高质量通识核心课程的建设提供借鉴与启示。

**关键词**：通识核心课程；课程思政；"两性一度"；案例教学；翻转课堂

在现代中国大学教育的语境下，最先提出"通识"一词的是钱穆先生，他于1940年撰写题为《改革大学制度议》的文章，提出"智识贵能汇通"。《哈佛通识教育红皮书》提出，通识教育的目标是在现代多元化的社会中，为受教育者提供通行于不同人群之间的知识和价值观。在新时代背景下，高校通识教育肩负着培养德智体美劳全面发展的人才的重要使命。高质量通识核心课程作为实现这一目标的途径之一，亟待进行深入研究与实践。本文以四川大学通识核心课程"法医世界：全球大案的深度剖析"（以下简称"法医世界"）为例，从高质量通识核心课程的建设策略等方面展开讨论，以期为高质量通识核心课程建设提供借鉴与启示。

## 一、"法医世界"课程简介

"法医世界"是四川大学首批通识核心课程，2020年秋季首次开设便成为四川大学通识核心课程中的"爆款"，创下4000余人在线同时抢课的纪录，反

映了学生对该课程的喜爱和认可，也说明该课程在一定程度上满足了学生多维度发展的内在需求。该课程连续 3 年获四川大学通识核心课程教学质量优秀奖，并于 2023 年被认定为四川省高校首批课程思政典型案例。

"法医世界"共 16 讲、32 个课时，分为以下 10 个板块：身边的医学与法律——法医学概论；从《大宋提刑官》到《法医秦明》——略谈法医鉴定；命案犯罪现场；尸体说出"真相"——法医病理解码死亡；绝命"毒师"——聚焦法医毒物学；识骨寻踪——法医人类学的世界；超级"警察"——法医DNA 解码；疯狂心灵——解码法医精神病学；真实的"谎言"——疑点证据解析；医患矛盾——法医眼中的医疗纠纷；不知死、焉知生——法医眼中的向死而生。

"法医世界"教学团队由四川大学华西基础医学与法医学院的 12 名法医学专业教师和成都市公安局的两位刑侦专家组成。全体成员均为资深的法医学鉴定人，教学中强调良好的政治素养、道德素质与专业知识教育紧密结合，恪守"立德树人、铸魂育人"的使命。

## 二、"法医世界"课程的建设策略

### （一）明确课程目标

通识核心课程应以培养学生成为全面发展的优秀人才为导向，关注学生知识、能力、素质的协调发展。通识教育重在"育"，而非"教"，它提供的选择是多样化的，而学生通过多样化的选择，得到了自由的、顺其自然的成长。一门高质量的通识课程的目标应该是多层次、多元化的，通过该课程的学习，可以开发和挖掘不同学生个体的潜质与精神气质。"法医世界"作为兼具"自然与科技""生命与健康""责任与视野"三大板块气质的通识课程，教师对授课内容的优选，不仅取决于教师个人的修养和见识，与课程目标也有很大的关系。明确的课程目标为课程建设和发展中教学内容的筛选、补充和更迭确定了方向，是课程良性持续发展的定海神针。

"法医世界"的课程目标分为近期目标和远期目标两类。近期目标是：以全球大案分析与身边热点案例讲解相结合的案例教学，引导大学生走近法庭科学，帮助学生将关注焦点拓展至社会法治生活、公民身份与责任，增强法律意识，了解我国法治建设的进程，增强对中国特色社会主义的制度自信；提高学生对人心、人性复杂性的认识，增强安全意识，尊重生命，敬畏死亡；培养学生的独立思考能力和批判性思维，使学生在分析涉及生死的社会热点问题时，不盲从于网络舆论，能以谨慎、科学、客观的态度形成自己的独立观点和判断；用辩证唯物主义的方法分析复杂社会矛盾，明辨是非，逐步引导学生自觉建立社会主义核心价值观。远期目标是：尽课程微弱之力为建设法治中国、和谐社会夯实群众基础。

### （二）挖掘与分析课程思政元素

通识教育是现代教育理念中国化的实践课程，我国贯彻多年的素质教育和德智体美劳全面发展教育以及爱国主义教育、集体主义教育、社会主义教育、德才兼备教育等，都属于通识教育的课程思政范畴。

为了在知识传授、能力培养过程中潜移默化地实现对当代大学生的品格塑造和价值观引领，"法医世界"教学团队深入挖掘提炼了课程中多个思政元素，不同的思政元素在不同案例中以各具特色的形式交叉重叠、反复出现，与课程知识点水乳交融，并不断强化。

1. 加强大学生对中国特色社会主义的制度自信

"法医世界"课程从学科发展、社会安全、法治建设等方面多角度地让学生体会我国"坚持以人民为中心"的基本方略，加强大学生对中国特色社会主义的制度自信。该课程结合法医鉴定的历史，给学生专门介绍中国法医学的发展，让学生了解：中华人民共和国成立后，经过短短几十年的建设，我国法医鉴定已达到国际先进水平。目前，我国法医队伍完备，设备先进，鉴定制度愈加完善，这种跨越式的发展彰显了中国特色社会主义制度的优越。同时，随着我国对违法犯罪行为打击力度的不断加强，沉积多年的冷案、积案频频告破，近几年刑事案件的发案率亦持续降低。

该课程在案例分析中引用了较多典型案例，强调了相关法条，从而让学生对于我国"坚持以人民为中心"的基本方略有具体而深刻的认识。

2. 提高大学生的法律意识

课程教师对刑事案件所涉及的法律知识进行讲解，以碎片化的方式填补大学生相关法律知识的空白，教会其明辨是非的道理，引导其增强"天网恢恢，疏而不漏"的意识；让学生明白法医鉴定是依据专门的标准，利用科学的方法、规范的技术流程由专业的团队完成的，是发现证据、解析证据和甄别证据的过程，从而正确对待引发网络热议的刑事案件，做到不信谣、不传谣。

3. 培养科学思辨的能力

该课程从同一案例有多份不同的尸检报告这一现象说起，通过分析 2020 年美国黑人乔治·弗洛伊德案、2003 年"中国网络第一案"——湘潭黄静案，

引导学生思考出现该现象的原因。通过一系列的专业解读和训练，逐步培养学生的批判性思维。

4. 强化学生的公民意识、规则意识、安全意识

该课程通过讲解刑事案件侦破的各个环节以及法医鉴定中众多鉴定标准和规范对鉴定人和鉴定行为的约束，让学生知道遇险时如何有效留取证据，如何维护自身权益；通过讲解校园死亡案件的正确处理流程，让学生了解警方工作重点、尸体解剖在明确死因和解决后续事宜中的重要作用，强化学生的公民意识、规则意识和安全意识。

5. 增强学生的社会责任感

从 2020 年美国黑人乔治·弗洛伊德在被警方制服过程中死亡所引发的社会骚乱可以看出，新闻媒体的选择性报道对于社会骚乱起了推波助澜的作用。"法医世界"通过对该案件的多视角解读，让学生体会到传播事实与真相的重要性，增强其社会责任感。

6. 推动学生提高社会适应性

大学生涉世不深，对社会矛盾的复杂性认识不足，对事情的判断往往非对即错、非黑即白。该课程以医疗纠纷为介入点，引导学生初步认识社会复杂矛盾的形成原因，思考如何用辩证唯物主义的方法分析复杂社会矛盾，如何处理社会活动中的规则和特例，如何处理小我与大家、个人与集体的关系等问题，提高社会适应性。

7. 树立珍爱生命、远离毒品的意识

该课程通过大量案件，引发学生对生命的思考，让学生意识到生命的脆弱，树立珍爱生命的意识；设专节讲授毒品相关知识，如贩毒渠道、毒品对身体的危害等，引导学生树立远离毒品的意识。

8. 引导学生树立追求真理、崇尚公平正义的意识

法庭科学是为证据服务的，法医工作本身就是追求真理的过程，只有一桩桩命案的最终告破，才能彰显公平和正义。因此，追求真理、崇尚公平正义是贯穿"法医世界"课程的一个重要的元素，带给学生追求光明、追求公平正义的勇气与力量。

### （三）采用"探究互动"的课程教学方式

"法医世界"课程以"探究－互动"教学方式为主，所选案例有以下 5 种类型：

（1）有世界影响力，曾引起广泛争议并可能影响司法改革和社会进程的经典案例。这类案例能够帮助学生打开知识面，形成全球化视野，了解我国与他国刑事司法审判制度的差别。

（2）曾引发网络热议、有广泛"群众基础"的案件。这类案例能够引导学生正确评价网络舆论，培养批判性思维。

（3）发生在校园内的案件。这类案例能够引导学生了解校园死亡案件的正确处理流程。

（4）深刻影响了我国法治建设进程的案件。这类案例能够引导学生了解我国法治建设取得的成效。

（5）近几年破获的冷案、积案。这类案例能够引导学生充分了解法庭科学的飞速进步，增强中国特色社会主义制度自信，巩固"天网恢恢，疏而不漏"的意识。

"法医世界"课堂以案例展开，选择案例时不回避社会矛盾。教学团队会先用案例满足学生的好奇心，再通过启发式提问、小组讨论、翻转课堂等方式引导学生展开更有深度和广度的讨论，让学生认识事物的复杂性，学会以发展的眼光看问题，春风化雨地完成立德树人的使命。

## （四）课程教学实施方法

### 1. 开展课前问卷调查

鉴于该课程部分内容存在广泛社会偏见，教学团队会在每学期课前开展问卷调查，以便根据学生兴趣调整课堂讲授内容，提前了解学生对相关案件的看法，在课堂上对一些不科学的看法进行针对性纠偏。

### 2. 不同思政元素交叉融合，不断强化

该课程自带浓厚的课程思政属性，不同的思政元素在不同章节的不同案例中以各具特色的形式交叉融合，不断得以强化。

### 3. 让学生以角色带入的形式参与课堂讨论

对于一些负面案例，如广东华医大司法鉴定中心造假案，让学生作为鉴定人分析产生此类现象的原因，并探讨如果作为司法系统的行政管理人员，应该在哪些环节出台哪些措施以杜绝此类造假的发生。此种形式有助于增强学生的公民意识、规则意识、社会责任感，锻炼其批判性思维能力。

### 4. 多种形式反馈课堂效果

"法医世界"教学团队通过课后作业、翻转课堂、小组讨论、期末考查等多种形式收集课堂效果反馈，广泛听取学生意见。这激发了教师的课程建设积

极性，有利于该课程的持续发展。

## 三、"法医世界"课程"两性一度"的建设

通识核心课程的内容应比科普课程更深入，比专业课程的内容更广博，重点关注学生的全面发展。"法医世界"课程在案例分析环节为学生提供了学以致用的机会，引导学生从自身专业视角出发，结合课程知识点，完成对真实的法医学案例的初步勘验与分析论证，并在这个过程中传递了思政元素，同时体现了课程的高阶性、创新性和挑战度（即"两性一度"）。

### （一）课程高阶性建设

"法医世界"课程通过对大案、要案的解读，在满足学生好奇心之余，让其了解法医鉴定制度、工作流程、鉴定报告的形成，以及如何看待不同鉴定意见、甄别媒体信息等知识；通过设置多个教学板块，从不同的角度对案件现场证据进行解析，培养学生抽丝剥茧、透过现象看本质的综合能力，引导学生以冷静客观的态度、科学缜密的思辨形成自己的判断，进而实现综合能力的逐渐提升和高阶思维的逐渐养成。

### （二）课程创新性建设

1. 课程内容的时代性和前沿性

除了大案要案，"法医世界"教学团队还密切关注与法医学相关的时事要点和舆论动态，解析其中蕴含的知识点和思政元素，及时在课堂上与学生讨论。另外，教学团队紧跟科技发展，为学生讲授利用 Y 染色体进行个体识别、利用虚拟解剖技术寻找死亡原因、利用大数据进行颅面还原等知识，帮助学生了解法医鉴定和刑事侦查领域的前沿科技。

2. 课程教学形式的先进性和互动性

教学团队将信息技术与教学活动深度融合，利用"学习通"在线平台课前签到、课中投票、词云、抢答及课后单元测验等及时了解学生学情，并设置评分环节，收集学生反馈；通过在"学习通"在线平台发布课后作业，通过 QQ 群通知教学安排，利用小组讨论、翻转课堂、互动投屏等形式进行师生互动和生生互动。

### （三）课程挑战度建设

通识核心课程要做到"让课程内容有难度"，并不是难事，难的是如何让

没有专业背景的学生能听懂并对课程感兴趣。对此，"法医世界"教学团队在明确授课任务后，通过多轮试讲，多次调整教案，才使课程初具雏形。

教师在教学过程中给学生布置的作业多为开放性的非标准化作业，主要是对学生进行逻辑思维的训练。例如，在讲授法医人类学的知识时，教师通过给学生提供一个案例，让学生利用学过的知识对现场发现的被害人遗体进行辨析，确定相关法医学信息，经过课后的小组讨论，进行翻转课堂的展示。这种形式让学习结果具有探究性和个性化，也把学生的个性特点发挥了出来。这类有挑战度的作业很受学生欢迎，学生不仅积极展示自己小组的成果，课后还与教师展开进一步探讨。

## 四、结语：高质量通识核心课程应有自己的鲜明特色

一门高质量的通识核心课程应该有属于自己的鲜明特色，使自身有别于其他课程，让学生印象深刻。经过三年的建设，"法医世界"课程形成了以下特色：师资的多元化造就了课程风格的多样性；"案例-探究"教学方式贯穿全课程；翻转课堂为学生提供了深度思考、学以致用的展示平台；期末考查形式多样；全课程贯穿思政元素，立德树人，润物无声；教学手段多样，信息技术与教学深度融合。

建设一门兼具"自然与科学""生命与健康""责任与视野"三大板块属性的高质量通识核心课程，不仅需要有长远、多元化、多层次的课程目标，以学生为中心的教学理念和与时俱进的教学内容与教学手段，还需要在关注学生的全面发展的同时给学生充分展示成长的舞台。

**参考文献**

[1] 通识教育需要面对的三个挑战 [N]. 中国科学报，2021-08-10.
[2] 哈佛委员会. 哈佛通识教育红皮书 [M]. 李曼丽，译. 北京：北京大学出版社，2010.

# 数字化教学视角下信息资源管理通识核心课的模块化建设 *

董凯宁[1]　　孟　津[2]

1. 四川大学公共管理学院信息资源管理系；
2. 成都健康管理学会

**摘　要**：本文聚焦于数字化教学在信息资源管理通识核心课建设中的应用，以"信息系统分析与设计"课程为例，深入阐述采用模块化教学方式构建课程内容的具体实践。模块设计层层递进，融入思政元素，从全新视角培养数字化时代学生综合能力。模块化建设的实践表明，学生学习兴趣与效果提升，思政效果显著，为同类课程数字化建设提供范例。未来将深化数字化与思政融合，提升人才培养质量。

**关键词**：数字化教学；信息资源管理；通识核心课；模块化建设；课程思政

## 一、信资本科数字化教学概况

信息资源管理（简称"信资"）专业经历了专业整合，由原信息资源专业与信息管理系统专业合并而成，已然成为本科培养领域的热门专业之一。2024年，全国信资类毕业生人数已突破60万大关，这充分彰显了该专业在高等教育人才培养体系中的重要地位以及社会对其专业人才的旺盛需求。

高等教育肩负着培育契合党中央期望人才的重任。在数字化技术迅猛发展、教学数字化的大趋势下，信资专业的数字化课程建设仍处于探索阶段，课程体系架构未能充分适应数字化时代的要求，教学模式不够细致，笼统的课程内容和课程思政内容，难以激发学生的学习兴趣和主动性，无法有效培养学生的数字化思维和实践能力，致使学生在面对日益复杂的数字化信息环境时，缺乏足够的应对能力、创新能力。

鉴于此，如何在实践教学中以数字化手段切实将思政元素融入学生的思维体系，以及如何推进信资专业的数字化教学改革，成为高校教育工作者亟待深入系统研究的重要课题。

## 二、在信资通识核心课中引入数字化教学

在信资专业的课程体系中，"信息系统分析与设计"处于核心地位。这门课程专注于数字化系统的开发流程、方法与原理，其知识体系和技能要求广泛应用于众多领域，无论是企业的信息化管理、电子商务平台的构建，还是政府部门的电子政务系统升级，都离不开信息系统分析与设计的理论支撑与实践指导。这门课程具有很好的通识教育意义，能帮助学生将信资专业知识转化为实际生产力，非常适合打造成通识核心课，以拓宽学生的知识视野，提升其综合素养。

与信资专业的其他课程相比，"信息系统分析与设计"在数字化教学方面具有得天独厚的优势。其围绕数字化系统展开教学，课程内容与数字化技术紧密相连。在教学过程中，可以自然流畅地引入各类数字化教学工具和平台。例如，利用专业的系统建模软件，让学生直观地进行系统分析与设计实践操作；借助在线协作平台，模拟团队开发环境，培养学生的团队协作和沟通能力。这种紧密的契合度使得数字化教学手段能够深度融入课程教学的各个环节。

同时，"信息系统分析与设计"是与时俱进、不断发展的。在教学过程中，它紧密结合当下的实际应用场景和社会最新发展动态，及时更新教学内容。例如，引入当前热门的大数据分析系统、人工智能驱动的智能信息系统等案例，让学生在学习经典理论的同时，了解行业前沿技术和应用趋势。更重要的是，该课程巧妙地与思政元素相结合，且不会让学生感到枯燥乏味。通过分析信息系统在推动社会公平、保障信息安全、促进经济发展等方面的作用，将思政教育融入课程的案例分析、项目实践和课堂讨论，使学生在掌握专业知识和技能的同时，增强社会责任感和使命感，培养正确的价值观和职业道德观。

综上所述，在信资专业通识核心课中引入数字化教学，以"信息系统分析与设计"为载体和抓手，具有独特的优势。通过合理的课程建设与教学方法创新，能够为学生提供丰富、实用且富有思想内涵的学习体验。

## 三、在模块化建设中践行数字化教学

模块化教学是指围绕教学目标，把教学内容划分成若干模块进行教学的过程，每个模块需要完成一个特定的子目标。在信资专业"信息系统分析与设计"课程的教学改革中，模块化建设与数字化教学可实现较好的融合。

首先，模块化建设有助于优化"信息系统分析与设计"教学内容的组织，使其更具系统性和逻辑性。例如，可将课程教学划分为系统规划、需求分析、系统设计、系统实施与测试等模块，每个模块聚焦特定的知识和技能要点，方便学生逐步深入学习。同时，模块化能够更好地满足不同学生的学习需求，学生可根据自身情况有针对性地强化特定模块的学习。

其次，模块化建设与数字化教学相辅相成。在"信息系统分析与设计"中，数字化教学为模块化建设提供了强大的技术支撑和丰富的资源共享平台。借助数字化手段，可以为课程教学的每个模块配备丰富的在线学习资源，如电子教材、教学视频、案例库等，方便学生随时随地自主学习。而且，数字化教学平台能够精准记录学生在各模块的学习进度、参与度和作业完成情况等数据，为教师提供个性化教学指导的依据，实现因材施教。

最后，模块化易于融入思政元素且便于随时创新。在"信息系统分析与设计"中，每个模块可根据当下社会发展与热点事件，灵活选取相关思政案例。例如，在系统设计模块，引入信息安全保障相关思政案例，培养学生责任感。数字化教学使思政内容的更新变得更为便捷，通过在线资源推送等方式，让思政教育与时俱进，激发学生深度思考，塑造正确价值观与职业观。

值得强调的是，这种模块化并非传统意义上简单的内容切分，它与数字化深度关联，每个模块都能充分利用数字化工具进行教学互动和效果评估。例如，在需求分析模块，利用在线调研工具收集数据，通过数字化协作平台让学生团队共同分析需求，教师则借助数字化教学管理系统实时监控学生的讨论过程和成果，及时给予指导和反馈。这种紧密结合的方式使教学过程更灵活、高效，能充分激发学生的学习积极性和创造力，进一步提升"信息系统分析与设计"课程的教学质量，为培养适应数字化时代的信资人才提供有力保障。

## 四、"信息系统分析与设计"模块化建设的总体目标、内容及教学设计

### （一）"信息系统分析与设计"模块化建设的总体目标

以"信息系统分析与设计"课程为依托，构建数字化的信资专业通识核心课。通过模块化课程教学，助力学生全面掌握信息系统分析与设计方法，紧跟数字化技术发展潮流，深刻领悟思政元素与课程内容的深度融合，培育学生良好的政治素养和强烈的社会责任感，使其具备综合运用数字技术解决实际问题的能力。

### （二）"信息系统分析与设计"模块化建设的内容

#### 1. 数字化生存能力模块

一般来说，通用数字资源包括网页、资讯、电子文档、多媒体等，专业数字资源包括期刊文献、专利、数据资源和网络服务资源等。信资人员需掌握从多渠道获取并有效管理这些资源的方法，这既是数字化生存的基石，也能够为信息系统分析与设计中的数据收集与整理环节提供支撑。例如，在信息系统开发前期，信资人员要精准获取相关行业数据，为系统需求分析提供依据。有鉴于此，"信息系统分析与设计"设计了包括沟通和协作能力子模块、数字资源创建能力子模块、数字安全和防护子模块在内的数字化生存能力模块，帮助信资专业学生提高数字资源管理能力。

（1）沟通和协作能力子模块。本模块借助即时通信工具实现文字、语音、视频通信及文件分享，通过在线文档工具完成数据采集与协同作业，利用基于IP网络的远程视频会议培养远程办公能力。在信息系统分析与设计项目中，团队成员间的高效沟通协作至关重要，此子模块可促使学生学会运用数字化工具进行团队协作，提升效率，同时培养学生在数字化工作环境中的团队合作精神，这也是思政教育在实际应用中的体现，引导学生明白团队协作在社会发展中的重要性。

（2）数字资源创建能力子模块。本模块旨在培养学生运用文字编辑排版、电子表格、演示文稿等软件创造数字资源的能力，并拓展音视频处理技巧及思维导图创新思维表达能力。在信息系统设计过程中，学生可能需要创建各种文档、演示资料以及利用创新思维进行系统架构设计，该子模块能力的培养有助于学生更好地完成这些任务，同时鼓励学生发挥创意，培养创新精神，这与思

政教育中鼓励创新创造的理念相契合。

（3）数字安全和防护子模块。本模块侧重于数字资源全生命周期培养信息安全相关技术，帮助学生熟练掌握常用安全工具软件的使用方法。在信息系统开发与运行中，安全防护至关重要，学生需明白保障系统安全是对用户负责的体现，这涉及思政教育中的责任意识培养，确保信息系统不被非法入侵、数据不被泄露，维护社会信息安全稳定。

2. 新一代信息技术拓展模块

本模块旨在让学生熟悉和了解以人工智能、区块链、云计算、大数据等为代表的新一代信息技术的基本概念、技术特点及典型应用。通过案例分析、项目实践等方式，让学生体验理解这些技术在信息系统中的应用场景，如利用大数据技术优化信息系统的数据分析功能，借助人工智能算法提升系统智能决策能力等。在教学过程中，融入思政元素，如探讨这些技术在推动社会公平、提升社会效率方面的作用，引导学生思考如何利用技术为社会发展做出积极贡献，激发学生的社会责任感和使命感。

### （三）"信息系统分析与设计"教学设计

"信息系统分析与设计"将教学内容分为三个级别的模块，各模块侧重点不同，具体如下。

1. 一级模块

本模块着重培养学生在数字时代的基本生存技能，为学生后续深入学习信息系统分析与设计及其他专业知识提供基础保障，同时融入思政教育，引导学生正确认识数字化社会中的个人责任与行为规范；聚焦新一代信息技术的应用实践，将这些技术融入信息系统分析与设计中，提升系统的先进性和创新性，培养学生对新技术的敏锐洞察力和应用能力，在教学中强调技术创新服务社会发展的理念，融入思政教育内容。

2. 二级模块

本模块是在一级模块基础上细分而成的，包括人工智能应用、虚拟现实应用、物联网应用和大数据应用等，每个模块针对相应技术领域展开教学，旨在为学生深入学习信息系统如何融合这些技术提供具体方向，帮助学生提高数字化生存能力模块下的获取和管理数字资源能力、沟通和协作能力、数字资源创建能力以及安全防护能力等，从不同方面构建学生的数字化生存技能体系，并在教学中加入思政教育元素。

3. 三级模块

本模块是在各二级模块基础上细分而成。以人工智能应用这一二级模块为例，该模块可进一步细分为图像识别、自然语言处理等三级模块，旨在通过实际案例让学生深入理解人工智能技术在不同场景下的应用原理和实现方法，同时在教学中引导学生思考人工智能技术发展带来的社会影响，如就业结构变化、伦理道德问题等，将思政教育融入技术学习的全过程。

## 五、"信息系统分析与设计"模块化教学改革实践

"信息系统分析与设计"模块化教学改革依托四川大学信资专业 2022 级本科班展开。在改革过程中，本课程教学团队始终紧密围绕数字化教学视角，并充分融入思政元素。具体实践如下。

### （一）提前明确教学目标，开展数字化备课

在教学改革启动阶段，教学团队明确了本课程独特的教学目标。"信息系统分析与设计"超越了传统课程范畴，不仅涵盖学生在信息技术通识领域职场必备的基础通用数字能力的培养，如系统架构搭建能力、流程分析能力等，还包括学生对新一代信息技术的应用能力，如利用大数据技术优化系统性能的能力、借助人工智能算法提升系统智能决策的能力等。同时，为了区别于理论主导的研究型课程，教学团队高度强调对学生实践能力的塑造。为确保教学目标有效落地，教学团队充分利用数字化平台进行集体备课。以"系统需求分析模块"为例，教学团队首先明确了教学内容重点，即培养学生运用数字化调研工具收集需求信息的能力；然后通过导入实际案例，引导学生掌握从多渠道获取需求信息、运用数字化手段进行需求信息整理与分析的方法，确保学生在该模块能扎实掌握系统信息需求分析的核心技能。

### （二）推行异步教学与思政元素融合

在教学实践中，积极推行异步教学模式。鉴于"信息系统分析与设计"教学团队里的教师具有不同的专业背景，课程负责人根据师资优势合理分配教学任务，以保障该模块教学的深度与完整性。同时，为了在教学过程中巧妙融入思政元素，教学团队在讲解系统设计原则时，引入了当前社会数字化建设中的成功案例，如智慧城市系统建设中如何注重信息安全保障、兼顾不同群体利益等，引导学生树立正确的价值观和社会责任感，让学生明白信息系统的设计不仅关乎技术实现，更关系社会公平与稳定发展。

### （三）开展数字化教学质量评估

教学团队重视课程质量的数字化分析，特别关注学生的学习正向反馈信息，在"系统测试与优化"模块，设计了一系列体验实践案例，如开发小型电商系统的测试与优化项目。学生通过数字化平台提交项目成果，平台自动记录学生在项目中的操作步骤、测试方法运用以及问题解决过程等数据。教师根据这些数据进行分析评估，及时发现学生学习中的薄弱点并给予针对性指导。同时，从学生的项目报告和反馈中，发现学生在实践过程中对系统稳定性、用户体验优化等方面的深刻理解，以及对社会责任的初步认知，如确保系统数据安全对用户的重要性等，这表明思政元素的融入在一定程度上激发了学生的思考，提升了他们的学习兴趣和学习效果，为进一步优化教学提供了有力依据。通过这一系列教学改革实践，"信息系统分析与设计"在数字化教学与思政融合的道路上迈出了坚实步伐。

### （四）建设适应新形态需求的师资队伍

本课程知识范围广泛，需不同领域专家学者协作。建设一支具备良好教学能力与数字技能实践经验的双师素质师资队伍至关重要。教师们在统一规划下，依据各自研究方向分模块教学，共同完成模块化教学设计，撰写教材并建设数字化在线课程资源。同时，教学团队在教学过程中应注重思政教育能力的提升，能够将思政元素自然地融入专业知识传授，引导学生树立正确的价值观和职业道德观，确保在培养学生专业技能的同时，实现思政教育目标，为培养全面发展的信资专业人才提供师资保障。

## 六、结语

本文以"信息系统分析与设计"通识教育核心课程为例，在数字化教学视角下探讨模块化建设的方法。未来，本课程教学团队将持续改进，深化数字化教学应用，强化思政融合，为培养优秀人才助力。

### 参考文献

［1］付祥. 数字化改革下的计算机通识课程教改探索［J］. 计算机教育，2023（5）：103－106.

［2］郑丹. 数字化环境下通识音乐课程的改革创新研究［J］. 时代报告，2023（9）：

140－142.

［3］贾洪文. 综合性大学通识核心课程建设现状及实现路径［J］. 高等理科教育，2023
（5）：87－93.

［4］杜钰娇. 我国高校文科生科学通识课程建设的优化策略研究［J］. 中国高校科技，
2023（9）：47－53.

［5］衣智平. 转型背景下高校实践教学信息化管理平台建设［J］. 鞍山师范学院学报，
2022（4）：67－71.

［6］宋文华. 新文科背景下中华优秀传统文化通识课程建设的思考［J］. 中国民主博览，
2023（8）：78－80.

# 通识教育核心课程建设探索

## ——以"透视双头鹰：从文艺看俄罗斯的历史道路"为例 *

刘亚丁[1]　李志强[2]　池济敏[3]　高树博[1]　匡　宇[1]　马文颖[3]

吴兵先[4]　魏褐夫[4]　王逸群[2]　赵心竹[1]

1. 四川大学文学与新闻学院（新闻学院、出版学院）；

2. 四川大学国际关系学院；3. 四川大学外国语学院；4. 四川大学艺术学院

**摘　要**：本文借助"透视双头鹰：从文艺看俄罗斯的历史道路"课程建设实践，探索通识教育核心课程的教学创新机制，如课程思路创新、课程建设举措、课程推广等，旨在通过对具体作品的分析展示文学与历史的复杂纠结，引导学生对外国历史人物采取冷静客观的态度。

**关键词**：透视双头鹰：从文艺看俄罗斯的历史道路；通识教育核心课程；教学策略；新文科建设

## 一、引言

社会演变的痕迹隐约可辨，高等教育和教学要适应社会的变化。人才市场对本科生知识储备的要求已发生根本性的改变，但就业时能做到"专业对口"的本科生少之又少。具体而言，人才市场需要的是具有丰富知识储备和一定学科专业知识的应聘者，因此，本科生应在专业知识学习和通识知识学习之间寻找平衡点，以满足人才市场需求，提高自己的就业竞争力。教师教学的理念和方法也发生了深刻的变化，传统的专业教育和新的通识教育之间的鸿沟正在弥合。基于这样的认识，我们课程组的同仁开始拓展自己的本科教学范畴，在四

---

* 本文系四川大学新世纪高等教育教学改革工程（第九期）"通识核心课程创新战略研究——以'透视双头鹰：从文艺看俄罗斯的历史道路'为例"（编号：SCU9059）的研究成果之一。

川大学教务处的支持下，开设了通识教育核心课程"透视双头鹰：从文艺看俄罗斯的历史道路"（简称"本课程"）。本文围绕课程的基本情况、课程教学理念、建设措施、推广情况、学生评价等作一些分享，以期求教于同行。

## 二、课程基本情况

国内目前已经开设了一些与俄罗斯研究有关的通识课程，如厦门大学徐琪的"俄罗斯文化之旅"、华东师范大学刘玉琴等的"俄罗斯文学和艺术精品赏析"、黑龙江大学孙超的"俄罗斯文学导论"、四川大学马文颖的"俄国社会与文化"等。这些课程具有鲜明的特点，但比较突出单一学科的作用。与上述课程不同的是，本课程打破狭义的学科界限，把新文科思维贯穿于授课理念、内容设计、课程目标和师资配备之中。本课程属于四川大学通识教育核心课程的"责任与视野"模块，以拓展学生的国际视野为目的，采取多学科交叉的形式，从文学、艺术学、历史学和社会学等不同的角度，全面观照从 16 世纪后期彼得一世改革至 21 世纪俄国的历史发展概貌，也兼顾 20 世纪中俄文学关系和新世纪俄罗斯人对中国形象的想象。本课程通过文学和艺术作品来讲述一个国家的发展历程，话题看似沉重，但讲解起来深入浅出、形象易懂，颇受学生欢迎。本课程对学生认识异国文化，认同中华文化颇有助益。

课程在师资结构上也体现了新文科建设的理念。课程组的教师来自文学与新闻学院、国际关系学院、外国语学院和艺术学院，教师学科背景多样化，既有来自比较文学与世界文学专业的，也有来自俄语语言文学、艺术学专业的，多数教师都有留学俄罗斯或访学俄罗斯的经历。课程组还及时补充新成员，把在俄罗斯学雕塑的相关教师吸收进来，增加了俄罗斯艺术在课程中的比重。

## 三、课程教学理念

针对教学内容，课程组提出了四个关键词：

文学、艺术、人性、根本。

从这四个关键词出发，对学生深入阐释的内容如下。

品文学，观历史风云聚散；

读艺术，察文化实力厚重；

参人性，鉴时代烙印浅深；

悟根本，别民族心理色系。

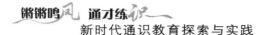

课程组认为，文学和艺术是一个民族心路历程的精神写照，是国家软实力的显性表征。本课程以俄罗斯的文学作品（包括诗歌、小说）和艺术作品（包括油画、雕塑、音乐和舞蹈）为讲授对象，通过深入剖析这些作品，描述俄罗斯民族国家的历史道路（1700—2020），揭示中俄文化、文学之间的互动关系。

本课程力图做到三层互动，达到"三观"互证。三层互动是指宏观通达家国、中层增添形色、下层细叙款曲。"三观"互证则指的是从历史学的、社会学的、艺术学的角度讲好本课程。具体而言，宏观通达家国是指每一次课的内容都关乎对俄罗斯民族的认识，并将俄罗斯的现代发展之路作为贯穿整个课程的主要线索。虽然每位教师的课程内容侧重点有所不同，但是组合到一起，就形成了一幅完整的拼图。中层增添形色指的是在课堂设计尤其是在课件上下功夫，做到图文并茂，每位教师的课件既生动又有个性，且实现了形式上的统一。下层细叙款曲指的是教师要把自己被作品感动的地方讲出来，把针对文艺作品的文本分析的功夫展示出来。本课程在教学过程中加强审美教育，就是做到"三观"互证，即把社会的问题、历史的问题都落实到审美上，挖掘文学艺术作品的人性，让学生感受文本的温度广度。

## 四、课程建设措施

### （一）集体备课，力求完美

"透视双头鹰：从文艺看俄罗斯的历史道路"课程组从一开始就坚持集体备课，力求完美。在备课会上，每位教师依次展示课件、教案，共同讨论、完善。在具体教学过程中，课程组勤于思考，逐步丰富与完善本课程授课大纲与内容，灵活调整授课方法，搭建由课程视频、电子课件、作业与试题库、案例库等组成的系统化在线学习资源，并增设课程助教，分别管理三个平行班课程群。

### （二）随堂听课，切磋完善

本课程负责人在课程第一轮讲授中到课堂跟听每一位教师讲课，课后与其交换意见、共同切磋，帮助大家深化讲课内容、完善课件，力图让每位教师的讲授内容与课程总体构思衔接。

### （三）科研教学，互相转化

课程组积极把科研成果转化为教学案例，将国家社科基金重大项目"多卷本《俄国文学通史》"部分研究成果，以通俗化的形式移植到了本课程第一讲"彼得一世：俄罗斯历史的新起点"中，为学生讲解分析罗蒙诺夫、普希金和阿·托尔斯泰以彼得一世为主人公而创作的作品；将国家社科基金重大项目"俄罗斯《中国精神文化大典》中文翻译工程"所取得的部分成果转化为本课程的讲授内容，为学生讲授中国文化在俄罗斯传播的具体个案。这样的讲授融前沿性与通俗性为一体，深受学生欢迎。同时，授课教师为讲好这门课搜集了大量资料，为自己发展出了新的科研方向。

### （四）激发热情，挖掘潜能

课程组充分发挥学生的主体作用，全过程采用参与式教学法、线上线下研讨式教学法，全面提升师生互动频率与效率。具体方式为：采用"智慧树"在线教育平台开展翻转课堂教学；对选课学生提出具体要求，布置研究题目，让其组成 6~10 人的学习小组，搜集相关资料，展开深入讨论，形成小组讨论记录和个人的读书报告；每节课前，教师都会请助教把阅读资料发到课程群，并把 2~3 个"头脑风暴"问题提前发给学生；在讲课过程中，教师会随机提问，让学生回答并点评。这些举措极大地调动了学生学习的主动性，课程结束后，学生反映选修这门课受益良多。

### （五）拍摄慕课，编写教材

课程组已经完成全部教学内容的慕课拍摄，并在"智慧树"在线教育平台上线；完成了本课程教材的编写工作，即将出版；围绕本课程写成了 4 篇教改文章并投稿到《大学人文教育》等期刊，其中有 1 篇已经在《高等教育发展研究》发表。

## 五、课程推广情况

本课程开课以来，得到了学校、学院的大力支持与积极推广。

2022 年 1 月 8 日，四川大学文学与新闻学院微信公众号发表《教改一线采风｜川大核心通识课程"透视双头鹰：从文艺看俄罗斯的历史道路"第二次集体备课会侧记》一文推广本课程。

2022 年 1 月 10 日，四川大学教师教学发展中心微信公众号发表《锵锵鸣凤，通才练识｜川大核心通识课程"透视双头鹰：从文艺看俄罗斯的历史道路"第二次集体备课会侧记》一文推广本课程。

2022 年 10 月 7 日，四川大学文学与新闻学院微信公众号发表《文新团队课巡览｜〈透视双头鹰：从文艺看俄罗斯的历史道路〉》一文推广本课程。

2022年10月9日，四川大学e教务微信公众号发表《"铿锵鸣凤　通才练识"四川大学通识教育核心课程建设系列报道之十六〈透视双头鹰：从文艺看俄罗斯的历史道路〉》一文推广本课程。

## 六、学生评价

截至2024年4月，已有一千多名学生完成了本课程的学习。在学生评教中，本课程在全校80门通识教育核心课程中排名第19位，并进入"15门推荐选修的通识核心课程"名单。

1. 四川大学通识课程学生评价（2022年10月）摘录

——这门课能让学生们认识俄罗斯，了解俄罗斯的文化，扩大学生的国际视野。

——拓宽了我的知识面，讲得很好。

——老师授课热情充沛，条理清晰，每次课主题明确，便于把握知识。

——希望老师在讲课的时候，有一些名词可以稍微解释一下，谢谢！

——这门课可以学习到很多俄罗斯文化的相关知识，一起学习俄罗斯著作，很棒呀！

——这门课程拓展了我的视野，促进我形成正确的世界观、人生观等。

——拓展了我对俄国文学及历史的了解，培养了文学兴趣。

——这门课程生动活泼有趣，老师的讲解富有深度，极具特色！

——老师风趣幽默，课件中穿插视频，课堂有趣不枯燥。

——跨学科学习，拓展思维和素养，非常满意。

——让我从小白逐渐理解了俄国的历史发展和文艺，老师课堂开头就激发了我的兴趣，全程都很精彩。更重要的是，老师倾向于培养学生开动脑筋，抒发自己见解的能力，不只是被动灌输，更多的是思考和探讨，是我最喜欢的课程之一。感觉在理科中开辟一门优秀的文科课程非常好！

2. 四川大学通识课程学生评价（2022年12月）摘录

——让我对俄罗斯这个国家及其文学与艺术有了更多的了解。

——很喜欢这门课。

——这门课让我更加了解了俄罗斯的民族历史与文化。

——多元文化，多元发展。

——学习到了许多以前没有学习到的知识。

——透视双头鹰老师们都是大佬，冲冲冲！

——学到了很多！！

## 七、结语

四川大学通识教育核心课程"透视双头鹰：从文艺看俄罗斯的历史道路"教改研究和实践目前虽然取得了较多的成果，但仍需要向其他优秀课程取经，未来，课程团队将不断摸索，进一步提高教学质量。

### 参考文献

[1] 邹春霞，李龙. 通识教育教学改革研究与实践 [M]. 重庆：重庆大学出版社，2021.

[2] 谭宗颖，王颖，陶斯宇. 中美代表性高校通识教育比较研究及启示 [J]. 科学与社会，2020（3）：21.

[3] 罗旻. 大学通识教育经典文本研读教学探讨 [J]. 北京教育（高教版），2019（5）：3.

# 以通识教育金课为主要渠道，涵育基础学科拔尖学生综合素养的探索与实践

## ——以四川大学为例[*]

胡廉洁　刘　黎　李　华　舟桂琼　张　怡　白　伟　谭杰丹　王苏宁

四川大学教务处

**摘　要**：通识教育是高校开展高质量人才培养的基础，课程是高校开展通识教育的主要渠道。通识教育金课建设的本质是建设高质量通识教育课程体系。本文分析了通识教育金课对基础学科拔尖人才培养的重要性，提出了"士"型拔尖人才培养。在此基础上，以四川大学为例，探讨如何打造高质量通识教育金课，提升基础学科拔尖人才综合素养。

**关键词**：通识教育；"士"型拔尖人才；金课

党的二十大提出要加快建设高质量教育体系，办好人民满意的教育，培养德智体美劳全面发展的社会主义建设者和接班人。金课建设的核心是高质量课程建设，体现了国家对高校课程质量的关注。教育部在《关于狠抓新时代全国高等学校本科教育工作会议精神落实的通知》明确要求各高校："全面梳理各门课程的教学内容，淘汰'水课'、打造金课"。与专业课、公共基础课等必修课程相比，通识教育课程尤其是通识教育选修课常常被认为是"水课""学分课"的重灾区。如何挤干通识课程水分，提升课程"含金量"是高校开展通识教育过程中必须深入思考的问题。从20世纪80年代始，各高校开设大量文化素质选修课，作为通识教育课程的前身，对提升学生的综

---

　　* 本文是四川省2023年高等教育人才培养质量和教学改革项目"以'三进'为抓手的一流大学五育并举实效性研究与实践"（项目编号：JG2023−9）和四川大学基础学科拔尖学生培养研究课题（第一期）项目"以通识教育课程建设为主要渠道，涵育基础学科拔尖学生综合素养的探索与实践"（项目编号：SCUBJ128）研究成果。

合素质取得了一定的效果。21 世纪后，国内高校开始了通识教育改革，复旦大学、南京大学、北京大学、清华大学、武汉大学、四川大学等高校纷纷开展以课程建设为核心的通识教育探索。经过十余年的实践，形成了各具特色的通识教育课程体系，如复旦大学建立了以复旦学院、通识教育研究中心、通识教育核心课程委员会为主导，核心课程为主轴，住宿书院制和导师制为辅翼的通识教育培养体系。川渝通识教育联盟、大学通识教育联盟、中部通识教育联盟等区域性、全国性通识教育联盟的成立，进一步推进了大学通识教育的开展、交流、协作、共享。通识教育对于人才培养的重要性引起了国内高等教育界的共鸣。

## 一、通识教育与拔尖人才培养

"基础学科拔尖学生培养试验计划"（简称"珠峰计划"）是国家为回应"钱学森之问"而推出的一项人才培养计划，旨在培养中国自己的学术大师。2018 年《教育部等六部门关于实施基础学科拔尖学生培养计划 2.0 的意见》指出，基础学科是国家创新发展的源泉、先导和后盾。培养基础学科拔尖人才（简称"拔尖人才"）是高等教育强国建设的重大战略任务。提升综合素养是拔尖人才培养改革任务和重点举措之一，加强素质教育，其目标是培养学生的家国情怀、人文情怀、世界胸怀，促进学生中西融汇、古今贯通、文理渗透，汲取人类文明精华，形成整体的知识观和智慧的生活观，强化实践能力和创新创业能力，培育科学道德、批判精神和创新精神，提升沟通表达能力和团队协作能力，造就敢闯会创、敢为天下先的青年英才。

高质量的通识教育金课是高校拔尖人才培养的内在需求。"通识教育和拔尖人才培养是相互关联的。根深才能叶茂。在厚通识的基础上，拔尖人才才能苗壮成长。"时任四川大学校长李言荣说道。南开大学伯苓学院副院长段文斌也认为："某一学科专业领域的领军人才培养，与学生自身个体的全面发展并非矛盾，而是相得益彰。习得立志修身、习得理论实践、习得强健身心、习得审美创美、习得交流合作，是我们对'拔尖计划'毕业生的要求。"华东师范大学党委副书记孟钟捷认为，通识教育是拔尖人才培养的重要手段，"我们在批判性思维、创造性思维上的教育是有缺陷的，文理之间的沟通太缺少了，中学就开始分科教学，大学也进行分科教学，把很多人的思维截断了"。可见，高等教育界对通识教育重要性的认识日渐深刻。

## 二、拔尖人才培养方向及综合素养图谱

### （一）"士"型拔尖人才培养

传统的专业教育，主要培养"I"型人才（即在某一领域有深入研究和专业指导，但可能在其他领域知识面较窄的人才），专精、深耕在某单一领域，在经济社会中发挥了重要的作用。但随着时代的进步，独立的单一专业化人才培养难以应对科技、经济、社会的变化带来的复杂问题。"T"型人才的概念被提出，这类人才指的是既有扎实的专业知识，又有跨学科的知识和能力。而人工智能的飞速发展，以及随之而来的经济、社会的深层次变革，对拔尖人才的全面发展的能力、创新创造能力、跨学科解决复杂问题的能力、终身学习能力、可迁移能力等提出了更高的要求。新时代的中国高校通识教育要能够为拔尖人才培养提供丰富的思维方式和优化方案，促进学生全面发展，使拔尖学生通过通识教育基础上的专业培养，既能够解决更广博领域的问题，又能够将解决广博领域问题的思维和方法迁移出来，纵向深化专业研究，成为真正引领国家和社会发展的"士"型拔尖人才。

### （二）拔尖人才综合素养图谱探索

当前大学生在中小学阶段所接受的应试教育更多强调的是对学生记忆能力、模仿能力的开发，无法充分激发学生的创新思维和想象力，在培养全面发展的人才方面有很大的缺失。学生进入大学阶段后，开始接受与应试教育阶段完全不同的通识教育和专业教育的培养。新时代，国家对于拔尖人才培养的需求比任何时候都更强烈。作为承担民族复兴大任的"士"型拔尖人才应该具备哪些综合素养？如何在专业教育外提升拔尖学生的综合素养？清华大学明确了"文理兼备，跨学科的知识结构；审思明辨，批判性的思维能力；立己达人，全人格的价值养成"的通识教育培养目标；复旦大学将通识教育核心课程作为实现人才培养目标的关键环节，努力提升学生人文情怀，传递科学精神。核心课程的教与学将成为学生开展专业教育学习的"助推器"，学生在修读核心课程过程中形成的各种视野是反思专业学习的着眼点，其培养的各项能力是专业学习的基础。北京大学通识教育核心课程将通识教育理念贯穿于专业知识的传授中，透过对专业知识的学习和思考来提升学生的人生境界和思想品质，培养学生健全人格和公民意识，使学生掌握阅读思考能力、反思创新能力和沟通表达能力，成为"懂中国、懂世界、懂自我、

懂社会"的卓越人才。四川大学聚焦"强基础、厚通识、宽视野、多交叉"，以学生成长为中心，以"涵养人文情怀、拓展知识视野、强化使命担当、塑造健全人格，养成终身发展的学习能力"为目标，面向未来建设川大特色通识教育体系。本文经过文献调查和调研，确定了立足中国、面向未来的"士"型拔尖人才所需要的综合素养模块，从价值、能力、知识、思维四个维度绘制综合素养图谱（图1）。

图1 "士"型拔尖人才综合素养图谱

## 三、基于"士"型拔尖人才综合素养图谱的通识教育金课建设

本文以"士"型拔尖人才综合素养图谱为参考，以四川大学为例，在前期通识教育改革探索的基础上，探索更适合拔尖人才培养的通识金课建设，筑牢"士"型拔尖人才的通识之基。

### （一）课程体系建设

通识教育所倡导的"全人"教育，并不是要求拔尖学生都成为通才，而是学生在未来发展上具备相关领域的思维和能力，能够运用所习得的思维和能力去终身学习，有底气面对新的领域和更复杂综合的挑战。为此，四川大学高度重视通识教育，在本科人才培养方案中明确聚焦"强基础、厚通识、宽视野、多交叉"，实施以川大特色通识教育为基础的宽口径专业培养，学生在校期间至少修读 12 学分通识教育核心课程，以"两大先导课、五大模块、百门通识核心课"为主体构建起川大的通识教育体系。具体而言，以科技史和文明史作为学校通识教育体系的两条大动脉，以"中华文化（文史哲艺）""科学进步与技术革命"为先导课，构建了自然与科技、人文与艺术、生命与健康、信息与交叉、责任与视野五大模块，建设 100 门高质量通识核心课，鼓励培养学院根据学生面向未来的发展需要从中优选 10 门课程供拔尖学生修读，并以跨学科交叉融合为特色，以院士、杰出教授等名师大家领衔建设跨学科教学团队和课程为基础，以智慧教学环境为保障，通过预置、推荐给拔尖学生更符合未来发展需求的课程，在文理兼修、学科交融中，提升拔尖学生综合素养。

## （二）教学团队组织

强教先强师，教学团队是落实通识教育的目标、保障课程质量的关键因素之一。部分高校的通识课程建设更倾向于"因师设课"，即基于教师的研究方向和专长开设课程。四川大学成立跨学科通识教育专家小组，根据学生成长需要确定了课程的建设方向，而这些方向往往不是一个学科的教师就能够完成的。为此，学校邀请了杰出教授、国家级人才或教师根据建设方向自由组建跨学科教学团队，打破专业、院系边界与分门别类的学科壁垒，整合优质教学资源，以完成跨学科教学内容的研究、组织和讲授，完善学生知识结构，培养学生整合性、跨学科的视野与思维方式，提升其解决复杂问题的能力。同时，以全链条、周期性集体备课的形式，讨论团队建设、课程各章节安排与衔接、前沿热点研讨、教材和教学资源建设与创新等，保证课程主线顺利贯彻实施，提升课程凝聚力。例如，哲学系梁中和教授所承担的"生命哲学：爱、美与死亡"课程组织了来自文理工医各学科 9 个学院的教师从"自然生命—社会生命—智慧生命"的历程，从"爱""美"和"死亡"三个生命重大议题切入，让学生正确认识生命、热爱生活，理解只有将小我的生命融入大我才能获得真正的生命意义。目前已有 90 门通识教育核心课程面向全校学生开课，选课人数已超过 6 万人次，不同专业、学院、学科的教师、同学共聚一堂，面对同一个问题并共同寻求答案。

## （三）教学内容设计

在实际课程体系建设过程中，根据拔尖人才综合素养图谱和通识教育目标，四川大学将课程思政、跨学科视野、思维启迪、美育、经典阅读素养、表达训练作为通识教育金课教学内容设计的 6 个关键着力点。在每门课程中开展课程思政，强化价值导向，筑牢理想信念与使命担当。百门跨学科通识核心课让学生能够有能力、有信心创造性地去思考和解决未来所面临的复杂问题。四川大学建设"科学进步与技术革命"先导课，挖掘科技重大发现背后的思维引领，以思维训练为目标建设了"批判性思维""创造性思维""战略性思维""逻辑思维"等四门通识教育核心课程，并在每门课程中凸显人类社会发展与科技进步背后的内在逻辑和基本路径，启发和训练学生形成宽广开阔的思维。设置"人文与艺术"模块强化美育，以美育和人文素养培养为核心提升学生审美的意识和能力。开设"归乡之路：中国文学经典作品解析"等 10 余门经典阅读类课程，让学生汲取人类文明的精华和中华优秀传统文化的养分。专门开设"母语之美：表达与交流""英文之用：沟通与写作"两门中英文表达课程，并在课程教学中强化表达训练，从口头表达沟通能力和书面表达写作能力两方面引导学生对知识进行整合、思考与产出。川大通识教育金课以兴趣切入，完善拔尖学生知识结构和思维方式，提升学习效果。

### （四）教学方法改革

传统的通识课堂主要以教师讲授为主，多采用单向灌输式的教学方法，学生被动接受，教学效果有限。四川大学通识教育金课延续了 2011 年起全校推行的"探究式－小班化"教学改革，开展案例式教学、项目制教学、翻转课堂等，强调以"教"为中心到以学生"学"为中心的转换，注重课堂内外、线上线下师生间、学生间的互动、研讨与交流。每年拨付专项经费支持打造具有较高学术水平和工作能力的助教队伍，为每一个班次的通识教育金课配备助教，要求每个教学班学生在 80 人以内，通过组织跨学科分组研讨协助教师推进"教"与"学"的拓展与深化。

实践环节是通识教育"金课"建设的另一个重点。从学生对课堂的主观评价中可以发现，学生更喜欢也更愿意投入实践环节，将课堂所学运用于实践中更能促进学生的自主思考，更有利于相关能力的训练和知识的掌握。王杰教授团队的"天工开物：智造工程与技艺"课程带领学生将理论与实践结合，动手体验物品从 0 到 1 再到 ∞ 的工程化流程，探究工程创新思维将异想天开变为发明创造之谜。在教师的指导和带领下，拔尖学生从教室走出去，进入博物馆、实践基地、城市街头、社区等实地，通过参访、调研、采样、实践等多样的方式，锻炼了团队协作、表达沟通和创新实践能力，促进了综合素养的提升。

### （五）教学评价引导

通识教育金课的教学评价包含课程考核和课程评价两部分。课程考核一直是通识课程改革过程中无法回避的痛点。考核标准过低不利于真正地促进学生的学习，学生眼中的考核标准过于严苛会影响下一轮的选课人数和学生的满意度。为此，四川大学在通识教育金课建设中推行全过程、非标准、多元化的考核，鼓励教师根据课程实际和学生反馈不断改革考核方式。例如，兰利琼教授团队开设的"智人的觉醒：生命科学与人类命运"课程每学期进行 6 次考核，包括 5 次平时考核和 1 次期末考核。5 次平时考核的具体情况如下。

实验环节：藻类采样及鉴定（小组采样＋个人鉴定）；

实践环节 1：校园春季植物的多样性（个人）；

平时作业 1：转基因技术带给我们的反思（个人反思＋小组讨论结果）；

平时作业 2：合成生物学与转基因技术有何不同/中外科学家在太空进行的合成生物学研究有何异同（个人）；

实践环节 2：读取生命的脑电波：自我认知与意念控制（小组＋个人）。

每次考核各占总成绩的 10％。基于小组项目研究的期末考核占总成绩的 45％。全过程参与课程讨论和团队合作的得分占总成绩的 5％。全过程、非标准、多元化的考核能够引导学生高度重视课程的学习，并在学习过程中加强团队合作与沟通，提升学习效果与获得感。

在通识教育金课课程评价方面，四川大学摒弃了为评而评的做法，而是将评价的作用真正发挥在保障通识教育核心课程的教学运行与质量完善上来。根据人才培养目标与通识教育目标，设计了"四川大学通识教育核心课程评价指标"，以优化课程为目标，通过手机端定制版问卷的方式，每学期 2～3 次定时定向自动发放给选课学生，获取评价数据，形成评价报告，结合督导委、专家小组等听课全覆盖，实时反馈教学团队，教学团队需根据反馈情况完善教学，分阶段递进式改进课程设计，真正实现全过程质量管理，不断提升课程质量。

## 四、小结

综上所述，通识教育金课在拔尖学生综合素养培养的主渠道作用已经被各所高校的研究与实践所证明。课题组根据国家和高校对拔尖人才培养的需要，提出了"士"型拔尖人才培养，并以此为目标，通过文献分析与实地调研绘制了"士"型拔尖人才综合素养图谱，结合四川大学的实践案例，分析了课程体系、教学团队、教学内容、教学方法、教学评价等通识教育金课建设的关键因素，探索了提升"士"型拔尖人才综合素养的基本路径。但课程建设永远在路上，决定通识教育金课建设的要素需要多层次重视、多维度建设、多方面完善。面向未来，各高校还需深入思考符合国家重大战略需求的拔尖人才的综合素养提升的通识教育金课路径，培养出真正的国"士"。

## 参考文献

［1］吴月. 立远大志向 重自主探究［N］. 人民日报，2022－03－22.

［2］张渺. 文科生学学数学，理科生学学文史［EB/OL］.（2023－10－24）［2024－04－12］.
　　http://news. cyol. com/gb/articles/2023－10/24/content _ xaML8vcVmA. html.

［3］"清华通识说"：用思想的碰撞带来更好的教育［EB/OL］.（2020－05－08）［2024－04－
　　12］. https://www. tsinghua. edu. cn/info/1369/80240. htm. 149.

# 通识教育视域下的建筑类专业课程的思政融入与实践[*]

陈煜蕊

西华大学建筑与土木工程学院

**摘 要**：在通识教育与专业教育融合的背景下，课程思政是育人的重要环节，主要存在开展方式单一化、教学与实践脱节等问题。本文旨在总结和整理建筑类专业课程思政教学改革的痛点和框架，以促进思政课程的质量提升，培养更具思想道德素养的学生。本文探讨了建筑类专业课程思政教学改革的重要性和必要性，介绍了改革的具体方法和效果。通过对现有问题分析、课程设置优化、框架机制梳理等措施，提高建筑类专业课程思政教学的质量和效果，提升了学生的综合素养和教学质量。改革结果表明，课程思政在建筑类专业课程中的有机融入，有助于培养学生的社会责任感、职业道德和人文素养，为建筑行业的健康发展提供有力支持。

**关键词**：通识课；建筑类；课程思政；教学改革

## 一、引言

### （一）问题提出

社会的持续发展和科技的日新月异，对当代建筑类专业学生提出了层出不穷的新挑战与新要求。他们不仅要紧跟时代步伐，建立正确的价值观念，还需在专业技能之外，着力培养良好的职业素养，以适应建筑行业日益复杂多变的需求。在此背景下，高校培养建筑类专业学生成为具备全面能力的未

---

[*] 本文系四川休闲体育产业发展研究中心课题"公园城市背景下的适老化社区体育公园设计研究"（项目编号：XXTYCY2023C02）、成都大学全国幼儿体育发展研究中心中心项目"幼儿园户外空间对儿童身体活动影响研究"（项目编号：YETY2023B01）、西华大学省级一流课程"建筑设计初步"的阶段性成果。

来公民的使命愈发迫切且重大。习近平总书记曾指出："文化是一个国家、一个民族的灵魂。文化兴国运兴；文化强民族强。没有高度的文化自信，没有文化的繁荣兴盛，就没有中华民族伟大复兴。"2020年5月28日，教育部印发《高等学校课程思政建设指导纲要》，全面推进高校课程思政建设。课程思政"主要以课程为载体，通过课程途径挖掘思政元素，发挥思政功能，展现思政价值"。通识课程是大学教育的基础课程，旨在开阔学生的视野，培养学生的综合素质。这些课程通常涵盖了人文、社会、自然等多个领域，使学生能够了解不同领域的知识和文化。许多高校已经采取了措施来加强通识教育。政府也出台了一些政策支持通识教育的发展。例如，政府支持高校开展教学范式创新，打造优秀的通识课程教学团队，以及合作共建通识教育共同体、建设省级通识教育资源共享库等。教育界也从不同角度对通识课程的思政建设进行了研究。夏文斌从新文科建设视角、徐旸等从美育视角、郭号林等从艺术类通识课程的思政建设出发，展开研究，但这些研究都未能指出通识教育背景下建筑类专业课程思政建设体系与方法，相关基于实践的研究还有待开展。

**（二）建筑类专业课程思政教学痛点**

在全球化时代，建筑类专业从业者需要建立文化自信，从容应对未来职业生涯中的机遇和挑战。

当代建筑类专业的学生在专业课的学习中，从"崇洋模仿"到"自信严谨"转变难。未来的建筑师、风景园林师需要更全面地掌握建筑历史及文化，而由于受西方建筑话语体系影响较大，这一点在过去的教学中往往被忽视。全球化时代，经典知识体系的"在地化"成为建筑学、城市规划、风景园林教研的重要方面。建筑类专业课程不同于其他理论课程，学生需要在做中学、学中做。仅"口号输出式"的课程思政，无法覆盖专业课程全过程。

当代建筑类专业的学生在职业发展规划中，从"迷茫困惑"到"爱我所学"转变难。当前，部分学生对建筑类专业认知不足。拥有良好的职业素养与身份认同，对建筑类专业的学生影响深远。因此，建筑类专业课程教学设计要在思维、内容和技术等方面渗透对话思想和对话意识，师生之间需要通过课程思政，打造思想共振、意义共生、情感共鸣、心灵共通的学习氛围。

## 二、通识教育背景下建筑类专业课程思政建设框架

### （一）用"三点"融"三课"，润物无声

课程思政是一种教育理念，即在传授学生知识、培养学生能力的同时，对学生进行价值引导，即"在价值传播中凝聚知识底蕴，在知识传播中强调价值引领"。教师应找到课程思政的切入点、融合点、动情点（"三点"），适当地升华，将其融入专业课、基础课、通识课（"三课"），引起学生共鸣，使思政元素与专业知识自然融合，帮助学生实现学以致用。

1. 适时引入切入点，精准定位

在建筑类专业课程中，思政的切入点往往隐藏于建筑历史、建筑理论、建筑技术、城市规划、环境保护等多个维度。例如，在讲解古代建筑时，可以引入古代建筑师的智慧与工匠精神，以及建筑在文化传承中的重要作用，作为思政教育的切入点，既丰富了课程内容，又激发了学生对于传统文化的尊重与传承意识。又如，在探讨现代建筑技术时，可以引入绿色建筑、可持续建筑的理念，引导学生思考建筑与环境的关系，培养学生的环保意识和社会责任感。

2. 深入挖掘融合点，契合自然

建筑类专业课程中，思政元素与专业知识的融合，需要教师在课程设计时，深入挖掘建筑学科中的思政资源，如建筑伦理、建筑美学、建筑与社会的关系等。通过案例分析、实地考察、项目实践等多种形式，将思政元素与专业知识紧密结合，使学生在学习专业知识的同时，也能深刻理解建筑的社会价值、文化价值、生态价值。例如，在城市规划课程中，可以引入城市更新、社区营造的案例，引导学生思考如何在城市发展中平衡历史保护与现代发展，如何在城市规划中体现人文关怀与社会公平。

3. 巧妙把握动情点，深刻触动

在建筑类专业课程中，动情点的把握往往与建筑的社会影响、人文关怀、生态价值等紧密相关。教师可以通过讲述建筑背后的故事，如建筑师的个人经历、建筑对社区的改变、建筑在灾难中的救援作用等，激发学生的情感共鸣与价值认同。例如，可以通过讲述"抗震救灾"案例，展示建筑在灾害中的保护作用，以及建筑师在救援中的无私奉献精神，引导学生思考建筑业的社会责任与人文关怀，激发其爱国情怀与社会责任感。

## （二）从问题到评价，形成闭环

首先，教师应从识别当前存在的问题出发，着手设定教学与思想政治教育的目标；随后，深入专业课程中挖掘思想政治教育元素，巧妙地将这些元素融入教学方法之中，并切实执行既定的教学策略；最终，对教学的成效进行全面而细致的评价。

在现有的课程体系框架下，教师应致力于构建全面覆盖的课程思政体系。其中，二级学院如马克思主义学院、创新创业学院等将作为思政课程建设的重点，引领并协同专业课程共同推进思政教育。这种二元协同的模式旨在确保思政教育与专业教育在方向上保持一致，打破学科间的界限，基于通识教育的背景，构建一个涵盖建筑类专业特色的思政建设体系促进学生的全面发展（图1、表1）。这一体系整合了专业课、基础课以及通识课等内容，形成一个综合性的课程体系。

在充分利用现有线上平台资源和线下教材的基础上，教师还要精选具有地方特色的教育资源，如"地方历史建筑""红色工业遗址"等，建设育人案例库。这些案例不仅丰富了学生的知识，还为他们提供了亲身体验的机会，使其能够亲临项目现场，感受场地的历史变迁，从而更加深刻地理解作为青年的使命以及自身的职业责任。

| 方法 | | 内容 | 专业 | 基础 | 通识 |
|---|---|---|---|---|---|
| 架构 | 分类建设 | 建设课程思政建设体系，二级学院重点建设引领课 | √ | √ | √ |
| | 地方资源 | 精选地方特色育人元素，如"红色资源、历史名作、工业遗产库" | √ | | |
| 实施 | 显性引导 | 对教师开设讲座；对学生建交流平台 | √ | √ | √ |
| | 隐性融入 | 翻转课堂、混合式教学等教学改革 | √ | √ | √ |
| | 户外课堂 | 追忆历史、感受自然等户外活动 | √ | √ | |
| 评价 | 评价认定 | 以"切入、动情、融合"进行评价 | √ | √ | |

图 1　建筑类专业课程课程思政体系

表 1 建筑类专业课程课程思政机制

| | 思想认同 | | 情感内化 | | 行为转变 | |
|---|---|---|---|---|---|---|
| | 教法 | 目标 | 教法 | 目标 | 教法 | 目标 |
| 途径 | 显性引导 | 晓之以理 | 隐性融入 | 动之以情 | 情境教学<br>户外课堂 | 诱发行为 |

## 三、课程思政改革路径

### （一）协同多门课程，融合科学与艺术

首先，要坚持课程思政与思政课程同向同行，引导学生学习专业知识，培养品德修养。

其次，要坚持科学技术与艺术人文相互交融，培养学生树立工匠精神，提升美学素养。

以建筑类一年级学生的课程思政为例，价值观的树立和基本素养的提高是其目标体系的重要组成部分。

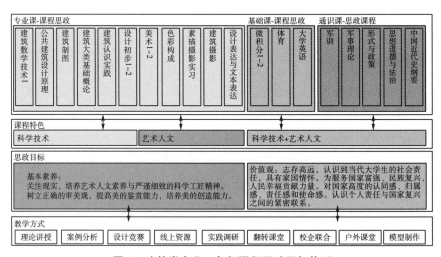

图 2 建筑类专业一年级课程思政目标体系

### （二）协同校内校外，理解图纸与现实

要注重实践教育，使思政课程与社会实际相结合，培养学生的实际应用能力。积极吸引社会资源，引入专家学者，提供多样化的课程内容。倾听社

会的声音，根据社会需求不断调整和改进。促使学生全面成长，包括学术、实践、社会参与等多方面。杜威提出要将学校当成一个简化的社会，在其中要创建符合多样性和规定性的情境，德育不应局限在学校范围之内，应具有开放性，需要与学生校外的生活，互相联系，要关注学生在校外的公共生活和家庭生活，有意识地扩大和丰富德育情境，实现家庭、学校和社会环境的融通。

以"建筑设计初步"课程为例，课程教学内容从身边的真实入手，形成"触摸城市，触摸生活"的教学体系（图3），融入人文关怀。针对学生缺少对真实生活的体验和客观认知导致设计成果严重脱离现实，缺乏前沿性和时代性的痛点，本着"从身边开始的设计"以及"从生活中来到生活中去"的原则，结合学生校园和城市的生活经验重构教学内容，在每个教学板块中设置"带着问题"去观察和体验生活的环节，让学生了解普通使用者对空间的需求，把真实的需求和设计关联，进而逐步实现由赏析者到设计者的角色转换。让设计充满人文关怀，让"为人民过上美好生活的愿望"有了现实意义和价值，也落实了新工科对人才培养的课程思政目标。从"图纸-实体模型-城市环境 VR 体验-学校现场实现"场景切换，建立"三位一体"的二维、三维、四维观察视角，充分调动学生对调研体验教学活动的积极性，提升学生动手技能（图4）。

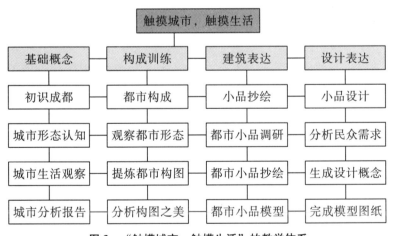

图3 "触摸城市，触摸生活"的教学体系

**图4　"建筑设计初步"落实课程思政的教学方法**

### （三）注重知行合一，融合理论与实践

注重学中做、做中学，实施"滴灌"式的课程思政实施模式。建筑类专业课程不同于其他理论课程，需要在做中学，学中做。对学生价值观的塑造不仅要与某些知识点结合，也要体现在从接到任务书到设计落地的全过程。教学改革的重点是探索并形成了"两点两轴"的课程思政实施模式。"两点"即思政强调"学中做""做中学"，从观察热爱身边事物开始，通过周边热点、前沿观点的讨论，"润物细无声"地融入情感目标及价值目标。"两轴"的横轴将整个学期课程内容划分为几个章节，融入不同的思政元素，纵轴将每节课划分为三个阶段——课前、课中、课后，融入不同的思政元素。通过分章节分阶段让学生明确什么是该阶段的价值目标以及为什么要达到这样的价值目标（表2）。

表 2　"建筑设计初步"课程思政的实施途径

| 前沿观点 周边热点 | | 课堂三阶段 | | | 思政元素 |
|---|---|---|---|---|---|
| | | 课前 | 课中 | 课后 | |
| 课程内容 | 1. 初识成都 | 万户千门入画图——了解成都历史底蕴 | 关注公园城市建设成就 | 调研民众生活空间，感受本土文化对形态的影响 | 文化自信、制度自信、社会责任 |
| | 2. 构成训练 | 构成历史及大师作品解读——提高审美 | 形式美的法则——积累美学素养 | 选取家乡或成都案例进行解读——解析形态美 | 立足时代，以美育人 |
| | 3. 建筑表达 | 太古里小型建筑调研——感受真实职业场景 | 学习制图规范标准 | 太古里小型建筑制图练习 | 职业认同与获得感、工匠精神 |
| | 4. 设计表达 | 校园实地踏勘——角色代入，全龄友好 | 运用设计思维，创造性解决问题 | 积极分享，持续改进调整 | 深入社会实践、团队协作、平等。 |

## 四、课程思政成效评估体系

### （一）学生考核评估

#### 1. 量化评估与质性评估结合

量化评估方面，主要涉及学生成绩、满意度调查及社会反馈。学生成绩包括考试成绩、作业及课堂参与；满意度调查则通过问卷形式收集学生对课程思政内容的接受度；社会反馈则来自实习单位和实践活动的评价。质性评估则侧重于深入了解学生思想政治素养的提升。通过访谈等方式，收集学生对建筑伦理、社会责任感等思政元素的理解与认同，以更全面地评估课程思政的实际效果。

#### 2. 分段考核与期末考核并重

针对把考评标准过度集中在期末，学生和教师的两种状态导致教学低效的痛点，课程设置了分段考核和多元化评分的评价创新机制，鼓励学生重视学习过程评价，同时让教师通过阶段性评价及时获得教学反馈，调整教学节奏，提高教学效果。"分段考核"是在创新教学板块中设置每个板块 25％占比，最终考评成绩由四个环节的平均分构成，改变了传统初步课程期末考评定"乾坤"

的局面，让学生在每个阶段均衡地投入精力，保持稳定的学习热情，扭转了"平时松，期末紧"的不良学习节奏。多元化的评价是把单一评价分为"两项两考"，两项为"过程"和"结果"，分别对这两项进行线上和线下考评；一方面课程考评分数随着线上成绩的计入增加客观性；另一方面"化整为零"的计分法让学生每一分努力都能得到回报，大大促进了学生课堂学习的参与度和表现度。

## （二）课程成效评价

首先，通识背景下的建筑类专业课程课程思政教学评价需要邀请教委以及相关领域的专家，根据每门课程的设置理念和教学目标，展开由上而下的评价。其次，发放调查问卷，就学生对课程的满意度展开调查，并结合同行听课，开展由下而上的评价。再次，学校对于课程思政教学形成的作业、主题创作、各类竞赛成果、教材进行验收，形成由理论到实践的评价。然后，引入校外专家，对课程的效果从市场的角度进行多维的评价。任课教师基于"评价—反思—改进"的路径，对通识课课程思政教学进行改进，提升教师对课程思政的理解、设计与实施的能力。

## 五、总结

面对社会发展和科技进步对当代青年的新要求，高校在培养全面发展的公民方面肩负着更为迫切的使命。特别是在建筑类专业领域，学生不仅需要掌握扎实的专业知识与技能，还需具备正确的价值观念、良好的职业素养以及深厚的文化自信。在此背景下，课程思政教学改革显得尤为重要。

本文深入探讨了通识教育背景下建筑类专业课程思政建设的框架与实施路径。通过精准定位与适时引入切入点、自然契合与深入挖掘融合点、巧妙把握与深刻触动动情点，将课程思政有效融入专业课、基础课、通识课，实现了思政元素与专业知识的自然融合与学以致用。同时，从问题发现到教学评价形成闭环，构建了包括课程思政目标设定、思政元素发掘、教学方法落实及教学成效评价在内的完整流程，为建筑类专业课程思政建设提供了可操作的框架。在课程思政改革途径方面，本文提出了协同多门课程、融合科学与艺术，协同校内校外、理解图纸与现实，以及注重知行合一、融合理论与实践等策略。此外，本文还构建了全面的课程思政成效评估体系，包括学生考核评估与课程成效评价两大方面。通过量化评估与质性评估结合、分段考核与期末考核并重的方式，全面、客观地反映了学生在专业知识与思想政治素养方面的综合表现。

同时，邀请教委、专家、学生等多方参与课程评价，形成了由上而下、由下而上、由理论到实践的多元化评价机制，为课程思政的持续优化提供了科学依据。

综上所述，通识教育背景下的建筑类专业课程思政建设是一项系统工程，需要高校、教师、学生及社会各界的共同努力。通过不断探索与实践，培养出更多具备专业知识、创新精神、社会责任感与高尚品德的建筑类专业人才，为城市的可持续发展与中华民族的伟大复兴贡献力量。

## 参考文献

[1] 李波，于水. 从"碎片化"到"整体性"：课程思政建设的有效路径 [J]. 黑龙江高教研究，2021（8）：140－144.

[2] 夏文斌. 新文科背景下通识教育体系的创新实践 [J]. 中国高等教育，2021（12）：20－21.

[4] 徐旸，杜静怡，梁骁. 美育视域下农林高校美术通识教育发展策略探究 [J]. 美术文献，2021（9）：81－82.

[5] 郭号林，李墨，储凡静. 新文科背景下高等美术院校通识教育问题探析 [J]. 中国轻工教育，2020（6）：11－17.

[6] 杜威. 民主主义与教育 [M]. 北京：人民教育出版社，2001.

# 基于学科交叉理念的非机械类专业"工程制图"课程思政建设探索[*]

## ——以四川大学微电子专业"工程制图"课程为例

尹湘云　余德平　熊　艳　马　俊

四川大学机械工程学院

**摘　要**：本文首先阐述微电子专业"工程制图"课程思政建设的必要性，然后基于学科交叉理念，重点从教学内容、教师队伍建设、思政教学模式和教学评价四个维度，深入挖掘非机械类专业"工程制图"课程思政内涵，从而提炼出了一种基于学科交叉理念的"工程制图"课程思政新模式。实践证明，该模式有效地消除了非机械类专业大一新生对"工程制图"与专业课之间关联的疑惑，践行知识传授与价值引领。

**关键词**：学科交叉；课程思政；"工程制图"课程；高校人才培养

将思政教育融入高校专业基础课程，既是响应国家高校思想政治工作理念的一种途径，也是目前高校各类专业实施课程思政改革的主要手段。2019年3月18日，习近平总书记在学校思想政治理论课教师座谈会上强调："办好学校思政课，事关中国特色社会主义事业后继有人，是培养一代又一代社会主义建设者和接班人的重要保障。"这为高校思想政治工作指明了方向。

课程思政主要涵盖哲学育人、道德育人、劳动育人、审美育人等内涵。然而，由于各高校不同的专业均具有不同的育人目标，高校需要紧密结合其目标进行课程思政改革，因专业制宜开展课程思政工作，践行知识传授与价值引领。这对于落实教书育人的主体责任及确保全员、全过程、全方位育人具有极其重要的推动作用。

---

　*　本文系2022年度教育部产学合作协同育人项目（项目编号：220605377273212）、四川大学新世纪教育教学改革工程（第八期）研究项目（项目编号：SCU8199）研究成果。

## 一、"工程制图"课程思政建设的必要性

微电子专业是随着集成电路尤其是超大型规模集成电路发展而形成的一门新兴技术学科。四川大学物理学院微电子专业的培养目标是：培养掌握大规模集成电路及其他新型半导体材料和器件的理论、大规模集成电路的设计方法和制造工艺原理，具备研发先进器件和芯片基本能力的专门技术人才。"工程制图"是该专业开设的一门重要的基础课，是旨在发展学生的空间思维能力和空间想象能力，培养学生阅读和绘制机械工程图样基本能力的一门典型的工程实践类基础课程。"工程制图"课程教学内容主要包含画法几何、零件图和装配图等机械图样的阅读和绘制等。

然而，传统的"工程制图"课程与微电子专业的关联度并不高，学生将在课堂上学习的内容用于后续的专业学习的机会较少，缺乏连贯性，难以激发学生学习兴趣。

当前，国内"工程制图"课程思政建设也已经成为一个热点，教师们积极尝试挖掘现有教学素材中的思政要素，以实现制图知识传授和价值引领的相互契合。例如，詹海鹃等提出从教学手段出发，将传统课堂教学与课后微视频学习、翻转课堂等新兴教学手段有机结合，提高教学效率和教学质量。邹焕提出深挖课程相关的思政元素，设计了线上线下混合式教学模式，在全过程制图课程教学中润物无声地将爱国情怀、工匠精神等思政元素传递给学生，以培养具有正确世界观的综合素质人才。刘梅英等提出发掘制图课程中蕴含的思政元素，将工匠精神和工程伦理贯穿育人全过程，引导学生树立工程伦理意识，形成正确的工程价值观。唐乐为等以国家战略为背景提出了加强学生文化素质培养的融合课程思政内容的工程制图教学模式。

但是，上述积极尝试多围绕传统通用的"工程制图"的教学内容展开，面向全体非机械类专业，如材料学、工商管理、生物医学、计算机微电子等专业的学生。虽然教学课时减少了，但教学内容还是与原来基本一致，主要包含画法几何、制图基础、三视图的绘制、机械零件的常用表达方法、标准件与常用件、零件图和装配图的绘制等。因此，针对不同的专业培养目标和特色，教师如何在授课内容不变的情况下创新教学模式，不断改进教学内容和教学方法，挖掘课程中蕴含的与专业知识相关的思政内容，紧贴时代背景，提高学生对这门课程的接受程度，促进学生对课程内容进行理解与掌握，是非机械类专业"工程制图"课程思政建设中的一个关键问题。

当前，针对新工科复合型人才培养的需求，多个学科进行交叉融合已经成

为各大高校培养人才的一项重要举措。学科交叉不但已成为现阶段教育教学研究的发展趋势，更是课程思政实践新的生长点与突破点。

本文以四川大学微电子专业的"工程制图"课程为例，针对微电子专业的学科特点，重点从学科交叉的角度开展"工程制图"课程思政教学建设，将工程制图的图学知识和微电子的专业知识融合，寻找学科之间的联系，探究其中相融性和互补性。本文期待通过学科之间的交叉和互动，提高非机械类专业学生的学习积极性，促进学科建设和发展；同时，实现德育育人功能，在知识传授过程中，助力学生形成正确的世界观、人生观、价值观。

## 二、"工程制图"课程思政建设的思路

四川大学微电子专业"工程制图"课程以教学理论研究与实践要求为基础，深入探索学科交叉视角下如何更好地实现课程思政在知识教育与价值观教育的融合统一，切实建构交叉课程合力育人的新格局。下面，本文将从思政课程内容、思政教师团队建设、思政教学模式和课程评价方式四个维度开展微电子专业"工程制图"课程思政建设的探索。

### （一）图学与微电子交叉，促进课程思政元素的构建

课程团队基于微电子专业培养目标和毕业要求，结合社会评价和学生关切，从文化自信、工匠精神、创新意识和拼搏精神四个维度出发，灵活运用多学科交叉融合资源，融入思政育人目标，明确各章节教学内容与思政元素的映射关系，构建面向微电子专业工程制图课程思政体系（表1）。

表1　微电子专业"工程制图"课程思政体系

| 模块 | 授课要点 | 思政元素 | 思政切入点 |
|---|---|---|---|
| 制图的基本知识与技能 | 图学发展史；国家制图标准 | 了解图学历史，增强文化自信 | 以甲骨文的构型、《天工开物》的工艺制图为例，讲述中国图学历史，传播中华优秀传统文化，激发民族自豪感 |
| 画法几何 | 正投影法基础；立体的投影 | 耐心细致的工作要求，培养工匠精神 | 以极紫外（EUV）光刻机加工设备为例，阐述高精尖设备制造的原理和难点 |
| 组合体和轴测图 | 组合体读图和画图；轴测图的画法 | 微电子与图学交叉，激发创新意识 | 结合3D存储器的发展趋势，设计学科交叉、培养创新意识、强化爱国情怀的思政内容 |

| 模块 | 授课要点 | 思政元素 | 思政切入点 |
|------|----------|----------|------------|
| 机件的表达方法 | 视图、剖视图、断面图的画法 | 大国重器与图学，培养拼搏精神 | 结合大国重器等学术前沿案例，如"祝融"号火星车设计和控制案例，激发学生攀登科学前沿 |

目前微电子专业"工程制图"课程教学学时为48学时，为了与微电子专业的相关内容结合，开展课程思政教学，课程团队须革新传统的教学内容，与时俱进。

1. 缩减"正投影法基础"的讲授时长

目前"正投影法基础"的讲授约6学时，讲授内容略为烦冗，如直角三角形法、最大斜度线、直线与平面平行、平面与平面平行等。课程团队对上述教学内容进行了删减，将教学时长压缩至3学时。

2. 改变"立体的视图"的教学内容及时长

目前"立体的视图"的讲授约9学时，讲授内容难度过复杂，如平面立体与曲面立体、曲面立体与曲面立体的相贯线的作图，而目前工程三维软件已能自动生成相贯线的三视图。因此，课程团队对这部分内容进行压缩，只讲基本概念，不讲具体作图方法，教学时长压缩到4学时。

3. 增加数字化制图相关内容

由于传统的"工程制图"以制图理论教学为主，对于计算机三维建模软件较少涉及，使得理论与实践的结合存在一定的偏差，已经无法满足新工科建设对学生的工程应用实践能力的需求。

随着科技的不断发展，计算机三维建模软件给产品表达带来质的变化。因此，开展三维建模软件的教学，能满足提高学生的工程素养的必然需要。课程团队通过增加学时，开展如中望3D等三维设计软件使用方法的教学，做到了与时俱进，使制图教学内容更贴近企业实际需求，实现理论与实践相结合。

4. 压缩标准件、零件图、装配图等与微电子专业关联度少的教学内容

目前压缩标准件、零件图、装配图等内容教学时长约9学时，但该部分教学内容与各微电子专业的关联性不大。因此，课程团队将该部分内容改为课后自学，这对整个教学体系的完整性并无明显影响。

**（二）跨学院、跨学科组织课程建设，建立学科交叉融合的教师团队**

课程团队跨学院、跨学科组织课程建设，从相关专业学科和行业遴选优质

师资，号召大家群策群力。以微电子专业的学术思想为依托，充分发掘微电子专业背后的价值关怀及战略定位，让学生在学习"工程制图"课程的同时，了解现代社会发展规律和国家发展思路，润物无声地引导学生将个人成长与祖国前途命运紧密相连。

课程团队在"大思政"格局下，构建"图学教师＋微电子专业课教师"的大师资队伍，主要负责学科交叉思政内容的实施与指导。图学教师是课程实施的主体，微电子专业课教师由微电子专业背景的专任教师担任，主要负责思政内容的教学。教学团队建设的思路及工作模式如图1所示。

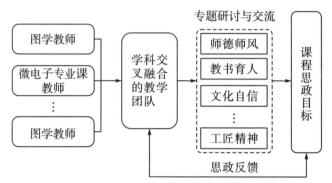

**图1　"工程制图"学科交叉融合师资队伍建设思路及工作模式**

### （三）采用多种手段，构建学科交叉融合的课程思政模式

课程团队针对"工程制图"课程内容多、学时少，教学过程中专业知识与德育教育难以兼顾的问题，组织教师充分认识大学课堂的功能和定位、学生的学习规律和特点，把握课堂教学这个主渠道，将课堂教学作为育人的主要阵地和重要载体，结合课程教学内容深入开展教学设计，以保证教学目标涵盖知识目标与德育目标。

同时，充分利用学校现有的网络平台与资源，创新性地提出一种开展课程思政的新模式，提升课程思政效率。

1."以学生为中心"的课堂主题汇报式思政教学

课程团队根据课程安排，抽出一定教学学时或是利用课堂剩余时间组织多次思政专题课程，让学生以主题汇报的形式给其他同学讲述与微电子专业相关的图学故事，分享"工程制图"课程学习实践体会。

课程团队将主题汇报细分为课下分组讨论、PPT准备、课堂汇报和同学评价等环节，在生动的汇报中激发学生学习工程制图的积极性，根植爱国主义情怀，增强学生的民族自豪感。

2. 面向相同专业不同年级学生的远程网络协同式思政教学

课程团队基于腾讯会议、雨课堂和超星学习通等网络学习平台,在课程的部分环节创新性地开展学科交叉融合的远程网络协同式思政教学。课程的组织形式如下:图学教师承担课堂的组织、管理及图学知识的教学,微电子专业课教师协助图学教师,履行思政教学职责。其具体方式是:微电子专业课教师面向不同年级的微电子专业学生,围绕专业知识和思政内容的关系,重点讲授制图知识,开展远程网络协同式授课(图2)。

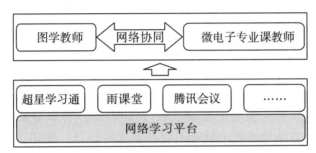

**图2 学科交叉融合的远程网络协同式思政教学**

这种教学模式使学生能够在制图课堂中理解工程制图和微电子的相关知识与技能,实现了学科交叉融合的"工程制图"教学实践,拓展了学生对基于图学的微电子专业前沿知识的了解,从而解决了大一新生对"工程制图"与专业课之间关联问题的疑惑,提高了其学习积极性及创新思维能力。

### (四) 开展学科交叉的教学评价体系改革

本课程打破了传统的课堂表现、平时作业、考试三位一体的考核方式,引入课程思政因子,将考核方式细化、量化,使课程评价具有综合性。

课程思政因子权重占课程总成绩的15%,其具体考核方式如下:

1. 思政专题汇报分组评分

在思政专题课程中,首先提前将学生分为6~8人一组,教师根据每组课前准备情况及当堂课程汇报小组表现情况进行评分,作为期末总评成绩中的思政成绩中的小组"基准分"。

此项可以考查学生对思政专题的重视程度、团队精神、前期准备程度,以及汇报时的语言表达、语言组织与逻辑思维能力,对培养面向社会的综合型人才具有非常重要的作用。

2. 小组内部互评

在教学过程中,对于以小组形式自主学习并完成教师布置的任务的情况,在对小组整体评分的同时，要增加小组内部互评这一项，将小组成员分数进行排序，然后在前述小组"基准分"的基础上进行增减，并作为最终的思政成绩。

小组内部互评这一项较为公平，既体现了学生品德情况，也会激励学生更加积极主动地参与。因为在团队准备学习汇报过程中，组员参与积极程度、互帮互助情况、团队奉献情况，其他同组成员最为了解。

## 三、基于学科交叉理念的"工程制图"课程思政教学实例

"工程制图"课程中组合体的形体分析法在微电子领域有着广泛的应用。组合体的形体分析法的主要思想是将复杂形体分解为若干基本体，并分析这些基本体的相对位置及表面间的连接关系，从而产生对整个复杂形体的完整概念。而在微电子领域，3D存储器是一种非易失性闪存先进存储器，该存储器结构本质上就是不同基本体的组合。使用多层垂直堆叠技术，该存储器可以实现更高的密度、更低的功耗、更好的耐用性、更快的读/写速度。

因此，在课程思政教学过程中，课程团队将组合体的形体分析法和3D存储器的表达相结合进行讲解（图3）；同时，布置课后作业，要求学生完成3D存储器结构的手工表达方案，以加深对组合体概念的理解。通过这样的教学模式，不仅能激发学生产生浓厚的图学学习兴趣，而且还加深了学生对芯片知识的理解，增强其对芯片发展的把握，有不少学生在课后立志为"中国芯"的发展贡献自己的力量。

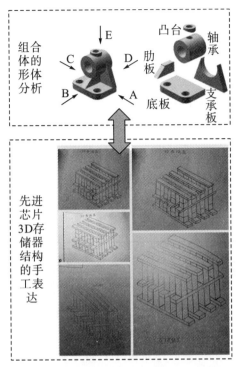

**图3 形体分析法与3D存储器结构的关联图**

## 四、"工程制图"课程思政教学的成效

为了了解"工程制图"课程思政教学的成效，课程团队利用问卷星的形式，选择三个问题开展基于学科交叉理念的非机械类工程制图课程思政教学的试点班问卷调查，结果如下（表2）。

**表2 课程思政问卷调查表**

| 问题 | 选项 | 比例 |
| --- | --- | --- |
| 多学科交叉融合的课程思政元素是否有助于提高"工程制图"课程的学习兴趣？ | A. 非常有帮助 | 70.6% |
| | B. 比较有帮助 | 22.3% |
| | C. 略微有帮助 | 7.1% |
| | D. 没有帮助 | 0 |

| 问题 | 选项 | 比例 |
|------|------|------|
| 多学科交叉融合的协同式课程思政教学是否解决了"工程制图"与专业课之间的关联问题？ | A. 完全解决 | 60.3% |
| | B. 基本解决 | 23.6% |
| | C. 略微解决 | 10.2% |
| | D. 没有解决 | 5.9% |
| 数字化制图技术是否有助于提高非机械类专业"工程制图"课程学习兴趣？ | A. 非常有帮助 | 66.1% |
| | B. 比较有帮助 | 20.9% |
| | C. 略微有帮助 | 6.9% |
| | D. 没有帮助 | 6.1% |

表2显示出：全体修读"工程制图"课程的微电子专业学生认为多学科交叉融合的课程思政元素有助于提高"工程制图"课程的学习兴趣；94.1%的学生认为学科交叉融合的协同式课程思政教学能够解决"工程制图"与专业课之间的关联问题；93.9%的学生认为数字化制图技术有助于提高非机械类专业"工程制图"课程的学习兴趣。这说明了将数字化制图技术引入非机械类专业"工程制图"课程思政教学中，有助于提高学生对图学知识的深入理解。

实践证明，与传统教学方法相比，该课程思政教学方法融合了多学科交叉的优势，改变了传统"工程制图"的课程教学内容、教学方式和评价方式，激发了学生学习的主动性，有力地提高了学生的图学素养和专业素养，激发了学生的文化自信、创新意识和拼搏精神。

## 五、结语

本文以四川大学微电子专业"工程制图"课程为例，将知识传授与价值引领相结合，从教学内容、教师团队组建、思政教学方法、教学评价方式等方面，提出了基于学科交叉理念的非机械类"工程制图"课程思政新模式。

### 参考文献

[1] 唐乐为，熊嫣，刘桂萍，等. 课程思政在工程制图课程中的教学模式探索 [J]. 大学教育，2021（6）：58-61.
[2] 詹海鹃. 化工工程制图课程思政教学改革初探 [J]. 中国教育技术装备，2023（6）：118-121.

［3］刘梅英，任奕林，王巧华，等. 工程图学课程思政建设探索与实践［J］. 大学教育，2022（9）：98－100.

［4］邹焕. 基于"四结合"的工程制图课程思政教学设计探索［C］//西北工业大学，中国航空学会，教育部高等学校航空航天类专业教学指导委员会. 第三届全国航空航天类课程思政教学改革论坛论文集. 北京：北京航空航天大学出版社，2022.

［5］姜勇，梁玉芳，肖和录. 学科交叉视角下高校"课程思政"建设的创新路径研究［J］. 大学，2022（9）：165－168.

［6］高伟，毕钰帛，毕明树，等. 基于"互联网＋"的线上线下协同式教学方法研究——以气体和粉尘爆炸防治工程学课程教学为例［J］. 化工高等教育，2021（6）：70－74.

# 环境行为导向下的建筑类专业通识课程教学研究<sup>*</sup>

丁　玎　陈煜蕊　钟　健　秦媛媛

西华大学建筑与土木工程学院

**摘　要:**"建筑设计初步1"课程是一门建筑类专业通识课程。该课程的受众是缺少专业基础的一年级本科生,他们在对建筑环境与使用者行为的认知中常存在误区与偏差。本文源于一门四川省线上线下混合式一流本科课程"建筑设计初步"的教学实践,提出基于在地体验的建筑类专业通识课程的教学方法:(1)认知板块,以对成都"城市—街区—建筑—行为"的认知为线索,使学生了解"环境影响行为,而建筑师创造环境";(2)理论板块,通过对成都典型建筑的平面、立面的观察,学习平面构成的形式美法则;(3)技能板块,对上述调研范围内的一座小建筑进行方案图纸抄绘与手工模型制作,掌握基本的建筑表达技能;(4)应用板块,将赏析思维转化为设计思维,在调研范围内选取场地,利用指定规格与数量的板片、杆件进行建筑小品的设计,强调建筑空间的丰富性,以及空间对行为引导的多元性。本文认为,该课程教学实践加强了学生对于环境与行为的体验,提升了学生的认知水平、理论水平、技能水平及设计水平。

**关键词:**建筑环境;行为心理;设计思维;教学研究;一流课程

## 一、引言

环境行为学(Environment-behavior)也称为环境设计研究,是研究人与周围各种尺度的物质环境之间相互关系的科学,其研究领域涉及建筑学、

---

\* 本文系教育部产学合作协同育人项目(项目单位:西华大学—广州科奥)、成都历史与成都文献研究中心项目(项目编号:CLWX24004)、区域文化研究中心项目(项目编号:QYYJC2416)成果。

城乡规划、风景园林、社会地理学、环境社会学、环境心理学、人体工学、室内设计、资源管理、环境研究等环境科学与社会科学的集合范畴。我国对于环境行为学的研究始于 20 世纪 80 年代，主要集中在建筑领域。

在建筑类专业通识课程的教学中，任课教师经常被问到这样的问题：建筑的空间有没有好坏之分？究竟是行为造就了环境，还是环境引导了行为？本文将基于西华大学的"建筑设计初步 1"课程（简称"本课程"）教学实践，介绍基于环境行为体验的课程设计，并展示学生通过此课程所取得的成果。

## 二、"建筑设计初步 1"课程概述

西华大学"建筑设计初步 1"课程开设于 2000 年，在 20 余年间历经多次教学改革，已由单一的建筑学专业基础课程发展为建筑类专业通识课程。2020年，该课程获评四川省线上线下混合式一流本科课程。

在新的时代背景下，该课程教学面临着三大问题。第一，传统教学普遍以教师为中心，以讲授法为主，未充分考量建筑设计类课程的体验性与实践性。第二，该课程应该是以"设计思维"为主导的课程，而传统课程中则以"应试思维"和"技能训练"为主，这对教学工作造成了阻碍。第三，西华大学建筑大类招生的实行，迫使该课程需在内容上做出调整（图 1），即把单一的建筑学专业的"建筑单体"教学重点调整为跨专业、跨尺度的三个建筑类专业的通识基础知识架构，在内容上形成"趣味性、交互性、差异性"的特征。

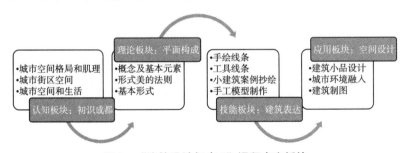

图 1 "建筑设计初步 1"课程内容板块

## 三、基于环境行为体验的课程教学实践

在本课程中，基于环境行为导向的课程教学实践有机地融合在上述 4 个教学板块之中。

## （一）认知板块：认识成都

考虑到本课程的受众缺乏对建筑专业概念的基本认知，教师在课程最初设置认知板块，并培养学生的观察与记录能力。为了在体验中加强学生的理解，认知的对象选为西华大学所在的成都市，并按照从宏观到微观的认知逻辑，将该板块划分为城市空间格局和肌理、城市街区空间、城市空间和生活三个层级。

在城市空间格局和肌理层级，任课教师在最具成都特色的城市中心划分出了7个面积约为1平方千米的区域（图2），供学生分组调研。这些区域相互关联，却又各有特点，既有古老成都的悠闲，又有现代都市的繁华。在这一层级的认知之后，要求学生选取本组区域内最有特色的街区进行进一步分析，了解其路网、空间形态、围合界面、文化特征等。

**图2　供调研的区域（成都市中心）**

在该板块中，与环境行为关联最紧密的是最为微观的城市空间和生活层级。这一层级的教学要求学生观察环境中人的行为以及引导产生这些行为的空间限定物；掌握认识小范围空间及其特征的能力，树立以人为本的设计价值观，理解人的行为活动与环境的关系；感受格式塔心理学、完型心理和视觉暗示等环境行为学的基本原理。例如，调研宽窄巷子与远洋太古里的小组，以影像拼贴、漫画记录、人流图示等专业或非专业的手段对其调研对象的环境与人的行为进行了稚嫩地表达（图3）。

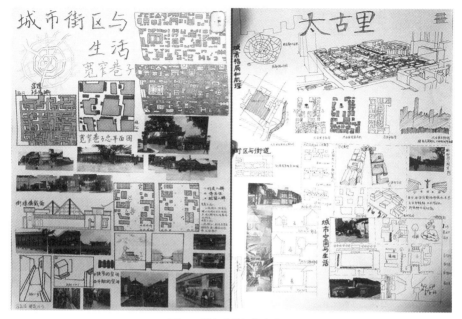

**图3 认知板块学生成果**

## （二）理论板块：平面构成

在理论板块，本课程摒弃了传统"建筑设计初步"课程中以非应用型艺术为导向的三大构成（平面构成、空间构成、色彩构成）教学，而仍延续前一板块对于成都的调研，并将调研的层级由城市空间进一步缩小到建筑或景观。该板块的教学要求学生辨识与提炼建筑中的"形"，将其与形式美的法则进行对应分析，并最终达到平面构成的训练目的。具体的训练要求是选取成都范围内的真实建筑或景观设计作品，对其二维的平面构成形式进行提炼和分析。学生在此过程中，进一步加深了对调研区域的认知，并体会了对称与均衡、节奏与韵律、比例与尺度的形式美法则（图4）。

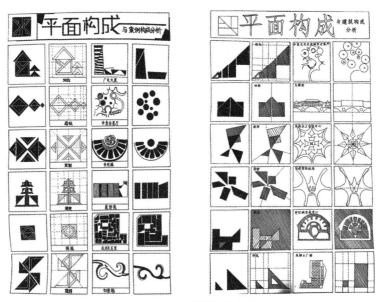

图4 理论板块学生成果

### （三）技能板块：建筑表达

　　技能板块涉及的内容主要包括手绘线条、工具线条、建筑案例抄绘、手工模型制作等部分。其中，手绘线条要求学生每周完成2张A4图幅的训练，训练内容按等间距排线、放射线排线、图案构成排线、体块透视、建筑配景的顺序循序渐进；工具线条亦不单独训练，而是融入理论板块与小建筑案例抄绘之环节。这样的设置可以使技能的训练更贴合建筑类专业的需求，而摒弃单纯艺术化的修炼。

　　该板块的核心在于小建筑案例抄绘与手工模型制作。为了进一步加深学生对环境行为的认知，强化实体建筑、二维图纸与三维空间之间的思维转化，指导教师选取前期调研范围内的一座实际的小建筑，在进行网络资料收集、现场测绘后，将抄绘样图发给学生，并要求学生进行现场调研，体验建筑环境及与建筑相关的不同人群的行为。随后，学生进行小建筑案例图纸抄绘，在此过程中训练建筑识图能力与工具线条表达。最后，要求学生制作该建筑的手工模型，并鼓励学生自行设计建筑环境风格，设置配景，选取合适角度与光线拍摄模型照片，并与抄绘图纸一起形成该板块的最终成果（图5）。

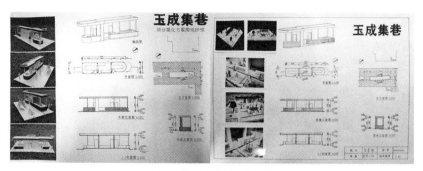

图5 技能版块学生成果

## （四）应用板块：空间设计

应用板块的核心议题是如何通过城市公共空间的小品的设计来激活城市中的消极公共空间，从而创造新的场所感。该板块首先要求学生在前期调研的场地范围内选择一个缺少定义的城市公共空间，探讨如何用给定的板片构件来设计一个建筑小品，并激活该空间。这个过程不但需要综合考虑环境的形成和结构的稳定，还需要思考环境的行为引导意义，即人如何在环境中逗留、活动和社交。与此同时，学生还可以通过这个板块进一步掌握通过模型制作和图纸绘制的手段来推进设计的方法。

具体而言，该设计要求用给定尺寸的5~7个板片构件，按照特定的连接方式来设计一个空间结构体（亭子）。在手工模型中放置"尺度人"后，通过拍照对各个尺度进行观察和想象，并讨论其空间和形式特征。同时，结合电脑模型、应用课程已配置的VR软硬件，让学生体验建筑空间环境与人的行为之间的关系。从该板块的成果可以看出，学生通过一学期的专业训练，在建筑表达技能与建筑设计应用方面都有了很大提升（图6）。

图6 应用板块学生成果

## 四、结语

环境行为学的基本原理（如格式塔理论）对建筑类专业通识教育影响较大。面对零基础的一年级新生，强调通过在地体验的方式来理解空间、环境与行为之间的关系至关重要。本文以四川省一流本科课程"建筑设计初步1"的教学实践为例，提出了一种基于真实城市与建筑环境调查研究的课程设计方法。相关研究表明，学生在经历四大板块的训练之后，针对建成环境行为的认知水平、理论水平、技能水平及设计水平均有所提升。

### 参考文献

［1］ Moore G，Tuttle D，Howell S. Environmental Design Research Directions：Process and Prospects ［M］. New York：Praeger Publishers，1985.

［2］ 王墨晗. 建成环境设计促进健康行为的研究综述 ［J］. 城市建筑，2018（4）：107－110.

［3］ 梁宇珅，赵劲松. 基于视觉暗示的战争纪念建筑设计手法探究 ［J］. 南方建筑，2019（4）：60－65.

［4］ 李响. 完全手绘·建筑手绘表现 ［M］. 南京：南京师范大学出版社，2019.

# 高质量通识教育核心课程建设

## ——"社会设计与跨界思维"课程中的社会参与互动研究<sup>*</sup>

赵 帅 岳 阳

四川大学艺术学院

**摘 要：**"社会设计与跨界思维"课程在中国设计学学科体系调整的背景下应运而生。该课程团队在"社会设计"专业的大视野中，围绕社会现象、社会发展困境、技术优化失衡和特殊群体、特殊现象等现实内容，从设计思维和设计理论及方法论的角度，架构课程内容，设计课程框架，探索课程教授方法，设置课程实践环节。该课程借助四川大学通识教育核心课程优势，为各专业学生交流提供平台，在城市化发展的不同语境中，培养学生观察社会的角度、拓展学生观察社会的视野、丰富学生观察社会的方法，切实为社会发展与自我规划提供助力。基于此，本文通过梳理该课程授课框架与演绎过程，重点探索学生参与社会设计的实践路径，为高质量通识教育核心课程建设提供借鉴。

**关键词：**社会设计、设计思维、社会实践

四川大学通识教育核心课程"社会设计与跨界思维"开设于 2022 年，顺应了设计学学科体系调整的要求。当时，成都市政府提出了"打造城市生活圈""数字孪生城市建设""社区新生"等发展理念与深化产业结构调整的要求。受此影响，围绕城市发展、社区建设、移动媒介和数字生活等方面的就业岗位，对设计学专业的毕业生提出了新的要求和期待。这些客观因素，让社会、企业、政府对高校设计学专业的跨学科探索有了新的期待。"社会设计与跨界思维"的授课目标、授课内容、教学框架等都观照了上述期待，具有现实性、紧迫性和多种可能性。

---

\* 本文系四川大学高等教育教学改革工程（第十期）研究项目"根植本土思维跨界：社会设计中的课堂协同实践研究"（项目编号：SCU10212）的研究成果之一。

## 一、课程建设目标

设计学是一门综合性较强的应用型学科，当今多元的世界和风格各异的设计对象，要求设计师拥有广博的知识背景与明晰的思考逻辑。而该学科的新兴门类"社会设计"更需要拥有不同学科知识背景的人相互碰撞和交流，通过不同的方式去接触、感知和体验生活、从而解释世界。经济技术的发展和社会结构的变革，让我们的生活方式、思考能力和社交行为产生了翻天覆地的变化，这都赋予未来更美好的期望。然而，气候的剧烈变化、数字技术的快速更迭、物质需求的猛烈增长，让人们产生了更多的思考，涉及生命安全、科技伦理、韧性治理、危机防范等，这些思考都影响着我们看待世界的深度和广度，并最终归结于一个概念——"设计思维"。

"社会设计与跨界思维"就是一门尝试运用"设计思维"的逻辑方法，来观察与思考当下的社会发展，探寻实际需求与解决路径的应用型课程。通过学习这门课程，学生应当认识到，当今世界仍然有人买不起最基本的生活用品，承担不起基本的社会服务；在第三世界中，仍然有大量群体缺乏固定的收益、稳定的居所和干净的用水。由此，课程以提高边缘人群的生活水平，让那些极少从设计中受益的人感受到温暖为发展愿景。正如埃佐·曼奇尼（Ezio Manzini）所言："在这个世界中，每个人，无论是否愿意，都必须不停地设计并再设计自己的存在方式；很多此类项目正汇聚于此，并催生了更大的社会变化；而设计专家的角色是培养并支持这些个体或集体项目，以及那些由项目引发的社会变化。"对世界的感知方式和看待问题的角度，势必对学生的自我规划和发展产生影响。因此，本课程希望透过多变的现象，引导学生厘清消费社会语境背后的人文思想与人性关怀。

基于此，本课程确定了以下建设目标：将专业知识与实际生活相结合，从近年来的农业设计、城市规划、医疗设计、航空设计和智能设计等领域诸多实际案例入手，引导学生观照交互设计、服务设计和流程设计中的人性化思维；探索儿童、老人等特殊群体的生活场景；思考特殊职业、特殊环境、特殊文化中的多元需求；回应环境友好、永续永存、本土文脉和资源协调的发展目标。课程从成都观照四川、从四川发现西南、从西南理解西部、从西部思考发展战略，以小见大，让学生一步步地了解生活、理解社会、发现亮点，进而活跃思维。

1. 驻足西南，扎根本土：从理论机制协调社会创生

四川大学位于西南中心城市——成都。成都自古以来就是多民族交汇之

地，多元的民族文化体系、知识脉络传承于此，保留了深厚的工艺传统和人文底蕴，这些都成为社会创新的内生动力。其表现形式可能涉及"艺术乡建""艺术创生""文化产业""博物展陈"以及"民族工业"等多种知识领域，学生在了解这些文化表象之前，要熟悉社会的运作模式，了解区域的制度建设，明白"设计思维"的理论架构。本课程从社会设计的理论建构出发，引导学生在"协同与链接"的视野中，考察设计与社区、乡村、城市等多元交互空间共生的逻辑；设计在空巢青年、留守儿童、孤寡老人等特殊群体中所起到的人文关怀作用；设计与积分超市、时间银行、公地共治等概念之间的关系，以及设计在突发事件中所起的作用等。

2. 艺术驻村，美育共建：从视觉传播感知品质变迁

本课程旨在"讲故事"给社会中的"普通人"听，重在考查设计对人、生活和社会的重要影响。教师和不同专业的学生分享设计之美，引导其感受设计是如何改变我们的生活的。本课程坚持设计学与社会学交叉融合的发展理念，引导学生将设计、技术、经济与文化等知识融合创新，从产品、服务、系统、模式、价值等多维度对经济社会优质发展提出创新设计解决方案，进而提高学生的设计思维能力。艺术在润泽区域发展、提升城市品质、激活乡土活力等方面的积极价值，在本课程中得到了进一步展现。

3. 回归地方，守望工艺：从非遗视角探索产业创兴

本课程基于产业文化学、博物馆学和社会学的学科视角，考察手工艺与工业间的关联，讨论社会思维在公共景观、社会创生在工艺技术、社会链接在产业升级中的多种可能。由此，本课程注重培育学生的设计思维，引导学生在多学科视野中观察非物质文化遗产，讨论活化历史的途径方法；同时，注重培育学生观察生活之美的追求，发现生活中的设计亮点，从"民芸""工艺"的角度，回归器物本身；此外，倡导学生将研究扎根本土、驻足西南，努力将设计转化为实践，依托"大创"等不同平台，将灵感变为可能。

如何在有限的课时中尽可能地实现课程建设目标，关键在于提升学生参与社会设计的能动性，使其主动探索参与社会设计的路径和策略。本课程不仅涉及学生观察周边生活的方法，也讨论习以为常的现象后面的存在逻辑与制度体系；在不断深入本质的过程中，学生能够发现多元且丰富的世界资源，并将其转化为"社会创新"的动力。本课程旨在孵化学生的创新思维，培育社会创新团队，深化创造的逻辑，丰富学生观察社会的方法，探索学生参与社会设计的路径。

## 二、课程资源的结构化设计

这门课程的内容大致划分为十二讲，面向不同专业的本科生开设。[①] 作为一门通识教育核心课程，本课程关注设计师、设计思维和设计流程等设计案例，并以此出发，引导学生在"链接"的世界中观察我们的生活，激发社会创新的意识，探讨协作式组织的萌发，探索构建弹性空间的方法，助力积极正向的社会发展。传统课堂的"垂直线性"教学体系无法适应社会设计的实际需求，从而推动了教学资源的"分布式系统"转向。社会设计案例库建设、知识点梳理与方法建设，亦呈现出跨学科、共时性和移动性的特点。其中，跨学科即支持不同知识背景的学生互动与交汇；共时性即在共同的空间和相同的时间中，讨论促进社会创新的多种方法；移动性即面对可能出现的问题，在多变的背景中不断优化方案和完善路径，这也成为观察社会、分析社会和解决问题的导向。

基于此，本课程资源的结构化知识点，主要包括：新文化的设计（包括以设计创造社会价值、社会创新的弹性驱动）、社会中的设计师（包括设计师的过人之处、设计师的角色责任）、什么是好的设计（包括好设计与生活之美、好用与真实的设计）、好设计为何重要（包括设计与沟通性设计、设计与情感性设计）、坏品位设计之殇（包括充满多样性的设计、突破挑战性的设计）、创新与经典设计（包括设计与系统性思维、设计与细节化突破）、形式与功能设计（包括前数字时代——形式追随功能的定律、信息化发展——形式功能与情感尺度）、立足社会的设计（包括惯例模式与设计模式、驱动设计与协同对话）、链接世界的设计（包括惯例模式与设计模式、驱动设计与协同对话）、社会创新的设计（包括社会中的弹性设计、触碰痛点设计变革）、协作式设计组织（包括互助式草根组织设计、协作组织与创意社群）、协作式接触设计（包括积极正向的参与设计、社区系统与设计社会）。

## 三、学生个性化学习路径探究

"社会设计与跨界思维"致力于在不同的规模和尺度下，洞察具体问题在

---

[①] 林迅、于钊编著的《社会设计概论》（上海：上海交通大学出版社，2020）中，将社会设计的内容划分为通用设计、女性设计、生态设计和设计伦理，这是由设计史的角度，在传统设计专业门类中进行设计理论提升与凝练后的产物。本文认为，不同学科背景下的社会设计课程讲授，内容应有所不同，在"设计思维"的语境中对协同课堂与社会实践，似可有再作讨论的空间。

"社会过程"中的系统运作，找到并时刻关注影响及其变化的因素，并用"美学＋叙事"的语言逻辑促进传播，培养学生关注现实、着眼社会。本课程所涉内容涵盖了设计与城市更新、设计与数字技术、设计与乡村美育、设计与生命健康、设计与人工智能、设计与老龄化、设计与友好型空间、设计与灾后重建、设计与产业活化等板块。课程由理论与实践两部分共同组成，合理优化线上、线下资源共享，以期丰富学生的知识结构和考察视野。借助于 SPOC 课程，深化 MOOC 品质，打造线下教学、线上研讨、实时反馈的课程模式。

本课程学生的个性化学习路径包括在学习过程中以小组为单位，通过视频讲解、参与式设计等多种方式，将课程学习理论应用于社会实践。学生通过社会行为观察、社会视觉感知和社会思维探究等方式，形成对社区、品牌和产业等内容的理解。本课程邀请手工艺人、设计师、公共管理者等相关领域专家深入课堂，通过案例分享、专题研讨等模式，提升学生设计的能动性，深化其社会思维。设计开发面向不同专业、不同年级学生的 MOOC，引导学生在跨专业、跨学科的交流中激活创造性思维和参与社会设计的热情。通过完成线上释放的主题内容，如绘制校园路线图、剪辑社会考察视频、H5 页面展示等，丰富线上案例库、优化案例储备。

## 四、优化教授方法，提升教学质量

"社会设计与跨界思维"是强调将所学应用于实际生活的课程，为了适应课程结构的调整，课程教学团队积极优化教授方法，提升教学质量。

1. 增加社会实践比重

教学团队通过开展社会实践，带领学生将课堂上所学的知识点应用于现实生活，了解现实社会的多元风貌和设计在其中的积极价值；引导学生参与设计案例，从不同学科背景助力真实案例与项目的深化与推进；引导学生观察身边设计和现实困境，在设计思维的语境中，提出多种创造性的解决思路与办法。

2. 优化教学案例

教学团队致力于丰富教学案例，在课堂上向学生介绍有代表性的，特别是在社区建设、城市发展过程中形成的新视野、新方法和新成果；通过知识图谱结构，链接网络资源，发挥学生线上学习的能动性；聚焦问题导向的研究型案例内容拓展。

3. 丰富课程体验

教学团队致力于优化教学方法策略，注重学生思维方式训练，从社会参与方法、观察方法和实践方法入手，丰富学生的实践内容；探索适应社会发展、深化意向落地的路径；构建教师团队，整合课程群资源。

## 五、结语

本课程设计的初衷在于引导学生掌握观察社会现象的方法、参与社会发展的形式、理解社会结构的角度、拓展参与社会的方式，提升对设计专业的理解和剖析问题的能力。通过本课程的学习，学生能够理解跨学科在同一项目的实际运作形式，发现协调社会连接的不同资源，明晰地域文化与全球文化、区域历史与社会文明、典型个案与系统结构中的价值和意义，形成广博的视野与人性化的情感观照，理解多元复杂的社会系统与社会创新的力量。本课程教学团队期待通过本课程，与学生一同观察身边的微观生活，并尝试宏观地理解世界。

### 参考文献

[1] 埃佐·曼奇尼. 设计，在人人设计的时代：社会创新设计导论 [M]. 钟芳，马谨，译. 北京：电子工业出版社，2016.
[2] 林迅，于钊. 社会设计概论 [M]. 上海：上海交通大学出版社，2020.
[3] 唐燕，克劳斯·昆兹曼等. 文化、创意产业发展与城市更新 [M]. 北京：清华大学出版社，2016.
[4] 鲁百年. 创新设计思维：创新落地实战工具和方法论 [M]. 北京：清华大学出版社，2018.
[5] 熊宇，何宇，朱月. 艺术与社区：在地性实验艺术研究 [M]. 成都：四川大学出版社，2023.

# 以思维能力培养为导向

## ——通识教育核心课程"科学进步与技术革命"中的探索与实践

蔡思雨

四川大学数学学院

**摘　要**：在科技快速发展的当下，通识教育作为培养学生综合素质的重要途径，肩负着培养具有创造性思维、分析性思维和批判性思维能力的人才的重任。本文以通识教育核心课程"科学进步与技术革命"为研究对象，探讨如何在课程设计中融入思维能力培养，以期为我国通识教育改革提供参考。

**关键词**：通识教育；思维能力培养；教育改革

广义地说，教育可以被分成两个部分：专业教育和通识教育。专业教育旨在培养学生将来从事某种职业所需的能力，而通识教育是学生整个教育中的一部分，旨在培养学生成为一个负责任的人和公民。通识教育作为以"全人"培养为主要目标的教育，不但应该教会学生"需要做什么"，还应教会学生"为什么需要"，发展学生的思维能力更是题中应有之义。

创造性思维、分析性思维和批判性思维是新时代复合型人才的核心素养，也是推动社会前进的主要动力。近期大语言模型的涌现，对大学生创造性思维、分析性思维和批判性思维等方面的培养有了更迫切的需求。大语言模型有完善的知识库和较强的经验概括能力，在总结和陈述类的工作能力甚至可能远超普通大学生。但与此同时，由于其工作模式以知识的外延为主，缺乏基于内涵的创新能力。因此，培养学生的多种思维能力，显得尤为重要。

## 一、通识教育核心课程中思维能力培养的重要性

通识教育核心课程在培养学生的思维能力方面扮演着至关重要的角色，通过多元化的课程内容和实践活动，全方位地促进学生思维能力的提升，为学生

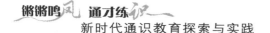

的全面发展和社会适应能力的增强奠定坚实的基础。

第一，跨界能力的培养。通识教育核心课程设计往往跨越不同学科领域，这种跨学科的特性能够帮助学生建立不同领域间的联系，促进知识的综合化。通过这样的学习，学生能够培养起跨界思维的能力，这对于解决现实世界中的复杂问题至关重要。

第二，批判性思维的锻炼。通识教育鼓励学生不仅要接受知识，更要学会质疑和审视。在这个过程中，学生通过分析和评估各种观点，锻炼了批判性思维，这对于他们未来在社会中作出明智判断和决策具有重要意义。

第三，系统性思维的养成。通识教育强调整体性和系统性，学生通过学习不同领域的知识，理解事物之间的相互关联，从而培养起系统性思维。这种能力有助于学生更好地理解复杂系统，并在工作和生活中作出更加周全的考虑。

第四，创新思维的激发。通识教育鼓励学生探索未知领域，挑战传统观念。在此过程中，学生的创新思维得到激发，这对于培养适应未来社会发展的创新型人才极为关键。

## 二、国内高校通识教育现状

近年来，国内高校逐渐认识到在通识教育中进行思维能力培养的重要性，部分高校已将"批判性思维""理性思维""多元融合思维"等纳入学校通识教育培养目标中。例如，复旦大学通识教育旨在"培养学生价值判断和道德推理的能量，理解人类文明丰富性和多样性的能力，认识现代社会基础框架的能力，体认中国文化与智慧、把握中国国情的能力，掌握科学方法论和批判性思维的能力，自我管理、教育和服务的可持续发展能力"；北京大学的通识教育核心课程旨在"提升学生的人生境界和思想品质，培养学生健全的人格和公民意识，使学生掌握阅读思考能力、反思创新能力和沟通表达能力，培养'懂中国、懂世界、懂自我、懂社会'的卓越人才"；上海交通大学通识教育的目标是"把学生培养成具有健全人格、理性思维、广阔视野、远大志向和担当精神的卓越人才"。

尽管如此，由于通识教育承载着价值观塑造、能力培养、知识传授等多重任务，思维能力的培养往往容易被弱化和忽视。"教学过程强调知识传授、轻视思维能力培养""将通识课程上成专业课的简化版，忽略了不同学科之间知识的内在联系和学生的可接受性""教学形式单一，学生形成了被动听进、理解和接受的惯性，缺乏主动思考"等现象仍然在通识教育的课堂中屡见不鲜。因此，提升学生思维能力，仅依靠开设个别课程远远不够，需要对课程体系和教学环节进行整体设计。但目前在国内的通识教育领域，有关系统地开展思维能力培养的研究与实践还较为缺乏。

## 三、"科学进步与技术革命"课程对培养学生思维能力的意义

为应对当今社会的新问题与新挑战，四川大学聚焦"厚通识、宽视野、多交叉"，开展以"两大先导课、五大模块、百门通识核心课"为主体的川大通识教育新体系建设。其中，通识先导课程"科学进步与技术革命"集结跨学院、跨专业的多名优秀教师，积极构建以思维能力培养为导向的通识教育，对于培养学生科学精神、科学思想和创造性思维有着重要的意义。

第一，"科学进步与技术革命"课程，能够引领学生探究科学技术的"究何""为何"与"如何"，在充实学生知识同时，实现对科技及其思想发展的俯瞰概览，培养学生形成对外尽可能客观认识和对内尽可能有效改变的能力，以期达成培养思维能力的目标。

第二，通过践行以创造性思维、分析性思维和批判性思维培养为基础的教学目标，以及在实践中整合线上线下混合式教学手段和信息化教学互动工具，能够增强师生互动和生生互动，探索适用于跨学科领域的思维启发方式。

第三，在该课程实践过程中，能够找到适用于各专业学生创造性思维培养的思路，摸索以学科特点为对象的教学策略，在未来实现学科交叉与融合，促进学生思维能力的全面提升。同时，与学校的拔尖人才培养计划形成协同合力，助力拔尖人才培养。

第四，通过建立有效的学生思维能力评估体系，采用多种方式和多个维度对学生的思维能力进行评估，并将评估结果反馈至培养路径和教学方法中，能够为改进培养路径和教学方法提供依据，形成螺旋式上升的教学改革闭环。

## 四、结语

通识教育核心课程设计注重跨学科的学习。学生在学习过程中需要接触不同学科领域的知识。这种跨学科的特性能够帮助学生建立不同领域间的联系，促进知识的综合化。通过这样的学习，学生能够培养起跨界思维的能力，学会从多个角度审视问题，寻找创新性的解决方案。

在"思维能力培养导向"理念的指导下，"科学进步与技术革命"课程教学团队积极开展教学方法改革，小班研讨型教学、线上线下混合式教学等模式在课上得到有效推广，过程性评价得到广泛实施。在传授知识的基础上，教学

团队更加注重以问题为导向，引导学生进行追问、思考、反思和批判，通过设置阅读、写作、虚拟研讨等任务，帮助学生在实践中打磨思维方式。在这个过程中，学生学会独立思考，不盲从权威，对于所学知识能够进行理性判断。

通过对通识教育核心课程"科学进步与技术革命"中思维能力培养的探索与实践分析，笔者得出以下结论：在通识教育中，以思维能力培养为导向的课程设计、教学方法创新和评价体系改革对提高学生的科学素养、创新能力和批判性思维具有重要意义。在今后的教育实践中，笔者将继续深化通识教育改革，以期为培养具有创新精神和批判性思维能力的人才做出贡献。

## 参考文献

[1] 哈佛委员会. 哈佛通识教育红皮书［M］. 李曼丽，译. 北京：北京大学出版社，2010.

[2] 孟钟捷，周先荣，徐幻：以思维教育为导向——华东师范大学通识教育课程的探索与实践［J］. 通识教育评论，2022（2）：157－169.

[3] 复旦大学教务处. 复旦大学"2＋X"本科培养体系管理办法（试行）［EB/OL］. (2021－06－23)［2023－06－23］. https://jwc. fudan. edu. cn/61/fc/c27274a352764/page. htm.

[4] 北京大学教务部. 北京大学通识教育核心课程简介［EB/OL］. (2017－10－31)［2023－06－23］. http://www. dean. pku. edu. cn/web/rules _ info. php.

[5] 上海交通大学教务处. 上海交通大学本科通识教育核心课程管理办法［EB/OL］. (2019－10－25)［2023－06－23］. https://www. jwc. sjtu. edu. cn/info/1480/12888. htm.

# 融入职业生涯规划的通识课程建设探析

## ——以"商业重塑：人工智能驱动的产业变革"为例

鲁 力

四川大学历史文化学院（旅游学院、考古文博学院）

**摘 要**：随着人工智能的发展和应用，一些传统职业面临着被替代的风险，也对当代大学生的职业生涯规划提出了新的挑战。在这种时代背景下，介绍人工智能基础知识、引入职业替代概念、引发学生关于职业生涯规划的思考，成为高校教育的一种必要实践。基于此，笔者设计了"商业重塑：人工智能驱动的产业变革"通识课程，旨在通过理论教学和案例分析相结合的互动式授课方式，将"人工智能"概念引入大学生职业生涯规划，引导学生思考人工智能背景下个人职业发展的挑战与机遇，探索出一条将职业生涯规划和通识课程教育有机结合的路径，取得了较好的反馈和成效。

**关键词**：人工智能；职业生涯规划；通识课程

## 一、引言

2023 年，麦肯锡公司发布的报告《生成式人工智能的经济潜力：下一个生产力前沿》指出，2030 年至 2060 年，如今 50％的工作活动将会被人工智能替代。而在 2016 年，麦肯锡公司预测 50％的工作被替代的时间是在 2035 年至 2070 年。可见，人工智能技术的发展速度远远超过预期，对人类就业产生的影响也比预期更深远，人类职业生涯发展面临着巨大的挑战，也出现了新的机遇。

人工智能作为一个前沿领域，具有很强的创新性和跨学科性，是高校通识教育的重要组成部分。我们也注意到，人工智能驱动的产业取缔了部分人类的工作岗位，这种不断变化的外部环境对当代大学生的职业生涯规划提出了新的挑战。放在高校的背景下来看，一方面，通识教育要求打破专业壁垒、提升学生综合素养、培养学生健全人格；另一方面，学生的职业生涯规划除了关注自身能力和特点外，还需要考虑瞬息万变的外部环境。基于以上两个层面的考量，笔者设计开展了"商业重塑：人工智能驱动的产业变革"通识教育核心课程，并创新性融入职业生涯规划的内容，旨在带领学生认识思考"人与人工智能的关系"这个不能忽视的时代话题。现将笔者开设该课程的情况整理如下，以期求教于大方。

## 一、开课背景：人工智能时代的职业取代

国际机器人协会发布的《世界机器人 2021 工业机器人》报告显示，全球工厂内共有 300 万个工业机器人在积极工作。值得关注的是，除了机械制造需要大量重复劳动的行业以外，人工智能在极具创造性的领域内也开始活跃起来。例如，音乐公司 Aiva Technologies 创造了一个名为"AIVA"（Artificial Intelligence Virtual Artist）的 AI 作曲家。AIVA 通过学习现有的古典音乐作品，便能够捕获音乐理论的玄妙之处，从而制作出属于自己的古典音乐乐谱，它的音乐作品不仅能够用作电影、广告的背景音乐，甚至可以实现个性化的网络游戏配乐。由此可见，人工智能不仅能从事简单、重复、机械的劳动，还能从事对创造力和主观能动性要求较高的职业。

基于此，将职业生涯规划融入人工智能职业替代的时代背景中，对于帮助学生重新审视未来职业发展将会面临的挑战和机遇具有重要意义。首先，可以帮助学生认识未来职业市场的挑战。人工智能技术的快速发展给未来的职业市场带来了巨大的变革，很多传统职业将面临被取代的风险，将职业生涯规划融入人工智能职业替代的时代背景中，有助于帮助学生认识到未来职业市场的挑战和不确定性，引发他们对自身职业发展的深入思考。其次，可以帮助学生识别未来职业发展的新机遇。对于绝大多数现有的职业来说，人工智能时代的发展并不意味着工作的消失，而意味着工作性质、工作内容的转变，工作方式、工作机会的创新，而且其他行业的"旧岗位"也需要"人工智能化"。智能化工具的出现并没有取代职位本身，只是改变了原有职业的工作性质以及工作内容，提供了新的职业发展机遇。最后，还可以培养学生应对挑战和把握机遇的能力。在人工智能职业替代的时代背景下，学生需要具备更强的学习能力、适应能力和对未来职业进行规划的战略思维。将职业生涯规划融入人工智能职业替代的时代背景中，有助于帮助学生关注到人工智能衍生出来的新职业，了解其中需要跨越的门槛，并做适当规划，提升自己的职业竞争力。

## 二、课程设计：挑战、机遇与应对

"商业重塑：人工智能驱动的产业变革"面向四川大学全校本科生开设，该课程聚焦当下人工智能快速发展驱动产业变革的现状，将人工智能与制造业、农业、服务业等各行业的交叉融合作为主要内容，带领学生探索人机合作或人机竞争的模式，引发学生对"人工智能时代下，人应当具备何种能力"的讨论和对未来职业生涯的思考。

课程开始前，笔者对课程进行了详细设计，并不断梳理课程的逻辑框架，包括课程的内容、上课的方式与形式，以及上课过程中可能会引入的案例等。具体来说，该课程由"人工智能时代，职业发展的挑战有哪些？人工智能时代，职业发展的机遇是什么？当代大学生应该做好哪些准备，以提升自己的就业竞争力，迎接人工智能时代的到来？"三个问题贯穿始终，从学生的视角出发，逐步分析人工智能为职业发展带来的挑战和机遇，以及应当如何应对人工智能带来的挑战。

### （一）人工智能时代，职业发展面临的挑战

情境式教学是高校教学的重要模式，为教学话题设计情境，可以引起学生的兴趣。在抛出"人工智能驱动产业变革"这一话题前，笔者首先通过现实生活中的案例设计情境，如日常中能够见到的送菜机器人等，将抽象的人工智能现实化与具体化。同时，为了提高教学的生动性，导出"人工智能与就业"这一话题，笔者做出了以下尝试：首先，借助《时代》周刊发表的文章，引出美国裁减掉约 4000 万人的情况，说明人工智能已经能部分代替人类的现实；接着，通过麦肯锡全球研究院的报告，进一步引出"失业风险"的话题。最后，通过翔实具体的案例与报告，将"人工智能时代，职业发展的挑战有哪些"这个根本问题抛给学生，引起学生的兴趣与重视。

为了了解学生对"人工智能会带来挑战还是机遇"的看法，笔者通过手机投票的形式，让学生表达自己的想法。投票结果显示，多数学生认为人工智能带来的挑战大于机遇，其中文科专业学生对这种挑战的担忧更为显著。初步了解了学生的看法之后，笔者通过随机提问的方式，邀请认为"挑战大于机遇"的学生分析自己的看法，将课堂的话语权交给学生，鼓励学生积极思考与表达。由于学生来自不同专业，对人工智能的认识不同，不同思维的碰撞与交流提高了学生们的参与性与互动性，也引发了学生们的深入思考。

### （二）人工智能时代，职业发展面临的机遇

除了挑战之外，人工智能驱动产业变革的过程中还会产生新的机遇。例如，人工智能能够在恶劣的环境条件下工作，从而把人从中解放出来。此外，人工智能也会带来新的岗位。以现在普及率极高的"扫码付款"为例，要让诸多线下小商家同意接入并学会使用二维码，需要强大的"地推"能力，这种推广付款码的工作就已经成为一个成熟的产业，叫作"数字微客"，这就属于人工智能的"前端产业"，也是人工智能发展创造的新岗位。

为了了解学生对"人工智能会带来挑战还是机遇"这一问题的看法，笔者邀请了几位认为"人工智能带来的机遇大于挑战"的学生分享观点。选课学生认真倾听了同学的分享，进一步思考人工智能与职业发展的关系。

在总结学生的观点之后，笔者发现大家只注意到了人工智能可以创造新的就业机会，而忽视了人工智能给现有工作岗位带来新机遇的可能。因此，笔者在课堂上抛出新的问题：除了完全寄希望于全新就业机会的出现之外，现有的许多工作岗位是不是也能有进一步发展的机遇？学生通过手机投票，再次表达自己的观点。大部分学生认为现有的工作会在人工智能驱动下得到发展，而不是简单地消失，人机合作不失为一种好的模式。

此外，笔者在课程中还抛出了诸多问题，如"在强人工智能时代也很难被替代的职业到底有哪些？""人工智能导致企业用人需求产生哪些变化？"等，通过问题的引入与情境的设计，引领学生从多个维度思考人工智能与人的关系，深刻认识人工智能为职业发展带来的机遇与挑战，从而进一步思考自己的职业生涯规划。

### （三）人工智能时代，对未来竞争的应对思考

"如何应对人工智能带来的变革"是本课程的重点内容，也是学生们最关注的话题。课程教师将不同专业背景的学生分成若干小组，让大家先在组内讨论达成一致观点后将其写到 A3 纸上并贴在黑板；接着，每个小组进行汇报；最后，教师通过点评与总结，总结这一话题。

在课堂上，笔者通过通俗易懂、引人入胜的案例，由浅入深、环环相扣地提问，让学生迅速投入课堂。借助手机投票、词云分析等手段，让学生参与课堂教学的各个环节，提高了学生的参与性、互动性。最终，通过总结与点评，串联起"挑战""机遇""应对"三个问题，为学生厘清一条面对未来职业挑战的路径。

## 三、课程评价：收获与成效

### （一）学生的收获与成长

"商业重塑：人工智能驱动的产业变革"已经服务了数届学生，并获得了大家的一致认可和支持。不少学生认为这是一堂令人耳目一新的课，兼顾了高阶性、创新性和挑战性，既拓宽了思维与眼界，也让自己对未来的职业生涯规划产生了新的认识和思考。总的来看，该课程带给学生的收获与成长有以下几点：

第一，帮助学生进一步认识和理解人工智能技术。通过学习该课程，学生可以更全面地了解人工智能技术的发展现状、应用领域和对产业的影响，理解大环境下人工智能在不同产业的具体应用成果和给社会经济带来的变革，进一步提升对前沿领域和新兴技术的认识和理解能力。

第二，帮助学生加深对职业生涯挑战和机遇的认识。该课程鼓励学生结合自身专业展开思考，探讨在人工智能的时代背景下，未来职业生涯发展存在哪些机遇和挑战，以及应该如何应对挑战、抓住机遇。因此，学生可以更清晰地认识到人工智能技术对传统职业的影响，了解到哪些职业更容易被替代、哪些职业很难被替代，从而更有针对性地进行职业生涯规划，提升对未来职业市场的认识能力。

第三，引导学生对于未来如何实现更好的人机互动进行反思。学习完这门课程后，学生能够意识到人工智能技术的发展将会对人类社会产生深远影响，并开始思考如何在人工智能时代更好地与智能机器共存、共同发展，实现"人机互动""人机合作"，以及如何在伦理角度保护人类的尊严和权益。这种反思有助于培养学生的人文关怀意识和社会责任感，引导他们更加理性和积极地应对人工智能带来的挑战和机遇，从而更好地适应未来社会的变化。

### （二）教师的收获与总结

从通识教育核心课程的角度来讲，"商业重塑：人工智能驱动的产业变革"在教学中创新性引入了职业生涯规划内容，帮助学生根植职业生涯的危机意识；从职业生涯规划的角度来讲，该课程除了关注传统的个人性格、能力等内部因素以外，还考虑到了外部环境的变化和冲击。综上，该课程找到了通识教育和职业生涯规划二者有机融合的切入点。依托课程最后一个章节拍摄制作成的慕课"人工智能时代：职业的挑战与机遇"，被评为 2022 年四川省高校就业创业指导金课。

## 参考文献

[1] 范光露，付亦宁. 跨学科视角下人工智能类通识课程建设探析［J］. 煤炭高等教育，2022（6）：116－125.

[2] 梁羽佳. 智能时代高校人工智能通识教育培养模式研究［J］. 科学咨询（科技·管理），2022（1）：102－104.

# 通识教育核心课程的跨学科融合建设实践

## ——以"科学进步与技术革命"课程为例

霍佳鑫

四川大学数学学院

**摘　要：** 在面对高等教育领域内日益突出的跨学科学习需求和专业化教育体系的矛盾时，"科学进步与技术革命"通识教育核心课程体现了四川大学对通识教育的深刻理解和创新实践。通过"厚通识、宽视野、多交叉"的教学理念，致力于解决学生高阶思维和创新能力不足的问题，本课程通过体现科技与人文的跨学科融合，促进学生科学思维与技术素养的提升，为培养具有前瞻性视角和综合素养的未来科技创新者提供了有效途径。

**关键词：** 通识课程；科学史；思维培养；跨学科融合

在高等教育领域，跨学科融合的重要性日益凸显。为充分发挥通识教育在提升学生综合素养、直面和解决问题能力方面的作用，四川大学积极探索利用通识教育培养学生的独立思考和深度思考能力，以求解决当前大学生高阶思维与创新能力不足问题。为此，四川大学确立了"厚通识、宽视野、多交叉"的教育理念，构建了"两大先导课、五大模块、百门通识核心课"的通识教育体系，着力培养学生的综合素养。"科学进步与技术革命"作为两大先导课程之一，充分发挥四川大学多学科优势，由数学学院教师牵头，联合机械工程学院、化工学院等十余个学院的骨干教师共同参与。课程以四条线索铺陈开来，展示了科学技术与中西方思维特征特质之间的对偶和互补关系，旨在培养学生在科技与人文交互中形成批判性思维与解决复杂问题的能力，以期使学生达到临高俯阔、悟彻知深的境界。课程团队希望以此打破学科间的界限，构建多学科交叉融合的教育平台，既为学生提供广阔的知识视野，又能激发学生的创新潜能，为培养拔尖创新人才奠定坚实基础。

## 一、跨学科融合在通识教育中的作用

传统的教育模式往往更强调在单一学科内进行深入的、详尽的研究。然而，这种教育模式往往忽视了不同学科间交流和整合的重要性。这主要表现在过分关注某一学科的深度，而忽视了学科之间的广度。对此，通识教育主张"为受教育者提供通行于不同人群之间的知识和价值观，塑造'全人'（the whole man），而不仅仅是掌握某一门专业技术"。

### （一）突破"知识孤岛"：跨学科融合的必要性

在当今社会，知识更新的速度日益加快，不同学科之间的交叉与融合也越发频繁。这就要求教学不仅要有深度、广度，还要有高度、厚度，不仅要有专业素养，还要有跨学科的知识和技能。然而，在传统的教育模式下，学生虽能在专业领域内取得一定成果，却往往难以理解和掌握其他领域的知识，从而造成"知识孤岛"现象。这无疑限制了学生的全面发展。具体而言，"知识孤岛"的存在使他们难以充分理解并应用其他学科的知识与技能，难以应对更为复杂的现实挑战。

要想突破"知识孤岛"，实现学科间的交流和融合，是当前教育改革的重要目标。通识教育的目的之一就是要打破这种"知识孤岛"现象，构建更加全面深入的知识体系，实现不同学科之间的融合和交流，为解决复杂的现实问题提供多角度的视野和方法。在这一过程中，科学史则是沟通理工与人文的桥梁。它不仅可以帮助学生理解和评估不同学科的发展历程，从而更好地理解学科之间的交叉和融合，还可以帮助学生理解科学和技术在社会发展和人类进步中的重要角色，以培养学生"深入、严密，过程导向"的思维方式。通过学习科学史，学生可以更好地理解科学发展的历程，明晰科学概念，知晓科学的局限，以更高的视野看待科学与自然的关系。

### （二）推动研究方法的多元化：跨学科融合是解决复杂问题的创新途径

在高等教育和学术研究领域长期以来存在一种倾向，即过分强调单一学科的研究方法和理论框架。虽然这一做法在深化某一学科的知识与技术方面成效显著，但其固有的局限也不容忽视。首先，单一学科的研究方法往往难以全面解释或解决跨学科或跨领域的复杂问题。例如，在面对全球气候变化、公共卫生危机等问题时，仅依赖单一学科的视角和工具不足以提供有效的解决方案。其次，这种单一性限制了创新思维的发展。当研究者固守于特定的理论和方法论框架时，可能会忽视其他学科中的创新思想和方法，从而限制了知识创新和科学发展的潜力。

为了克服单一学科研究方法的局限性，多学科视角提供了一种创新的途径。通过整合不同学科的理论、工具和视角，多学科研究不仅能够更全面地理解复杂问题，也能为解决方案注入更多元、更灵活的思考。从历史角度来看，科技的发展往往具有联动效应：例如，20世纪量子物理的重大突破，不仅对物理学本身产生深远影响，也推动了信息技术、材料科学等领域的发展，并在多方努力下催生了量子计算机。由此可见，多学科合作对于科技创新而言至关重要。在教学与研究中，跨学科的交流与合作有助于学生开阔思维，吸收并融合不同学科的研究成果，从而突破原有的学科框架，探索新的知识领域和研究方法。以生态环境科学为例，研究者需要综合运用生态学、地理学、经济学和社会学等多门学科的知识与方法。通过接触和学习多个学科，学生将学会从不同角度审视问题，培养"广阔、灵活、目标导向"的思维方式，为未来的科学探索和社会实践奠定更坚实的基础。

### （三）助力践行大思政课：思想政治教育的跨学科扩展

在当代高等教育体系中，思想政治教育一直是培养学生社会责任感、历史使命感和综合素质的重要途径。传统的思想政治教育课程，虽然在培养学生的理想信念、价值观念等方面起到了基础性作用，但随着时代的发展，其面临着越来越多的挑战。一方面，由于课程内容和教学方法相对固定，难以充分吸引学生的兴趣和参与，影响了教学效果；另一方面，传统思政课程较少涉及跨学科知识的融合，难以满足学生全面理解复杂社会现象的需求。科学史的引入为理、工、农、医等学科的思想政治教育开辟了新的空间，通过展现科学技术的发展脉络，让学生在学习中深刻感受科技进步的历程，同时激发民族情感，深化爱国情怀。

在科学史相关课程中融入思想政治教育，是践行"大思政课"理念的有效途径，也有助于推动思政课程与课程思政的一体化建设。科学史不仅提供了人类知识发展的宝贵经验，更折射出科学技术进步与社会发展之间的深层关联，为思想政治教育拓展了丰富而多元的素材与视角。将科学史中的科学思维和方法论融入教学，可以引导学生学习科学家探索未知、勇于创新的精神，以及严谨的研究态度。通过分析科学史上的重大发现和创新过程，学生能更充分地理解科学探索的复杂性和挑战性，培养他们面对问题时的批判性思维和解决问题的能力。因此，科学史提供了一个理想的框架，用于探讨科技进步与社会伦理之间的关系。例如，生物技术的发展带来的伦理问题、互联网技术对隐私保护的挑战等，都是思想政治教育中不可或缺的内容。通过讨论这些问题，可以培养学生的社会责任感和伦理判断能力，使他们在面对未来科技发展时能够做出更加明智和负责任的决策。此外，科学史中的典型案例，尤其是中国科技发展史上的里程碑事件，不仅能激发学生的爱国情感，更有助于深化他们对中国特色社会主义核心价值观在科学技术发展中具体体现与重要作用的理解。

## 二、"科学进步与技术革命"课程的跨学科融合

在科技快速发展的当下，对学生的思维能力进行提升具有重要意义。因此，四川大学通识教育核心课程"科学进步与技术革命"将教学目标设置为培养学生用高阶思维以科学技术视角来看待世界及其科学技术本身。

### （一）融合科技与人文：提升学生的思维能力

"科技进步与技术革命"通过将跨学科思维和深度思考力的培养融入教学全过程，培养学生提升批判性思维、创新能力和解决问题能力。通过深入探讨科学、技术、人文和社会科学等多个领域之间的相互联系和作用，学生能够建立起一个更为复杂和动态的世界观。在"科技进步与技术革命"的课堂上，学生不仅要学会如何学习，更要学会如何思考和探索。这种教育理念与方式不仅对学生个人的成长和发展具有深远的影响，也为社会培养出了一批具备广阔视野、创新精神和高度责任感的建设者。

### （二）从理念到实践：构建四维课程目标

"科学进步与技术革命"课程的开设反映了当前高等教育领域对于提升通识教育、培养创新人才的迫切要求，也回应了科技对个人和集体的知识结构、思维方式以及能力构建提出的挑战。课程以价值塑造、思维启迪、能力培养和知识掌握为目标，为学生提供了一个全面了解科技影响的平台。这门课程不仅为学生个人的成长打下了坚实的基础，更为社会培养出了具有前瞻性视角和综合解决能力的未来科技创新者，展现了四川大学在培养创新人才方面的深远意义和巨大潜力。

1. 价值塑造

通过价值塑造目标的实施，学生将深刻理解科学技术在解决当代社会重大问题时的核心作用。课程通过丰富的案例分析、历史回顾和前沿科技探讨，展示了科技、技术与社会之间的相互影响，引导学生思考如何在科技创新过程中平衡这些复杂的关系。同时，课程还强调了个人在科技进步中的作用和责任，

鼓励学生从自我实现的角度出发，思考如何利用科技创新为社会带来积极变化，引导学生去反思个人与社会的关系，以及如何在未来的职业生涯中积极贡献自己的力量。

2. 思维启迪

思维启迪目标的主要内容是挑战学生的传统思维模式，鼓励他们从多维度、跨学科的角度审视问题，通过引入复杂的现实世界问题、历史上的科技突破案例以及最新的科研成果，在激发学生的好奇心和探索欲同时引导他们自主学习和思考，进而使学生能从多角度审视问题，不再满足于表面的解答，而是探究问题的深层原因和可能的多元解决路径，实现从知识的广度和深度到思维方式的全面提升。通过这样的学习过程，学生逐渐形成一种能够广纳百家之长、深究事物本质的思维模式，最终达到"凌高俯阔、悟彻知深"的思维境界。

3. 能力培养

能力培养目标则强调培养学生初步具备发现和研究问题的分析性思维能力，以及重构和解决问题的创造性思维能力，为未来突破自身专业壁垒，实现协同创新奠定基础。"科学进步与技术革命"课程不仅要为学生提供必要的知识和技能，更重要的是，要鼓励学生探索和尝试新的思路或方法，让其不仅仅局限于传统的解决方案，而通过创新的思考方式提出和实施有效的、创造性的答案。

4. 知识掌握

知识掌握目标则要求学生了解各专业领域的基本概念、发展动态和最新前沿等，初步理解科技发展脉络。通过教学内容和活动，全面涵盖科学技术的核心领域和最新进展。引入跨学科的知识体系，不仅要让学生掌握各自专业领域内的基础理论和方法，还要鼓励他们跨出专业边界，拓展知识视野，了解其他学科的发展动态和前沿成果。这种跨学科学习的方式有助于学生建立一个更加全面和深入的科技知识框架，增强他们对科技整体发展脉络的理解。

### （三）制定课程教学改革策略："三个围绕"

"科学进步与技术革命"通过设置不同目标，挑战学生的传统思维模式，鼓励他们进行独立思考和团队合作，从而深化他们对科技与社会相互作用的理解，以提升学生的认知水平和发展定位，增强其创新能力，并提高其独立思考和深度思考能力，体现了高等教育在培养未来创新人才方面的重要作用和价值。为了提升课程质量，教学团队制定了可简称为"三个围绕"的改革策略，具体如下。

1. 围绕"高度引领"

当前四川大学学生的认知水平和发展定位与学校的拔尖人才培养目标存在一定的距离，具体表现为创新能力以及独立思考和深度思考能力不足。为解决这一问题，教学团队通过引入基于问题的学习和案例研究法，建立有效的教学方法和策略，激励学生面对实际问题，进行独立思考和团队合作，这种教学模式不仅促进了学生理论知识与实际应用的结合，也锻炼了他们的问题发现和问题解决能力。

2. 围绕"深度通识"

"科学进步与技术革命"作为通识教育核心课程，选择这门课程学生学科背景各异，因此，如何让学生建立多学科交叉融合的创新性思维模式，成为一个重要的问题。为此，在课程设计和教学过程中，教学团队采用适应多元化学生群体的教学方法，通过为学生提供多样化的学习材料和资源，如跨学科的阅读材料、视频讲座和在线课程等，来满足不同学科背景学生的学习需求，旨在帮助学生理解各学科间的内在联系和相互作用，以促进学生对多学科交叉融合的思维模式的理解和掌握。

3. 围绕"多元评价"

由于本课程的教学团队成员名、学生数量庞大，因此如何构建多元化的评价方法，以进行对学生的学习效果的及时、全面、客观的评价，是一个关键的问题。为解决这一问题，教学团队通过设置多样化的评价标准，采用形成性评价和总结性评价相结合的方式。其中，形成性评价通过持续的反馈机制帮助学生在学习过程中不断调整和改进，而总结性评价则在课程结束时对学生的整体学习成效进行评估。这种多样化的评价方式不仅能够激励学生从不同角度和层面参与课程学习，也能为教师提供全面的反馈信息，帮助他们了解学生的学习状况和需求。

## 三、展望："科学进步与技术革命"课程的跨学科融合建设方向

"科学进步与技术革命"作为一门旨在帮助学生积累跨学科知识、提升科学思维和创新能力、形成全球视野的通识教育核心课程，未来将主要围绕以下方面开展跨学科融合建设。

首先，课程教材的出版及推广是构建和传播课程理念的关键一环。教学团队将通过聚焦科学进步与技术革命的内在逻辑，组织撰写并出版专用教材，彰

显课程的核心价值，加强对学生科学思维与技术素养的培养以及创新引领和深度思考能力的提升。通过各种平台资源的宣传与推广，使课程内容能够为更广泛的教育群体所了解和采纳，从而形成助推教育事业和人才培养的合力。

其次，教学资源的完善是确保课程与时俱进和创新发展的基础。教学团队将致力于课程内容的持续更新，为学生介绍最新的科技发展动态和跨学科的教学案例，提高学生的积极性。通过不断丰富的教辅资源，学生能够获得更加全面和深入的学习体验，进一步提高学习效率和思维能力。

最后，在面对庞大学生人数时，教学团队的建设显得尤为重要。教学团队将进行扩充，通过加大宣传力度、展示课程的创新性和影响力，吸引更多具有高度责任感和教学水平、来自不同专业的优秀教师加入，共同构建一个多元化、高效的课程教学团队。

## 四、小结

作为四川大学的核心通识教育课程，"科学进步与技术革命"不仅彰显了高等教育对跨学科学习的高度重视，也充分体现了"厚通识、宽视野、多交叉"的教育理念。科技是创新驱动发展的第一动力，培养学生的科学思维则是破解基础研究困局的关键。面对学科分化与文理壁垒的困境，通过通识课程搭建沟通桥梁，不仅能拓展学生视野，更为未来知识创新与高层次人才培养奠定了基础。

### 参考文献

[1] 四川大学以专业建设为抓手推动本科教育内涵式发展［EB/OL］.（2022－01－06）［2024－03－08］. http://www. moe. gov. cn/jyb ＿ sjzl/s3165/202201/t20220106 ＿ 592644. html.

[2] 邱靖嘉. 新媒体时代的历史学通识教育［J］. 中国大学教学，2022（9）：40－45.

[3] 王家明. "大思政课"建设的基本内涵、理念提升和机制建立［J］. 江苏高教，2024（2）：97－102.

[4] 臧小佳，车向前，尹晓煌. 跨学科思维与跨文化素质：美国经验于大学本科教育之借鉴［J］. 南京师大学报（社会科学版），2021（1）：139－146.

[5] 回亮澔，伍玉林，虎佳琦. 科学史教育全方位育人及模式建构研究［J］. 自然辩证法研究，2023（12）：115－123.

# 丰富课堂教学形式，利用模拟法庭
# 培养学生法治思想

石家慧

四川大学法学院

**摘　要**：本文基于笔者教授四川大学通识课程"法的智慧：信息革命与社会进步"的经验，探索如何丰富课堂教学形式，利用模拟法庭培养学生法治思想，以期为高校法学类通识课程教学提供有益借鉴。

**关键词**：通识课程；法学；教学方法，模拟法庭

笔者 2022 年入职四川大学法学院，有幸加入了法学院院长、杰出教授左卫民老师负责的通识课程"法的智慧：信息革命与社会进步"（简称"本课程"）授课团队。本课程由法学院精心打造，来源于国家级一流本科课程"法律视角下的互联网、大数据、人工智能及当代科技"。本课程的定位是法律前沿探索课程，本课程内容紧跟技术前沿，如 ChatGPT、智能网联汽车等，与学生共同探讨科技发展带来的法律空白。课程旨在培养各专业学生自主思考和学习能力、批判性思维，开阔学生视野，鼓励学生提问互动，积极参与课堂。

笔者参与本课程教学以来，积极向前辈请教经验，结合课堂学生表现和课后评教意见进行反思，努力提高课堂质量，立志让学生学有所得。下文中笔者将结合在本课程教学中遇到的实际问题，与各位同仁交流个人心得体会与反思，望能为高校通识教育的高质量发展提供借鉴。

## 一、了解学生构成，重视学情分析

学情分析是备课的基础。只有充分了解上课学生的构成，才能够更有针对性地准备课程内容，做到因材施教。这一点对于面向全校的通识课程来说尤为重要，因为选修该类通识课程的学生来自各个学院各个专业，知识背景千差万别，这就需要教师尤其注意各班学生构成，重视开展学情分析。

以本课程 2022—2023 学年春季学期的情况为例，该学期本课程的选课主体是大一学生，共有 A、B 两个班，其学生构成情况如图 1、图 2。

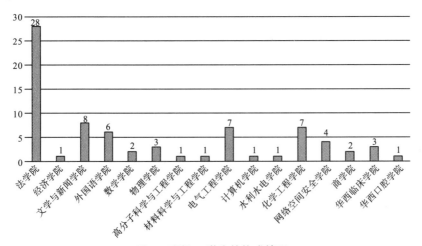

**图 1　班级 A 学生的构成情况**

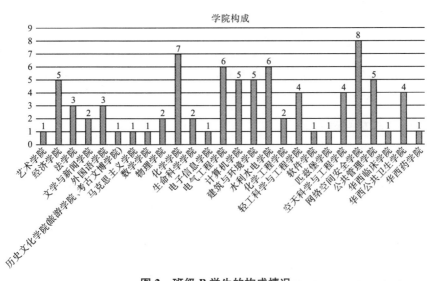

**图 2　班级 B 学生的构成情况**

通过比较这两个班的学生构成，笔者发现班级 A 有 28 名法学院学生，班级 B 只有 3 名法学院学生，但是 B 班的学生构成更为多样，除了法学院外，还有来自艺术学院等二十余个学院的学生。这就意味着班级 B 的学生在知识储备、思维方式和兴趣点上较班级 A 更为多样。这就需要教师充分了解学生

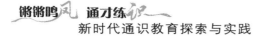
情况，确定恰当合理的教学目标，调整教学内容，保证让每一位选课学生都学有所乐、学有所得。

## 二、了解学生诉求，确立恰当合理的教学目标

深入分析学情是备课的第一步，第二步就是要确立恰当合理的教学目标。经过学情分析，笔者发现，选修本课程的学生专业背景各异，因此，教师必须根据学生情况调整教学目标。授课教师需要清楚地认识通识课程和专业课程的区别。在专业课课堂上，教师重点在于传授专业知识，因为学生的知识背景和学习水平差别不大，而且教师对于本学院的学生情况也更加了解，更加容易掌握讲课深度、广度，并合理控制进度。但是通识课程是完全不一样的。学生之所以选择与其专业完全不相关的通识课程，一般是出于纯然的兴趣与好奇心，而法学专业的学生选择该门课程则是为了开阔视野。那么，教师在确立教学目标时就要兼顾二者，即培养学生对法学的兴趣，拓展其法学视野。

## 三、了解学生兴趣，丰富授课内容及形式

如何实现"培养学生对法学的兴趣，拓展其法学视野"这一教学目标呢？笔者认为这需要授课教师从授课内容和授课形式两方面下功夫，激发学生兴趣，让学生能够学有所获。

### （一）丰富授课内容

本课程名为"法的智慧：信息革命与社会进步"，可见，本课程授课内容一定与前沿科技在法律中的映射有关。因此在选择讲授何种前沿科技的时候，教师要注意，不宜选择过于冷门、学生完全不了解的东西。鉴于此，笔者通过深思熟虑选择与学生探讨智能网联汽车带来的相关法律问题。智能网联汽车近几年蓬勃发展，自动驾驶也屡屡成为新闻热点，学生对这个话题都不陌生。而且有些学生已经有了机动车驾驶证，有过驾驶电动汽车的经历，在课上可以结合自己的经历与其他人交流看法。

### （二）丰富授课形式

#### 1. 调查问卷

为了激发学生的学习热情，提高课堂参与度，教师应该采取多样化的教学手段。以笔者为例，在本课程第一节课，先让学生扫码填写一份随堂调查问

卷，一是为了集中大家的注意力，二是为了了解学生对于智能网联汽车的态度，以便根据学生态度定制更适合其"口味"的教学内容。

学生填完调查问卷之后，笔者利用问卷生成软件自带的数据分析功能与学生一起分析结果，让学生对同班同学的想法有一个初步了解。

通过在第一节课组织学生填写调查问卷并一起分析问卷结果，课堂气氛迅速活跃起来，学生们之间也增进了了解，为教师日后的教学工作打下了基础。

2. 模拟法庭

模拟法庭是法学专业特有的一种课堂教学形式，在平时的专业课教学中较为常用。模拟法庭可以让法学专业学生较为充分地运用平时所学知识，从而获得成就感，不仅能够培养法学专业学生对法学的热爱和兴趣，还能够提升其实践能力，广受法学专业学生好评。笔者认为对于通识课程而言，模拟法庭也不失为一种寓教于乐的教学形式。非法学专业的学生可以通过参与模拟法庭了解司法的基本运行模式，在准备模拟法庭的过程中主动学习法律分析方法，在"出庭"过程中锻炼口才和应变能力。笔者希望，通过开展模拟法庭，让非法学专业的学生领略到法学的魅力，初窥法学的辩证思维，同时也感受到法律的威严。而法学专业的学生可以在准备模拟法庭的过程中引导其他非专业同学，进一步提高自己的专业技能。

笔者认为，组织模拟法庭对授课教师的备课要求很高。首先，授课教师要改编一个恰当的、易于理解的模拟法庭案例。考虑到通识课程的课堂有很多非法学专业的学生，模拟法庭的案例不能太复杂，不能涉及太多深奥的法律知识，否则对于这些学生来说就会过于艰涩难懂。笔者设计了一个非常简单的基本案情：甲驾驶某品牌电动汽车，开启了 FSD（Full Self Driving）辅助驾驶系统，闯红灯，撞伤行人乙，乙重伤（如终身残疾）。该案情其实留给了学生很多发挥的空间，就算没有法学专业背景也可以发挥自己的聪明才智为团队出谋划策。

其次，授课教师要根据每节课选课人数和学生的兴趣爱好合理分组。例如，笔者将模拟法庭分为法官组、检察官组、电动车组和甲辩护组（法警证人若干）。本人首先询问学生的意愿，尽量满足其意愿，但同时也要考虑平衡人数，要基本保证检察官组、电动车组和甲辩护组这三组人数差别不大。在专业分配方面，在可能的情况下，争取保证每一组都有一名法学专业的学生，这样可以在准备过程中为同组其他学生提供专业知识上的帮助。笔者也会特意提醒法学专业学生不要"大包大揽"，要去适当引导同组其他学生，共同完成准备工作。有医学专业背景的学生可以参与伤情鉴定环节，或作为专家证人出庭；有计算机专业背景的学生可以制作模拟车祸现场视频等。

## 四、了解学生难点，课下沟通拉近师生距离

如前所述，组织模拟法庭需要授课教师在课下投入大量的时间和精力，引导学生进行充分的准备工作，这样才能保证模拟法庭顺利进行，如确定各组分工，撰写公诉词、辩护词，准备证据清单和材料，确定庭审流程等。在此过程中，教师需及时了解学生难点，与学生充分沟通，为其保驾护航。以笔者为例，笔者会在第一次课结束后为学生分好组，组织各组建交流群，选出组长。因为只有一周的时间准备，所以笔者会在课后第二天要求各组组长确定分工名单，工作量与平时成绩挂钩，要求大家在课后那个周末提交公诉书和辩护词，以保证模拟法庭的顺利进行。学生如果有任何疑问，笔者都会在群里随时进行指导和解答，引导学生准备证据，争取能够展现出一堂精彩的模拟法庭。

## 五、小结

经过两个学期的教学摸索，笔者的模拟法庭环节在评教中受到学生的一致好评，学生普遍反映模拟法庭"很有趣""希望多来几次"等。在模拟法庭的过程中，学生自主学习能力、自主分析能力、团结合作的精神都得到了强化，辩证思维方式和临场应变能力也得到了训练。

中国大教育家陶行知先生曾说："好的先生不是教书，不是教学生，乃是教学生学""教的法子根据学的法子，学的法子根据做的法子。事情怎样做就怎么样学，怎样学就怎样教，教与学都以作为中心。在做上教的是先生，在做上学的是学生"。作为一名"青椒"（青年教师），笔者希望在未来的教学道路上能够与学生教学相长，努力提高自己的教学能力，把教学作为一门艺术，为学生呈现更加丰富多彩的课堂。

# 以"中西交流史专题课程（双语）"教学为例探索通识教育的作用和意义 *

赵艾东

四川大学历史文化学院（旅游学院、考古文博学院）

**摘　要：**加强通识教育，是深化高校素质教育的重要途径。"中西交流史专题课程（双语）"已开设两学年。选课学生来自四川大学十余个学院。笔者作为任课教师，从理论和实践教学两方面对该课的定位以及对通识教育的作用和意义进行了探索。

**关键词：**中西交流史；通识教育；世界文化多样性；中华优秀传统文化；文明互鉴

"中西交流史专题课程（双语）"是笔者根据四川大学历史文化学院（旅游学院、考古文博学院）的学科发展需要，基于自己的专业知识独立授课的世界史专业选修课，同时可供全校各学院各年级的学生选修，具有一定通识教育性质。2022年春季学期，该课程首次开课，笔者作为任课教师，在课程建设和教学实践中进行了一些尝试和探索，故撰此文，探讨该课程与通识教育的关系、所体现的通识教育特点以及学生对该课程的反馈，以探索高校通识教育的作用与意义。这不仅有助于提升该课的教学水平并凸显其通识教育性，且有助于推动我校的通识教育改革。

## 一、"中西交流史专题课程（双语）"与通识教育的关系

"中西交流史专题课程（双语）"（简称"该课程"）在每学年开设一次，每

---

\* 本文系笔者自行开展的该课程建设研究成果之一。笔者在开设该课前多次向时任四川大学教学督导委员会主任谢川教授咨询，并在首次开课的教学过程中请谢川教授对自己的教学探索和所设计的课件提出过宝贵的意见和建议，受益良多，谨此致谢。

周 2 学时，共 32 学时、2 学分。该课程已在 2022 年春季学期和 2023 年秋季完整开设两次，选课学生来自文理工医四大学科的十余个学院和专业。由于学生专业背景复杂多样，该课程虽被设为专业选修课，但实际上在教学中必须兼顾各种学生的学习需求。该课程教学呈现复杂的跨学科性、跨专业性和明显的通识教育特点。

首先，"中西交流史专题课程（双语）"的跨学科性体现在它不仅仅局限于历史学的范畴，而是将文化学、语言学、社会学等多个学科的理论和方法论相结合，为学生提供了一个全面理解中西交流历史的多维视角。例如，在探讨中西文化交流时，笔者不仅会引导学生分析历史事件，还会深入探讨语言的变迁、文化的融合以及社会结构的演变等。这种跨学科的探讨方式，能够让学生更深刻地理解中西交流的复杂性和多样性。

其次，在跨专业性方面，"中西交流史专题课程（双语）"不仅涉及中西哲学思想的碰撞，还涵盖了宗教信仰的传播、艺术风格的交融、科技知识的交流等多个专业领域。通过这些内容的学习，学生能够掌握不同学科领域的专业知识，从而在专业领域之间建立起联系，形成更为全面的知识体系。

最后，通识教育的特点在"中西交流史专题课程（双语）"中表现得尤为突出。该课程强调培养学生的批判性思维能力，鼓励学生对历史事件进行独立思考和分析，而不是简单地接受现成的结论。同时，课程还注重提升学生的沟通能力，通过双语教学，学生不仅能够学习到专业知识，还能够提高自己的语言表达和跨文化交际能力。此外，该课程还致力于培养学生的全球视野，通过学习中西交流的历史，学生能够更好地理解全球化背景下的国际关系和文化交流，为将来在多元文化背景下工作和生活打下坚实的基础。

## 二、"中西交流史专题课程（双语）"教学中的通识教育实践

笔者开设该课程的初衷是促进世界史专业本科生对中外交流史的了解，增进其跨文化意识和理解力。为了在小班探究式教学中有效地开展研讨，笔者将选课人数限定为 20 人以下。但从选课结果看，选修该课程的学生来自众多学院，有不同的专业背景。面对这一情形，笔者在降低课程学习难度的同时突出了通识教育特点。目前国内开设类似课程的高校极少，更无现成的统一或规划教材可用，这也给该课教学增加了难度。因此，笔者一边教学，一边不断探索。

## （一）该课程主要教学内容

该课程的教学内容由 14 讲构成，内含 4 个专题和 2 次课堂展示活动（表1）。

表 1　"中西交流史（双语）课程"教学内容

| 课程安排 | 教学内容 | 学时 |
|---|---|---|
| 第一讲 | 导论 | 4 |
| 第二讲 | | |
| 第三讲 | 专题一：丝绸之路——架起了中国与世界的桥梁 | 4 |
| 第四讲 | | |
| 第五讲 | 课堂展示活动 1 | 2 |
| 第六讲 | 专题二：博物馆与历史上的中西文化交流 | 6 |
| 第七讲 | | |
| 第八讲 | | |
| 第九讲 | 专题三：中西商贸<br>课堂展示活动 2 | 6 |
| 第十讲 | | |
| 第十一讲 | 专题四：英国人与近代中国西南 | 8 |
| 第十二讲 | | |
| 第十三讲 | | |
| 第十四讲 | | |

## （二）该课程的实践教学与通识教育

博物馆作为面向公众的知识传播和大众教育媒介，具有通识教育的功能。笔者设计了 2 学时的实践教学，将课堂教学中学习的知识和对问题的研讨与博物馆考察进行了对接，组织学生去考察，引导其从观看实物、图片和聆听讲解中感受中西交流的发展变迁，获得更直观生动的体验。

2022 年 3 月，四川博物院（简称"川博"）花费巨资举办"亚洲六国文物特展：大美亚细亚"。展览的主题与该课程内容十分契合。展览中有个单元为"丝路万里"，展出了丝绸之路沿途国家的一些稀有文物，它们"见证了不同文明之间的交往与交融"。笔者专门去看了一遍展览，然后对考察活动做了周密规划，又与川博联系，请其专门安排了讲解员。经过 1 个多小时的参观，学生受益匪浅。参与活动的韩同学评价道："参观四川博物馆的经历，让我从直观上对中西交流史进行了认识，从而在思维上产生了对它的兴趣。"袁同学称："课堂上的知识与现实中的展品互相映照，这是难以获得的体验。"

四川大学博物馆也为该课程提供了有关中西交流史的丰富学术资源。2023年12月，四川大学博物馆新馆落成不久，笔者又带领选修该课程的学生去参观。此次活动激发起了选修该课程的黄同学对于体现中西文化交流的文物"背后的故事"的强烈兴趣，她后来加入了四川大学博物馆讲解员的队伍。同时，该课程还激发了她参观博物馆的浓厚兴趣。她写道：

这一学期，我也在周末去了几个不同的城市，当了一回"特种兵"。北京、上海、杭州、苏州，都在我的旅行计划中。和以往不同的是，这一学期的旅行，我首先去到了一个城市的博物馆。不管能不能深入了解这些文物，我也愿意通过听讲解、拍照的方式将它们记录下来，在后续的生活中慢慢了解。北京初雪的时候，我十分心动，在周一没有专业课的情况下，一个人来到了北京，我在心里告诉自己：我要去看看故宫，去看看珐琅器，去看看九龙壁，去看看建筑上的琉璃……我想这些可能都是这一门课程带给我的改变，我不再功利地去追求更高的绩点，开始放慢自己的脚步，去看这个城市，去了解我所经过的地方。

## 三、该课程中所见通识教育的作用和意义

笔者摘录了部分选课学生对该课程的评价，从中可见通识教育的作用和意义。

首先，有助于帮助学生树立正确的价值观和世界观，提升其对中西文化交流史的认识。

通过这门课程的学习，我对历史有了新的认识。在初高中学习历史的时候，我时常会有一种割裂感，觉得中国历史与世界历史是平行孤立发展的，很难将同一个时期的中国发生的事件与世界的事件联系起来。但本门课程以动态的交流为载体，将一直以来我的割裂感进行了"修复"，让我意识到古代中国对外的交流也是丰富多样的。

——学生一

这趟收获颇丰的旅途上，我了解到意大利人郎世宁与倦勤斋的故事，我感受到琉璃的缤纷多彩以及背后的历史渊源，琉璃的起源、如何变为皇权与神权的象征、在国内的传承与普及等等。我们还一起探寻景泰蓝的前世今生。接着我们便踏上架起中国与世界的桥梁——丝绸之路的探寻之旅……我意识到东西

方的文化交流与传播在当今百年未有之大变局下的重要性。

——学生二

其次，该课程为中华优秀传统文化的传播和文化自信的增强发挥了积极作用。

十分感谢这一学期的跨专业学习，让我认识到中华悠久文化，让我在中西交流的历史中增强了文化自信和民族自豪感。

——学生三

再次，该课程多样化的课堂教学方式使学生乐于学习。

一方面，以专题的形式来授课和博物馆动态学习于我来说是一种新颖的教学方式。这也是最初吸引我坚持上这门课的原因。另一方面，中文与英语相结合的方式，不仅使我学到了中华优秀传统文化，而且对我的英语翻译能力和英语阅读能力的提升也有很大帮助。

——学生四

我们一共完成了两次小组作业，第一次关于丝绸之路，第二次关于东印度公司。我非常喜欢这样的课堂形式，每一个人都可以在讲台上去分享自己团队想要表述的内容。我们都来自不同学院，学着不同的专业知识，但是可以在这几周的某一段时间，一起来探讨和主题相关的内容。总有那么几个夜晚或是下午，四个人去咖啡店或是学校的食堂，分享自己查找的文献，或是一起修改PPT，这些点点滴滴也为我的大二上学期留下了许多与众不同的美好回忆。每一个小组都有一个不同的主题，每组分享完还能听见赵老师详细的点评，也让我受益匪浅。这样的方式让我对这几段历史的理解更加深刻了。

——学生五

再次，通过该课程的学习，学生的学习态度产生了积极的变化。

记得老师上课曾多次向我们提到写论文，钻研历史要态度端正。从每一个图书馆中，从发生历史的地方，与这个历史有关的人群中，寻找历史的印记。这就是工匠精神。我们对学术的态度也应该是这样，一丝不苟，坚持追求真理。

——学生六

再次，该课程有利于学生探究、合作、创新精神的培养。

小班化的教学和老师的鼓励让课程充满了积极的、自由讨论的氛围；两次分专题进行的细致的小组展示，让我对于丝绸之路、东印度公司有了更加全面的理解，同时和小组成员的讨论也让我发现了不同专业的智慧的碰撞。

——学生七

最后，该课程响应了立德树人的新文科建设理念，有助于学生综合素养的提升。

在三次小组作业中，我与小组成员共同完成了南方丝绸之路、四川省博物院游览之后的拓展研究以及荷兰东印度公司的小组讨论与展示，扩展了许多以前自身完全没有踏入的领域的知识。但在这堂课之后，我深刻地体会到作为新闻传播专业的学生，了解跨专业领域的知识，尤其是历史专业的知识，对于个人综合素质提高与深入专业研究的意义及其重要性，也更加认识到自己的专业可以运用到更广阔的领域。在学术训练上，我在老师的指导下查阅史料文献，撰写了课程论文《跨文化传播视域下中西交流中的礼仪"面子"与国家形象建构——以 1973 年马葛尔尼使华事件为例》，探讨在此次中西交往过程中的"面子"协商与文化差异及认同，分析高语境文化与低语境文化，并剖析当今跨文化传播中构建起的国家形象，为后人类时代文化交往、国际交流传播提供借鉴。

——学生八

## 四、结语

文明交流和互鉴，"是推动人类文明进步和世界和平发展的重要动力"。习近平总书记指出："不同文明凝聚着不同民族的智慧和贡献，没有高低之别，更无优劣之分。文明之间要对话，不要排斥；要交流，不要取代。人类历史就是一幅不同文明相互交流、互鉴、融合的宏伟画卷。我们要尊重各种文明，平等相待，互学互鉴，兼收并蓄，推动人类文明实现创造性发展。"在本科教育阶段开设相关课程，可以促进大学生对中外文明交流历史和现状的了解和认识，树立正确的观念。笔者虽对"中西交流史专题课程（双语）"酝酿了多年，但仅开设了两次课，在教学中存在大量不足之处。希望今后能够在学校教务处、学院和各位同仁的帮助下，不断改进，建设好这门课程，以自己的成长更好地带动学生的成长，无愧于新时代教师的使命。

### 参考文献

[1] 李婷. 基于通识教育视域下高校素质教育课程体系构建探索 [J]. 公关世界，2024（3）：139－141.

[2] 鲍迎会，任振涛. 国际化人才培养需求下高校双语教学通识教育课程体系改革路径研究——以赤峰学院为例 [J]. 赤峰学院学报（汉文哲学社会科学版），2023（12）：107－110.

# 通识教育的实践路径探索

## ——以两个法学知识点的讲解为例

詹小平

四川大学法学院

**摘　要**：本文通过两个法学知识点的讲解，对通识教育的实践路径进行探索，指出好的通识教育需要教师具有多学科的知识储备，并采用灵活多样的教学形式启发学生进行多角度思考，循序渐进地培养学生形成多学科的知识结构，开展多视角思考，提高解决实际问题的能力。

**关键词**：通识教育；多学科；多角度

## 一、引言

高校通识教育的目标是为大学生提供专业教育以外的知识和视角，引发学生对不同领域经典问题以及前沿问题的思考和探讨，培养学生形成多学科的知识结构，提高多角度思考和解决问题的能力，为学生提供通行于不同人群的思维方式，以适应飞速发展且日益多元化的现代社会。当今信息技术不断发展，人工智能技术日新月异，国际局势瞬息万变，社会的快速进步使得单一的专业性人才不再符合其发展需要。实行通识教育不仅是大学生个人发展的需要，也是我国高等教育提升的必然要求，更是满足经济全球化对综合型人才需求的需要。

现代教育注重培养"完整的人"，因此，教育改革应积极创新培养模式，造就一批"才学通天人，睿智识古今"的通识人才。通识课程要通过知识的基础性、整体性、综合性、广博性，使学生拓宽视野、避免偏狭，培养独立思考与判断能力、社会责任感和健全人格。在高校中实行通识教育，对于提高人才培养质量十分必要，是教学改革的有力举措。要推行通识教育，高校必须从正确理解通识教育理念的实质内涵、积极探索通识教育的多种实施形式、优化教师知识结构等方面入手。

通识教育对于教师素质、教学方式都提出了较高的要求。首先，在教学内容的选择上，通识课程学时有限，教师正确而精准地选择合适的内容，才能达到以点带面、举一反三的效果，引导学生发散性思考。其次，在教学形式上，教师只有做到在有限的时间和空间内激发学生的学习热情，引导其化被动学习为主动学习，带动其认真思考并说出自己的观点，让不同观点在课堂上碰撞，才能达到沉浸式教学的效果。最后，教师要注重课堂目标设定和验收，只有做到收放自如，才能实施成功的课堂教学。

下文将通过对两个法学知识点的讲解来剖析通识教育中的重点以及难点，探索通识教育的实践路径。

## 二、知识点一：证据法的核心目的是发现真实

证据法的核心目的是促进真实的发现，发现真实有助于加强裁判事实的可接受性，但与此同时，真相被发现的正当结果并不能成为不合理调查或刑讯逼供等不正当手段的合理理由。对于这样一对矛盾，教师可组织学生进行如下讨论。

讨论1：真相容易被发现吗？

"真相"等同于客观事实，是否容易被发现？在讨论第一个问题时，教师可以将科学真相和历史真相做类比，具体到天文学、考古学中的案例。引导学生思考刚发生不久的案件真相与这些例子是否具有可比性，探究法律与探求科学真相、历史真相的学科有什么不同。

讨论2：证明标准是概率标准吗？

公检法机关在刑事诉讼证明的过程中，运用证据对案件事实的认定应当符合刑事实体法和程序法的规定，应当达到从法律的角度认为真实的程度。在客观事实与法律事实二者之中，法官根据证据来还原的案件事实是法律事实，无法达到客观真实。

讨论3：刑事审判是否可能犯错？

刑事审判的过程与统计学里假设检验的过程十分类似，假设检验遵循"小概率"的标准，是可能犯错的，所以关键不是"裁判会不会出错"，而是如何对待两种不同性质的错误——错判有罪和错判无罪。

### 三、知识点二：数据交易中的个人信息保护

个人信息保护与个人信息作为数据流通，这两件事从表面上看存在着不可调和的矛盾。但在数字经济时代，数据只有流通利用才能产生价值，促进经济转型和增长。那么，如何在数据流通和利用过程中保护个人信息，是理论和实践两个层面都需要解决的问题。具体到在数据交易中如何保护个人信息？教师可引导学生围绕下面两个问题展开讨论。

讨论 1：数据交易与普通商品交易有什么不同？

讨论 2：请设计几种数据"可用不可见"的交易形式。

数据是可无限复制的，数据中蕴含的个人信息一旦失去保护就意味着不可控的无限泄露。普通商品"一手交钱一手交货"的形式不再适合数据交易，普通商品的使用权天生具有排他性，数据作为商品，其使用权的排他性需要法律和技术共同保障。

### 四、教师多学科知识储备的必要性

从学生的角度来看，通识课的学生来自各个专业，知识结构各有所长。如果教师的知识储备单一，在教学过程中会不自觉地划定自己的舒适圈，仅仅以自己熟悉的方式讲授与课程专业相关的知识，这样很容易就会将通识课讲成了专业课，而完全没有顾及学生不是本专业的学生。以知识点一为例，证据法作为诉讼法中最困难的部分，有几千年理论和实践的发展，其中的法律真实论是非常晦涩难懂的，需要有认识论和法哲学的基础。但将案件真相与科学真相、历史真相做对比，非法学专业的学生也可以很好地理解法官的难题——在有限时间内必须做出终局性的结论。当真相无法被发现的时候，法官该如何做出裁决？当证据指向的不是真正的客观事实时，法官的裁判是否会出错呢？这种错误与贪赃枉法的主观错误有什么区别呢？这就和统计学中的假设检验一样，无法避免犯错，能做的是如何减小犯错的概率以及犯错所带来的损失，那么刑事诉讼法又是怎么做的呢？

天文学、考古学、统计学……当教师的思路在不同学科之间跳跃的时候，学生的兴趣油然而生，尤其是对这些领域有所涉猎的学生，他们会自发对不同学科中的案例进行类比，将不同学科知识融会贯通，由此产生比较有深度的思考，形成自己独特的观点。

从知识的角度来看，通识课的知识点在选择上应该本着基础性、综合性、

广博性的标准。以知识点二为例，当数据提升为基本的生产要素后，完善数据交易成为数字经济发展的重中之重。数据交易涉及经济学、管理学、计算机科学以及法学等多学科，是一个前沿话题，为了讲解这个知识点，教师必须具备多学科的知识储备，而且要熟稔数据交易的全过程以及数据相关理论的发展脉络。

## 五、启发学生多角度思考是核心

教师的知识储备需要通过丰富多彩的课堂教学形式转化为学生的思考，启发学生多角度思考是通识教育的核心。多角度思考才能尽量还原问题的全貌，使学生深入掌握知识点的精髓，在实际中灵活运用，实现通识教育的目标。

在刑事案件中，有被告，有被害人，还有作为公诉人的检察官，以及主持庭审的法官，对于知识点一，可以用模拟法庭的形式开展课堂教学，让学生扮演不同的角色，从不同的身份和利益站位去思考证据的作用、证明的标准、法律的限度。

再以知识点二为例，数据交易涉及各种角色，如数据提供方、数据需求方、技术提供方、技术需求方、市场监管方、立法及司法部门，等等。站在不同角色的角度应如何看待"个人信息保护"这一问题？这是一个经济学问题、法律问题，还是技术问题？各方利益如何在数据交易市场中得到有效的平衡？不同专业背景的学生可以从自己熟知的领域切入，对这个问题进行思考。例如，经济和管理专业的学生可从市场规律入手，数学和计算机专业的学生可以从隐私计算技术角度思考。这些思考始于课堂，却可以延伸至课外，甚至深入生活的方方面面，进而在潜移默化中提高学生的思考能力和认知水平，达到通识教育的目的。

## 六、结语

通识教育是高等教育不可或缺的组成部分，需要高校在教育资源上持续地大力投入。学生是高等教育的服务对象，也是社会主义现代化建设的生力军，更是祖国和民族的未来。如何让学生接受更好的通识教育，培养出适应社会发展的通识人才，是摆在高等教育工作者面前的重大课题。

本文通过两个法学知识点的教学案例阐述了通识教育中教师多学科知识储备的必要性和启发学生多角度思考的重要性。培养通识人才的前提是老师首先成为通识人才，具有多学科的知识储备才可能在选择通识课程内容、确定课程目标以及教学方式等过程中游刃有余，在课堂教学实践中实现教学相长。而教师要实现将自己的知识储备转化为学生的能力，则需要在课程教学过程中恰当地设计教学环节，灵活使用多功能教学手段，启发学生多角度思考，而且把这种思考习惯带到生活中，循序渐进，聚沙成塔，形成多角度思考的习惯和能力，达到通识教育的最终目标——培养合格的通识人才。

## 参考文献

[1] 吴国平. 通识人才培养的四个理念 [J]. 教育发展研究，2008（7）：70-73.

[2] 付钰洁，陈忠敏. 通识教育与人才培养 [J]. 重庆高教，2011（3）：76-78.

[3] 易延友. 证据法学：原则、规则、案例 [M]. 北京：法律出版社，2017.

[4] 彭诚信. 数据交易：法律·政策·工具 [M]. 上海：上海人民出版社，2021.

[5] 切萨雷·贝卡里亚. 论犯罪与刑罚 [M]. 黄风，译. 北京：北京大学出版社，2008.

建设管理

CONSTRUCTION AND MANNAGEMENT

# 通识教育课程评估及质量提升的研究与实践

## ——以四川大学为例

孙克金

四川大学教务处

**摘 要**：通识教育课程评估是高等教育质量保障的重要环节，对于促进通识教育的发展和创新具有重要意义。然而，在实际操作中，通识教育课程的评估仍然存在诸多亟待解决的问题，如评估方法单一、评估标准不明确、评估结果不科学等。本文深入研究当前高校通识教育课程评估存在的问题，探讨高校通识教育课程评估及质量提升的研究与实践经验。以期为推动高校通识教育课程评估的科学化、规范化和有效性，进而提升通识教育质量提供理论支持和实践指导。

**关键词**：通识教育；课程评估；质量提升

当前，随着高等教育改革的不断深化，通识教育作为高等教育的重要组成部分，在高校中的地位和作用日益凸显。通识教育课程直接关系到学生知识结构的形成、精神世界的构建、人格的塑造以及各种能力的习得，最终影响学生综合素质及其未来在社会上的表现和作为。通识教育课程的质量和效果直接关系到人才培养的质量，如何科学、客观地评估通识教育课程的质量和效果，一直是教育领域面临的重要问题。

## 一、国内外通识教育课程评估现状

国外高校在通识教育课程评估方面积累了丰富的经验，许多国家的高等教育机构都建立了完善的课程评估体系，采用多种评估方法，如学生评价、教师自评、专家评审等，对通识教育课程进行全面、客观的评估。同时，国外高校还注重将评估结果与课程改进相结合，不断优化通识教育课程体系。纵观美国

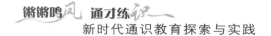

通识教育课程改革，课程评价一直是专家学者讨论的重点，对通识课程的评价不仅关系到"通识教育是什么"这一根本性问题，而且也关系到"怎么对通识教育进行评价才是最有效的"这一方法性问题。

相比之下，国内高校在通识教育课程评估方面起步较晚，但发展迅速。近年来，国内高校逐渐认识到通识教育的重要性，开始加强对通识教育课程的评估。然而，目前仍存在评估方法单一、评估标准不统一、对评估结果利用不足等问题。这些问题影响了评估的科学性和公正性，也制约了通识教育的进一步发展和创新。

## 二、通识教育课程评估存在的主要问题

### （一）评估方法单一、缺乏多样性

现有的通识教育课程评估方法主要依赖于学生评价和教师评价，缺乏多样化的评估方法，这些方法虽然简单易行，但由于缺乏有效的数据收集和分析手段，评估结果往往缺乏科学性和可靠性，无法全面、准确地反映通识教育课程的实际效果和学生的学习成果。

### （二）评估标准不明确、不统一

当前，许多高校在通识教育课程评估方面缺乏明确的标准，导致评估过程具有很大的主观性和随意性，难以保证评估结果的客观性和公正性。一方面，评估标准缺乏统一性和规范性，不同学校、不同专业之间的评估标准存在差异；另一方面，评估标准缺乏针对性和可操作性，往往过于注重课程内容的覆盖面和对知识的灌输，而忽视了对学生综合素质和创新能力的培养，容易误导高校和教育部门对通识教育的认识和理解。

### （三）评估过程中学生参与和反馈不足

在通识教育课程评估过程中，学生作为课程的主要受众和受益者，他们的意见和建议对于评估结果具有重要的参考价值。然而，现有评估体系往往缺乏有效的学生参与和反馈机制，学生参与积极性不高，有效反馈不足，无法真实反映学生的需求和意见。

### （四）评估结果利用不足导致"水课"较多

目前，很多高校在进行通识教育课程评估后，对评估结果的利用并不充

分。评估结果往往停留在纸面上，缺乏实际应用价值。评估结果未能与课程资源分配、教师考核等实际工作相结合，导致评估工作流于形式，无法真正促进通识教育质量的提升。就实践情况来看，增加开阔眼界的通识选修课导向虽好，但批评集中在通识教育课程学分多了后造成的两个问题：一是"散"，指课程没有结构体系，堆砌而成；二是"水"，指课程内容没有挑战度，容易通过，有的课程甚至被称为"淼"课。

## 三、通识教育课程评估的改进措施

### （一）采用多元化的评估方法

为了全面、准确地反映通识教育课程的质量和效果，提高通识教育课程评估的全面性和客观性，高校应采用多元化的评估方法，包括问卷调查、教师评价、学生评价、专家评审、同行评审、课程审查、教学观摩等。这些方法可以相互补充，提高评估的准确性和有效性。还可以借助现代信息技术手段，如大数据分析、学习分析等。通过多种评估方法的综合运用，可以更加准确地了解课程的质量和效果，为改进教学和提高教育质量提供有力支持。此外，有必要细化高校通识教育的量化评估，尤其是实证分析数据，统计处理，由量化评估揭示教学效果改善的具体维度，向教师、大学生和学校展示一个清晰而具体的教学效果全貌，以此推动通识教育质量的持续提升。

### （二）制定明确统一的评估标准

为了提高通识教育课程评估的客观性和公正性，高校应制定明确、统一的评估标准，确保评估过程具有统一性和规范性。具体来说，可以参考国内外先进的教育理念和实践经验，结合学校和专业特点，制定具有可操作性和针对性的评估标准。这些标准应涵盖课程设置、教学内容的广度和深度、教学方法和手段、教学效果、学生综合素质和创新能力的培养等多个方面。同时，评估标准应根据不同学校、不同专业的特点进行适当动态调整和优化，以适应教育改革的需要和社会发展的变化。

### （三）加强学生参与和反馈机制

在通识教育课程评估过程中，高校应加强学生的参与和反馈机制。通过建立学生参与平台、开展学生座谈会、问卷调查等多种方式，收集学生对课程的意见和建议。同时，应将学生的参与和反馈作为课程评估结果的重要依据之一，对通识教育课程进行更加科学和全面的评估，帮助教师和学生更好地理解课程的质量和效果，促进教学相长。

### （四）提高评估结果的实际应用价值

为了提高通识教育课程评估结果的实际应用价值，让通识教育课程评估结果更加科学和客观，高校应加强和重视评估结果的应用，应将评估结果与课程优化、课程改进、课程资源配置、教师考核等实际工作相结合。针对评估中发现的问题，制定具体的改进措施，促进教学资源的优化配置和教师队伍的建设，不断提升通识教育课程的质量。同时，还可以将评估结果适度向社会公开，提高学校的透明度和公信力。依据评价的诊断性功能和导向功能，使学生能正确地认识自己，教师能及时地调整教学，学校能科学的实施决策，由此使得通识教育取得事半功倍的效果。

## 四、通识教育课程评估和质量提升的实践经验

四川大学全面落实立德树人根本任务，聚焦"强基础、厚通识、宽视野、多交叉"，坚持"三全育人""五育并举"，坚持"价值塑造—能力培养—知识传授"三位一体的人才培养定位。以学生成长为中心，以"涵养人文情怀、拓展知识视野、强化使命担当、塑造健全人格，养成终身发展的学习能力"为目标，实施以"两大先导、十门优选、百门核心、五大模块"为主要内容的四川大学特色通识教育为基础的宽口径专业培养。学校加强对通识教育课程的监督和管理，强化通识教育课程质量监控机制，定期对课程进行评估和审查，确保课程质量的持续提升；在第60届中国高等教育博览会等全国性论坛上，交流通识教育经验；组织"深耕五育并举，熔铸通识金课"全国通识教育大会，超过50所高校的300余位专家参会。新华社、《中国科学报》等多家媒体对四川大学在通识教育方面的创新与实践进行报道，产生了积极广泛的社会影响力。

### （一）多元化评价通识教育课程质量

完善通识教育核心课程的评价标准，加强过程监管与目标考核，完善以质量为导向的课程建设激励机制。以校院两级领导、督导和同行听评课，以及课程及时评教工作、视频督导为抓手，开展务实效、有组织的多元化通识教育课堂教学质量评价。出台专门的管理实施办法，建立教师自评、专家考评、同行互评、学生测评相结合的教学评价机制，在课堂教学质量评价中实行"专家、同行、学生评价"三者各三分之一的考核标准。建设教学质量综合评价数据平

台，逐步建立教学质量多元化评价报告制度，真正实现全方位评价和全过程质量管理，不断提升通识教育课程质量。

### （二）充分发挥学生的主体作用

为进一步加强师生沟通，提高教学评价的高效性和及时反馈，构建"以学为中心"的教学评价体系，四川大学对学生评教工作进行了革新，开通课堂及时评教功能。通过教师发布随堂问卷，对照学生的预期收获，及时掌握课堂情况，并基于学生课堂教学反馈开展教学反思和改进。每学年全校通识教育课程教师主动发布课堂及时反馈问卷近 800 次，学生评教参与人次超过 4 万，助力教师对课堂教学情况进行整体掌握并做好有效调整。对全校学生进行通识素养测评，以便为学生个性化推荐课程和书籍。依托智慧教学环境，利用优质在线课程进行本地化改造，并配合使用智慧教学工具，推动基于 MOOC、SPOC 开展的翻转课堂与混合式教学改革，提升学生的学习体验，充分发挥学生的主体作用。

### （三）强化评价结果导向

将评估结果与课程管理及教师培训紧密结合，充分发挥学生、院校两级教学管理督导委员和同行对通识教育课程教学质量的督查作用，实施通识教育核心课程动态进出机制。对非核心通识教育课程进行系统梳理，要求学院和任课教师对教学质量较差的课程及时整改，对教学质量评价为特别差的课程暂停开设，淘汰层次低、内容旧、评价差的"水课、冰课、淼课"。构建科学合理的通识课程教师培训机制，开展持续有效的培训与课程研讨，提升通识课程教师教学能力与水平。推动通识教育授课教师转变教育教学观念，开展探究式、小班化教学方法改革和考核方式改革，增强课程的"两性一度"（高阶性、创新性、挑战度）。

### （四）以评价促进通识教育课程及文化建设

四川大学注重通识教育与专业教育的融合，实施通识教育基础上的宽口径专业培养，构建百门通识教育核心课程体系。全面落实《四川大学关于进一步落实五育并举机制制度的工作方案》，重点培育高水平通识教育师资，打造高质量通识教育课程。建立课程负责人制度，负责把关通识教育课程建设，保证课程的水平和质量。进一步加强通识教育课程规范管理工作，注重学科交叉，突出科教产教融合，推进通识教育课程配套 MOOC 建设，出版通识教育论文集，强化通识教育。逐步构建新时代四川大学通识教育核心课程体系，形成氛围浓厚的通识教育校园文化，促进学生全面发展。

## 五、结语

通识教育课程评估和质量提升是高校面临的重要课题。本文深入研究了当前高校通识教育课程评估存在的问题，并提出了相应的改进建议。结合具体实践案例，深入探讨了通识教育课程评估和质量提升的实践过程，总结了有效的实践经验。通过采用多元化的评估方法、制定明确统一的评估标准、加强学生参与和反馈机制、提高评估结果的实际应用价值等措施，强化质量监控、推动课程创新、加强资源建设，逐步提升通识教育课程质量。随着高等教育的不断发展和社会需求的不断变化，通识教育课程评估及质量提升仍然面临新的挑战和机遇。因此，高校需要继续加强研究与实践，不断完善通识教育课程体系和评估机制，通过高校和教育部门的共同努力和持续推动，为培养全面发展的人才提供有力支持。

### 参考文献

[1] 熊耕. 哈佛大学通识教育课程及其教学的管理 [J]. 考试研究，2012（4）：27-31.

[2] 马星，国兆亮. 基于学习结果的美国通识教育评价 [J]. 高教发展与评估，2017（6）：35-42.

[3] 苏芃，李曼丽. 基于 OBE 理念，构建通识教育课程教学评估体系——以清华大学为例 [J]. 高等工程教育研究，2018（2）：129-135.

[4] 杨红琳，李严成. 我国高校通识教育评价体系的构建 [J]. 通识教育研究，2020（0）：44-53.

[5] 朱海龙，王云魁. 大学通识教育实践操作教学课程评估研究 [J]. 黑龙江教育（高教研究与评估），2015（6）：50-51.

# 高校通识课程考核改革的实践与思考

## ——以四川大学为例*

田　欣　王佳黎　白　伟　张艳霞　龚小刚

四川大学教务处

**摘　要**：通识教育在高校人才培养中的作用日益凸显，现阶段的课程考核机制能否满足通识教育的目标和要求是目前关注的重点。本文基于四川大学通识课程考核改革实践，从通识教育的定位与目标、通识课程考核机制改革等方面提出建议，为我国高等院校通识教育改革发展提供参考。

**关键词**：通识教育；通识课程；考核机制；考试改革

习近平总书记强调："人才培养一定是育人和育才相统一的过程，而育人是本。人无德不立，育人的根本在于立德。这是人才培养的辩证法。办学就要尊重这个规律，否则就办不好学。"通识教育作为落实立德树人根本任务的关键环节，在培育社会主义建设者和接班人的过程中发挥着不可替代的作用。

## 一、通识教育与通识课程考核

通识教育源于古代西方的自由教育理念。美国哈佛大学校长詹姆斯·布莱恩特·柯南（James Bryant Conan）组织多名专家教授，于 1945 年出版了 *General Education in a Free Society* 一书，即美国高等教育史上著名的《哈佛通识教育红皮书》，书中第一次明确提出通识教育的目标："有效的思考、思想的沟通、恰当的判断和分辨各种价值。"

我国古代教育观念中同样也蕴含着丰富的通识教育理念，而我国近代的通识教育最早可以追溯至 20 世纪 80 年代。经过几十年的发展，我国大学的通识

---

*　本文系四川大学党政管理服务研究项目（项目编号：2024DZYJ-36）的阶段性成果。

教育在教育理念、教育实践等方面经历不断探索和变革，积累了丰富的经验。然而在通识教育的实践过程中，也出现了一系列的问题，如：部分教师对通识教育的概念存在一定的理解偏差或误解；部分通识课程教学目标不清晰，课程体系缺乏整体规划；部分通识课程的教学方式单一，课程考核随意等。

课程考核是教学活动的重要环节之一，是检查教师教学质量和考查学生学习效果的重要方式和手段。通识课程考核不仅是为了学习结果的评定，更是为了敦促学生认真学习，进而提高通识课程的学习效果。然而，北京大学元培学院李猛教授基于本科毕业生调查数据，发现中国大学本科生普遍存在的"绩点中心的学习模式"。他们往往出于对"绩点"的顾虑而采取保守的选课策略。此外，多数学生在平时仅仅使用少量的时间来学习通识课程，并采用在考前突击备考的方式来应对通识课程的考核。清华大学高等教育研究所李曼丽教授的研究指出，教师在对学生进行通识教育考核时要弱化考试和评分，关注学生的平时表现而不是考试分数。因此，高校亟需以考核模式改革为抓手，通过教学改革，带动教师教学、学生学习的积极性，让学生真正受益于通识教育。

## 二、四川大学通识教育与课程考核改革的实践探究

### （一）重视通识教育顶层设计

作为最早一批国家大学生文化素质教育基地，四川大学建立健全通识教育专家委员会和专家工作小组等组织机制，制定《四川大学通识教育核心课程体系建设实施方案》，全面发挥学校历史文化底蕴深厚、扎根社会服务国家、学科门类齐全完备的综合优势，持续推进具有"川大风格"的通识教育新体系建设。

### （二）科学规划通识课程体系

学校高度重视通识课程质量，持续丰富通识课程体系。截至 2023 年底，四川大学共开设通识核心课程 90 门，分为"人文与艺术""自然与科技""生命与健康""信息与交叉""责任与视野"五大模块（图 1）。其中，"人文与艺术"模块开设了以"人类文明与社会演进"为代表的 23 门课程，占通识核心课程总数的 25.6%；"自然与科技"模块开设了以"科学进步与技术革命"为代表的 16 门课程，占通识核心课程总数的 17.8%；而在"生命与健康""信息与交叉""责任与视野"模块，学校也分别开设 15 门、13 门、23 门课程，分别占通识核心课程总数的 16.6%、14.4% 和 25.6%。

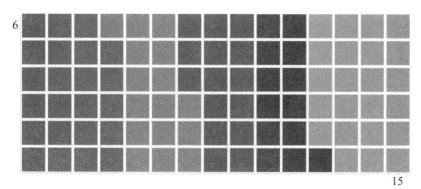

■人文与艺术 ■自然与科技 ■生命与健康 ■信息与交叉 ■责任与视野

图1　四川大学通识核心课程模块及课程门数

## （三）加强通识课程考核机制改革

学校全面实施通识课程全过程管理和考核，通过增加平时考核次数，提高平时考核成绩占总成绩的比例，引导学生注重学习过程。原则上，平时考核次数不低于6次，期末考试成绩占总成绩比例不高于50%。全校通识核心课程过程化考核成绩占总成绩比例为60.1%，"人文与艺术""自然与科技""生命与健康""信息与交叉""责任与视野"五大模块课程过程化考核成绩占总成绩比例分别为59.6%、61.6%、59.7%、60.0%和59.8%（表1）。

表1　四川大学不同模块通识核心课程考核成绩占比情况

| 模块 | 核心课程门数 | 过程性考核成绩占比 | 终结性考核成绩占比 |
|---|---|---|---|
| 人文与艺术 | 23 | 59.6% | 40.4% |
| 自然与科技 | 16 | 61.6% | 38.4% |
| 生命与健康 | 15 | 59.7% | 40.3% |
| 信息与交叉 | 13 | 60.0% | 40.0% |
| 责任与视野 | 23 | 59.8% | 40.2% |

学校注重考试方式的多元化，任课教师可根据学科特点及阶段教学内容采取不同的考试方式，如：测试、课程演示、作业、论文、笔试、口试、笔试与口试相结合、上机、实验操作、答辩、设计等。在"人文与艺术"模块通识核心课程"典籍中国：跨越时空的对话"中，任课教师将学生课堂个人口头陈述、小组报告、小组辩论、才艺表演、学习心得分享至微信公众号等作为过程性考核方式，终结性考核则采用读书报告和古文写作的考核方式。在"自然与科技"模块通识核心课程"师法自然：仿生思维与人类生活"中，任课教师将

学生分组讨论、小组研究报告、研究报告课堂汇报、课堂讨论、课堂问答等作为过程性考核方式，以非标准答案式开卷考试作为终结性考核方式。

## 三、高校通识教育与课程考核改革的思考

### （一）明确通识教育的定位与目标

党的二十大报告指出，"教育是国之大计、党之大计。培养什么人、怎样培养人、为谁培养人是教育的根本问题"。通识教育旨在提升学生综合素质，培养对国家和社会有责任感的栋梁之材。因此，要在思想上高度重视通识教育的重要作用，改变传统"重专业、轻通识"的观念；要积极搭建通识教育改革创新平台，整合多学科、多类型的教学资源，完善通识课程体系建设，充分发挥通识课程在学生价值塑造、能力培养、知识传授等方面的多重作用。

增进对中华民族和伟大祖国的情感，传承民族精神，增强国家观念，也是通识教育培养的重要目标和内容。爱国主义教育虽然不属于某一个学科，但是爱国主义精神是我们每个人都必须培养和形成的重要观念。国家将爱国主义教育纳入国民教育体系，高等院校更应当将爱国主义教育贯穿学校教育的全过程，使学生在学习过程中不断深化对国家的热爱。

### （二）持续推动通识课程考核机制改革

通识课程一度被认为是"水课"的重灾区，这很大程度上与其课程考核环节简单、考核方式单一等原因有关。部分任课教师仅把考勤作为平时成绩来源，期末考核时仅需要学生提交一篇课程论文即可，这是对课程考核和学生成绩极大的不负责。考试要充分体现教学活动评价的科学性和有效性，强调四个结合，即标准与非标准答案考题相结合、灵活考查和基础考试相结合、动态考核与静态考试相结合、个人成绩与团队成绩相结合，持续推动"全过程学业评价—非标准答案考试"等考试机制的改革创新，促进广大师生在"教"与"学"的碰撞和融通中不断反思、不断探索、不断成长。

积极推进数字化赋能教学质量提升，充分发挥考试在教学质量管理中的重要作用。任课教师根据课程内容与特点，设计科学、合理的多元化考核方式，在实施过程中可借助教学智能辅助系统或手机端应用（APP）记录学生学习的全过程，进而实现基于学生全过程学习记录的学习效果评价结果。任课教师在考核过程中应注重调动学生的学习积极性、主动性，引导和督促学生全过程参与学习、巩固所学知识和技能，促进学生真学、想学、真领会。

重视课程考核的评价和反馈。鼓励任课教师在过程性考核中建立学伴互评、多人匿名评价或学习小组综合评价等考评机制，培养学生独立思考、批判反思、交流协作等方面的能力。终结性考核结束后，任课教师不仅要注重阅卷判分及分析考试结果，还要对学生全过程学习效果进行评价和反馈。此外，任课教师也要注重通过考试结果的反馈，不断改进教学方法、丰富教学内容。

## 四、结语

考核是教育手段而不是教育目的。当前我国高等教育已经站在新的历史起点，大学通识教育的地位和作用愈加凸显。四川大学通过加强通识教育顶层设计，科学规划通识课程体系，改革通识课程考核机制等不断提升通识教育质量。结合实践探索，本文认为高校可以从明确通识教育的定位与目标、持续推动通识课程考核机制创新等方面进一步深化通识教育改革，进而提高人才培养质量。

### 参考文献

[1] 董晓丽. 中国古代教育观念中的通识理念 [J]. 当代教育科学，2012 (7)：52-53.

[2] 杨颉，钟启泉. 大学通识教育课程研究 [J]. 高等教育研究，2010 (6)：7.

[3] 冯英. 近二十年来我国大学通识教育课程研究综述 [J]. 黑龙江教育（高教研究与评估），2012 (1)：54-57.

[4] 北京大学新闻网. 通识教育在中国：现状、挑战与应对——访北京大学李猛教授[EB/OL].（2019-11-8）[2023-11-12]. https://news. pku. edu. cn/ztrd/bjlt2019/81d3e81ed4b44b3689781e5d4e514348. htm.

[5] 李曼丽，张羽，欧阳珏. 大学生通识教育课程实施效果评价研究 [J]. 教育发展研究，2014 (Z1)：37-43.

[6] 党跃武，刘黎. 四川大学本科教育教学工作手册 [M]. 成都：四川大学出版社，2023.

[7] 宋春晓. 北京林业大学通识教育改革探究 [D]. 北京：北京林业大学硕士学位论文，2020.

[8] 杜学领. 通识选修课过程考核理论与实践研究 [J]. 安顺学院学报，2020 (4)：121-129.

[9] 党跃武. 从定见到创见：2022 年四川大学非标准答案考试论文及试题集 [M]. 成都：四川大学出版社，2023.

[10] 文海家，王桂林，杨海清等. 通识慕课混合教学全过程记录考核模式研究与实践——以"地学景观文化"为例 [J]. 中国地质教育，2019 (3)：68-71.

# 国际化人才培养视角下高校通识教育建设思考

何晓清　伍红雨

四川大学教务处

**摘　要**：提升我国高等教育人才培养的国际竞争力，加快培养具有全球视野的高层次国际人才是我国高校的重要使命。国际化人才的基本能力特征是具有家国情怀和国际视野、具备跨文化沟通能力和持续创新能力，通晓国际规则和惯例。通识教育不仅能增加学生知识的宽度、广度和深度，更能促成学生内在价值世界的完善，促进学生人文精神的养成、创新能力的形成和德智体美劳的全面发展。国际化人才所具备的能力特征和通识教育的培养目标两者之间是内在统一的关系，互相补充、支撑、促进。因此，本文从基于国际化人才能力设计通识教育目标、基于国际化人才要求丰富通识课程体系和基于国际化人才发展扩展通识教育外延三个方面论述了国际化人才培养视角下通识教育建设路径。

**关键词**：国际化；人才培养；全球视野；通识教育

习近平总书记提出构建"人类命运共同体"以来，我国对国际化人才的需求大大增加。当前，世界百年未有之大变局加速演进，社会发展的不稳定性、不确定性突出，人类社会面临许多共同挑战，培养具有全球公民意识、批判精神、理性思辨能力、跨文化交际能力和信息素养的高素质国际化人才成为高校的重要使命。在此背景下，通识教育在引领大学生正确价值导向，引导他们以国际化视野参与、融入国际事务，提升他们影响全球事务的国际竞争力和领导力等方面发挥了重要作用。

## 一、国际化人才的能力特征

习近平总书记指出，中国需要一大批熟悉党和国家方针政策、了解我国国情、具有全球视野、熟悉运用外语、通晓国际规则、精通国际谈判的专业人才。2020 年教育部等八部门《关于加快和扩大新时代教育对外开放的意见》中明确指出，要把培养具有全球竞争力的人才摆在重要位置，提升我国高等教育人才培养的国际竞争力，加快培养具有全球视野的高层次国际人才。关于国际化人才的定义，多数学者倾向于从他们应具备的能力和素养来界定。桑元峰对国际化人才的理解是掌握扎实的专业知识，拥有跨学科视野和跨文化交际能力，理解全球化内涵，积极参与国际事务，解决实际问题。王玉峰、樊蓉认为，国际化人才应具有国际化的理念和创新思维，具备前沿的专业知识结构和持续的创新能力，熟悉领域内的国际规则和惯例，能在国际范围内进行合作和竞争，并且具有良好的跨文化沟通能力。姜锋认为，全球视野和世界眼光应该是国际化人才的重要特征，主要包含四个维度：一是从中国看中国，熟悉本国历史与传统；二是从中国看世界，学习世界优秀文明成果；三是从世界看中国，在国际比较中认识中国特色；四是从世界看世界，把握世界大势和时代潮流。吴易林从关注全球竞争和全球共生互嵌的角度，认为在以个人发展为核心的全球胜任力基础上，应丰富国际理解教育内容，将道德和责任、自觉与自信纳入全球能力培养的发展指标，了解具有全球视野和文化意义的问题，并为集体福祉和可持续发展采取行动。杨添富、刘若冰归纳出国际化人才应具备六种能力和素质，即国际化的专业知识和科学素养、国际化大环境下的家国情怀、国际化的思维能力、国际化的跨文化能力、国际化的创新能力和信息素养。

综上所述，具有家国情怀和国际视野、具备跨文化沟通能力和持续创新能力、通晓国际规则和惯例是国际化人才的基本能力特征。

1. 具有家国情怀和国际视野

家国情怀和国际视野是指学生不仅熟悉中国国情，立足自身特色，高度认同自己的文化和传统并为之自信，同时能以一种开放意识和全球眼光，理解并尊重全球不同的国家和文明，自主学习人类共同创造的优秀文明。

2. 具备跨文化沟通能力和持续的创新能力

跨文化沟通能力是指在外语能力的基础上包容、理解和使用多元文化的能力；持续的创新能力是学生分析和解决国际问题时所需的理性思辨能力、批判思维能力和问题解决能力。在数字化、智能化时代，知识更新周期不断缩短，科学成果转化速度不断加快，创新成为推动社会前进的动力，创新能力要实现"持续"，需要以终身学习理念为基础，培养学生的创新意识和能力。

3. 通晓国际规则和惯例

国际规则和惯例决定着国家间共同利益的实现程度，可以降低交易成本、稳定预期和减少不确定性。通晓国际规则和惯例首先要有能力参与国际事务与国际竞争，进而发挥主导作用，参与国际规则的制定和修改。可以看出，加快培养高素质国际化人才是在重塑全球政治经济格局、我国外部发展环境错综复杂的背景下，国家建设和教育发展的迫切需求。

## 二、大学通识教育的目标

联合国教科文组织《教育——财富蕴含其中》指出："教育应促进每个人的全面发展，即身心、智力、敏感性、审美意识、个人责任感、精神价值等方面的发展。应该使每个人借助于青年时代所受的教育，能够形成一种独立自主的、富有批判精神的思想意识，以及培养自己的判断能力，以便由他自己确定在人生各种不同的情况下他认为应该做的事情。"黄坤锦认为："不管是人文、社会与自然科学，主要探索的本质内涵是人类精神的自由、心灵的满足、生命的尊严、生活的价值、资源的善用、宇宙的和谐等，这就是通识教育的精神。"强世功提出："在数字智能时代，大学通识教育要更加积极地展现各学科对现代社会问题的深刻思考，不仅要打通传统到现代人类文明延续脉络，形成多元文化经典之间的对话，更重要的思考技术发展与人类命运，以更加积极的价值教育引导学生思考何以'学以成人'。"

因此，通识教育的目标不仅在于增加学生知识的宽度、广度和深度，更重要的目标是促成学生内在价值世界的完善，培养学生如何"做人"的素质，尤其是作为社会公民的素质，从而形成独立人格和独立思考的可贵品质。西方的高校往往通过开展通识教育，在培养学生获取和理解知识的能力、有效思考和清晰沟通能力的同时，使学生在民族精神、责任意识等价值观方面受到潜移默化的影响。我国高校越来越多地重视运用通识教育所蕴含的人文精神，面向世界，面向未来，着力培养学生的独立生活、独立思考和独立研究的能力，培养他们的社会责任感和使命担当，使之成为能具有国际胜任力的拔尖创新人才。比如四川大学聚焦"厚通识、宽视野、多交叉"，以"涵养人文情怀、拓展知识视野、强化使命担当、塑造健全人格，养成终身发展的学习能力"为目标制定实施了通识课程方案。基于全球化大背景，结合上述国际化人才的能力特征，以四川大学通识课程体系为例进行具体剖析，大学通识教育的目标主要包含了以下核心内容。

### 1. 促进学生人文精神的养成

人文精神就是人类的文明和精神所在，是指以人为本、体现人的本质属性的精神，是揭示人的生存意义、体现人的价值和尊严、追求人的完善和自由发展的精神。通识教育就是要通过积极的教育实践活动，让学生在思想上受到人文精神的感染和熏陶，并将内化的人文精神通过实践外化于处理人与人、人与自然、人与社会的关系活动中，从而达到唤醒大学生人文意识、提升大学生精神品位、塑造大学生健全人格等目的。比如，四川大学通识课程体系中，通过对经典文化作品、美术创作、音乐风格、视觉艺术的赏析，发展学生认识美、理解美和欣赏美的能力；通过对生命、医学、哲学等领域的学习探索，引导学生充分理解、尊重和敬畏生命和自然，养成健康、阳光、自信的性格品质；通过对世界和本国文化传统的教育和熏陶，让学生以更加开放的心态学习和借鉴其他文明的优秀成果，了解人类文明发展过程和现实存在的世界，使之具有人类命运共同体的归属感，提升他们的文化自信和责任担当。

## 2. 促进学生创新能力的形成

创新能力是人诸多能力中最重要的一项。它不仅是一种智力特征，更是一种人格特征，表现为摄取、改组和运用知识的能力，更表现出对创新意识的积极追求以及探究真理的心理取向。知识是创新的起点，通识教育内容的多学科性丰富和拓宽了知识面，更易于激发学生创新思维。通识教育是跨越学科的教育，多学科的视角、异质的学科表达方式易于让学生找到各领域的交叉点，研究出创新性的成果。同时，通识教育推崇的是一种超越功利而弘扬人文精神、科学精神的教育，这有助于提升学生探索新知识的主动性和创造性。比如，四川大学通识教育模块中"自然与科技""信息与交叉"等内容，通过展示相关学科起源、发展历程或未来研究前景，培养学生的科学思维，提升他们的深度思考和独立研究能力；通过以"信息＋"推动实现"万物互联"和"万物智联"的新场景，让学生有更宽的专业知识面和多学科的学术视野，培养他们探索科学前沿和创造未来技术的能力。

## 3. 促进学生德智体美劳的全面发展

我国高等教育内涵式发展的核心是提高人才培养质量，培养德智体美劳全面发展的建设者和接班人。通识教育的核心是一种以人为本的全面发展观，强调在高等教育过程中贯穿以人作为社会发展目的、动力和主体的中心理念，促进专业教育与通识教育的交融共振。中国高校通识教育的发展跟国家教育方针同向同行，在立德树人根本目标的指引下，面向中国现代式发展，培养民族复兴的时代新人。四川大学坚持"五育并举"，充分发挥综合大学的多学科优势，通过跨学科融合、个性化培养、多元化合作，着力培养学生兴趣潜质与使命担当相结合、扎实基础与宽广视野相结合、创新思维与独立思考相结合的全面发展素质能力，同时不断完善美育、体育和劳育榜样课程示范作用，开展特色化美育和中华优秀经典原典阅读推广活动等，激发他们的能动性、自主性和创造性，建构他们自由发展的条件，建立他们适应国际化发展的全面素质。

## 三、国际化人才培养视角下通识教育建设路径

国际化人才培养和通识课程都是现代高等教育体系的重要组成部分，提高学生的综合素质和能力，让他们更好地适应全球化是两者共同的目标和愿景。对照国际化人才所具备的能力特征和通识教育的培养目标，可以看出两者之间是内在统一的关系，互相补充、支撑和促进。一方面，学生通过系列通识课程的学习和熏陶，能够达到具备家国情怀、国际视野、跨文化沟通能力的目标；另一方面，新时代、新形势对国际化人才培养的新要求又不断促进通识课程体系丰富和完善。

### 1. 基于国际化人才能力设计通识教育目标

培养国际化人才是我国高校的重要教育目标，因此，在进行通识课程目标设计过程中，要充分考虑当前国际社会和我国经济发展对人才的要求。四川大学通识教育强调以学生成长为中心，着力培养具有健全人格，具有人文情怀和科学精神，具有独立生活、独立思考和独立研究的能力，具有社会责任感和使命担当，具有全球竞争力、能够胜任未来挑战的未来优秀公民和创新人才。

从价值、知识、能力三个维度进行剖析，通识教育的二级目标可以表述为以下维度：

价值维度，人文精神的养成。让学生具备全球眼光和国际视野，以开放、平等、热爱的态度，包容、理解、尊重、欣赏多元文明和文化，关注自我、关注社会、关注国家的同时，还关注世界、关注人类、关注未来，有作为世界公民的国际意识和态度、责任感和使命感。

知识维度，社会知识的丰富。让学生从政治、经济、文化、历史、社会、宗教等方面掌握和理解中华文明、世界文明和人类文明的相关知识，了解多元文化间相互依存的关系；学习和了解地球生态文明知识、数理之美、科技前沿，帮助学生对相关研究领域的历史和工作价值有更加深入的了解；熟悉和掌握国际惯例和法则，了解国际交往的基本礼仪、基本规则，让学生有能力走到国际舞台上去展示甚至去引领。

能力维度，科学素养的提升。不断提升学生的跨文化思维和交流能力、国际理解能力，让学生了解和把握中国发展与全球热点议题的关联以及大国之间的关系；提升创新能力和信息素养，掌握运用网络判断、检索、评价和

有效利用信息的能力，有主动发现、研究、分析和解决国际热点问题的方法和能力。

2. 基于国际化人才要求丰富通识课程体系

课程体系是高校人才培养的主要载体，在教育价值观理念的指导下，将课程的各个构成要素加以排列组合，使各个课程要素在教学动态过程中指向课程体系目标实现的系统。以四川大学为例，基于国际化人才培养的通识课程体系构建，就是以教育对外开放战略作为根本指导，基于通识教育的目标，以跨学科交叉融合、探究创新为特色，以"科学进步与技术革命"等两大先导课程为引领，打造"自然与科技""人文与艺术""生命与健康""信息与交叉""责任与视野"五大模块。这不仅将总体课程内容设计置于中国现实国情和中国文化语境中，更是将人类文明、世界人文、全球热点、大国关系等国际化内容融入，让学生在不断坚定"四个自信"的同时，更全面、更深入地了解人类作为命运共同体的价值和意义，助力他们在全球化背景下参与国际事务、解决世界性问题，致力于为我国参与全球治理体系改革和建设积极行动并发挥作用，为世界和平和人类福祉做贡献。

3. 基于国际化人才发展扩展通识教育外延

校本通识课程体系的打造在一定程度上呼应了国际化人才培养对通识课程目标的要求，但是，家国情怀和国际视野的涵养、国际思维方式的训练、跨文化交际能力的提升、信息处理能力和创新能力的培养，需要高校充分利用现代数智资源、通过实践不断构建和巩固。以四川大学为例，学校一是通过"引进来"，积极与世界一流大学合作，挖掘、整合全球优质教学资源，引进一流师资为学生开设全英文课程、科研主题讲座、交叉学科项目制课程、师生中外文化交流活动、田野实习实践活动等，强化学生国际素养、训练学生国际思维方式、提升学生交流交际能力和科研学术能力。二是通过"走出去"，不断发展以拓展学生眼界为目的的寒暑假海外访学、国际知名大学重点实验科研训练项目、大学生海外实习实训项目、各类国际会议、国际访问考察活动、国际学科竞赛等活动，让学生能亲身感受世界的发展、体验不同的文化，持续关注全球性、区域性的热点问题，进一步拓宽他们的国际视野。三是在数字数智时代，依托智慧教学环境，充分利用多元化互联网资源等进行本地化改造，推动基于MOOC、SPOC开展混合式教学改革，在不出国门的情况下获得世界一流大学的教育资源和知识储备，提升学生的学习体验。

## 参考文献

[1] 加强合作推动全球治理体系变革共同促进人类和平和发展崇高事业 [N]. 人民日报，2016−09−29.

[2] 桑元峰. 从国际化人才培养视角探索外语教学质量监控 [J]. 外语界，2014 (5)：40−41.

[3] 王玉峰，樊蓉. 高校国际化人才培养模式：西方名校的经验与启示 [J]. 新疆大学学报（哲学·人文社会科学版），2016 (4)：22−30.

[4] 姜锋. 培养具有全球视野是世界眼光的高层次国际化人才 [J]. 中国高等教育，2020 (21)：26−28.

[5] 吴易林. "全球竞争"与"全球共生"之互嵌：全球能力提出背景与理念再释 [J]. 比较教育研究，2022 (12)：52−61.

[6] [13] 杨添富，刘若冰. 新时代高校构建国际视野人才培养课程体系的路径研究 [J]. 云南开放大学学报，2023 (4)：73−79.

[7] 杨洪英，陈国宝，刘承军，杜涛. "双一流"高校国际化人才培养的逻辑依归、问题表征与应然路向 [J]. 现代教育管理，2023 (3)：47−57.

[8] 联合国教科文组织编，联合国教科文组织总部中文科译. 《教育——财富蕴藏其中》 [M]. 北京：教育科学出版社，2014.

[9] 黄坤锦. 大学通识教育的基本理念和课程规划 [J]. 北京大学教育评论，2006 (3)：31−33.

[10] 强世功. 数字智能时代的大学通识教育 [J]. 复旦教育论坛，2023 (2)：5−12.

[11] 张立平. 全球化视野下中国高校通识教育研究 [D]. 武汉：武汉大学，2014.

[12] 李言荣. 打造具有川大风格的通识教育 [N]. 中国科学报，2021−07−13.

# 国际通识教育的概念界定、教育实践与高质量发展研究[*]

张 杰[1] 唐 甜[2]

1. 四川大学海外教育学院
2. 四川大学文学与新闻学院（新闻学院、出版学院）

**摘 要**：作为通识教育的重要组成部分，国际通识教育以中外学生为对象，以跨文化、跨学科、跨领域的普遍知识为内容，以提升学生的跨文化能力和全球胜任力为目标，致力于为解决全球性问题提供方案和手段。以四川大学为代表的国内部分高校开展了国际通识教育的实践探索。未来，各高校还需要从统筹优质教育资源、打造高水平师资队伍、开展动态教育评估等方面入手，构建国际通识教育体系，推动我国的通识教育高质量发展。

**关键词**：国际通识教育；概念；实践；发展

2020 年 11 月，教育部发布的《新文科建设宣言》明确提出要"推动文科专业之间深度融通、文科与理工农医交叉融合"，"培养学生的跨领域知识融通能力和实践能力"。2023 年 5 月，习近平总书记在主持中共中央政治局第五次集体学习时强调，要加快建设教育强国，积极参与全球教育治理，增强我国教育的国际影响力和话语权。这既指明了新时代我国高等教育的发展方向，也为高校的教育改革提供了新的理念和思路。国际通识教育不但注重学科交叉与专业融合，而且强调构建开放式、国际化人才培养体系，日渐成为全球经济一体化、文化多元化时代，赋能现代教育的一种重要手段与方式。

## 一、国际通识教育的概念界定

通识教育是教育界一个传承延续很久且又历久弥新的主题。20 世纪 90 年

---

\* 本文系四川大学新世纪高等教育教学改革工程（第十期）研究项目"汉语言专业来华留学生教材建设与课程体系优化研究"（项目编号：SCU10200）的研究成果之一。

代以后，国内学者在学习借鉴国外关于通识教育理论和实践的基础上，开始了通识教育的本土化研究，且尤为强调中国文化对通识教育的重要意义。如钟秉林等提出"要重视通识课程中中国传统文化内容的建构"，董成武等认为"通识教育本土化的重点主要是文化目标上的本土化"。其实，早在民国时期，钱穆先生就以中国传统文化为基点，将"通识"这一核心概念论述为"所谓通学，即是从文化大原来辨认学术分野"，认为中国的教育如果不从文化大原出发，培养出来的学生既不能继承中华文化，亦无法参透其他异质文化的内蕴。可见，在中国研究通识教育，必然离不开文化。

2016 年 3 月，国家发布的《中华人民共和国国民经济和社会发展第十三个五年规划纲要》，首次明确提出"实行学术人才和应用人才分类、通识教育和专业教育相结合的培养制度，强化实践教学，着力培养学生创意创新创业能力"。围绕这一要求，很多高校都积极进行通识教育改革实践，同时展开了深入研究。

作为高等教育的重要一环，当前我国高校的通识教育理念主要存在"补充论""美国论""国学论""学科论"四种倾向，研究成果涵盖了通识教育的课程目标与体系、通识教育与专业教育结合、师资力量与管理方式、教学效果评价与评估等方面。这些都充分表明，我国的大学通识教育具备了丰富的内涵和较为完备的体系。但随着全球化时代的到来，更具世界格局与开放视野的国际通识教育理念被教育界关注。

如果说普遍意义上的通识教育基于整合不同学科的知识，"使学生具有广博的学识和深厚的文化修养，"通过"理性养成"而成为"现代公民"，那么国际通识教育作为应对全球问题的治理方案和人才培养目标，融合德育共生、跨文化交际和可持续发展的理念设计，成为促进国家、民族沟通顺畅，助力解决极端主义、恐怖主义、文明冲突、环境破坏等全球性难题的知识导引和手段。

国际通识教育既有一般通识教育的共性，又有自身的个性。具体来说，国际通识教育的目标是培养具有创新能力和国际视野的高素质人才，更倾向于解决全球问题与全球治理，其对象不仅包括中国学生，而且涵盖了国际学生群体。这对于传播中华优秀传统文化、讲好中国故事、发出中国声音，以及深入推进"留学中国"品牌建设等都具有积极的作用。

基于此，本文认为，国际通识教育是通识教育的一个重要组成部分，它以中外学生为对象，以跨文化、跨学科、跨领域的普遍知识为内容，以提升学生的跨文化能力和全球胜任力为目标，致力于为解决全球性问题提供方案和手段。

具体而言，在知识层面，国际通识教育的内容选择应体现开放性、世界性，让中国学生更具国际视野，让国际学生更懂中国文化，让各国学生之间增进理解。在实践层面，通过构建模拟的国际交流环境及创造与国际友人交流的机会，让学生逐步打破跨文化交流障碍，掌握跨文化交际技能。通过理论结合实践，最终在观念层面有效帮助学生树立平等、互鉴、对话、包容的文明观，理解并践行习近平总书记倡导的"以文明交流超越文明隔阂，以文明互鉴超越文明冲突，以文明共存超越文明优越"的理念。

## 二、国际通识教育的实践运作

为了进一步适应新形势下教育国际化的新要求和"在地国际化"的新思路，国际通识教育应统筹利用国内外优质的教育资源和创新要素，切实做到国际化与通识性两项要求。由于国际通识教育不仅包括对中国学生的国际化教育，同时也将国际学生的专业知识学习、语言能力、对中国的认知和对中国文化的理解等纳入其中，因此在开展国际通识教育时，应实施中外学生趋同化管理。

早在 2018 年，教育部发布的《来华留学生高等教育质量规范（试行）》就将国际学生人才培养目标概括为四个维度：学科专业水平、对中国的认识和理解、语言能力、跨文化和全球胜任力。基于这一要求，国内有一些高校将留学生课程纳入国际通识教育体系。例如，复旦大学将"中国概况"列入了通识教育课程。该课的价值目标是培养学生全面认识中国国情与文化，这也是其核心目标。同时它还兼顾以下三个能力目标：一是多元文化意识和跨文化沟通能力，二是学术研究能力，三是汉语运用能力。其实除复旦大学外，北京语言大学、北京大学、四川大学等国内众多高校都开设了"中国概况"课，只是该课程多是面向国际学生，以中文、英文或二者结合的方式讲授关于中国的基本情况，然而绝大多数高校并没有将其纳入通识教育。

事实上，对于国际学生而言，加强通识教育课程不仅有重要的意义，而且有必要的价值。但这并不表示一定要"另起炉灶"，重新建立一套独立、完整的国际学生通识教育体系。毕竟中外学生的趋同化管理与培养，才更符合当代大学国际化教育的发展要求。在建设国际通识教育课程方面，四川大学进行了有益的尝试。

2019 年 4 月，四川大学组织启动了"新时代本科教育改革与发展大讨论"，决定在三年内建成百门通识教育核心课程，分为"人文与艺术""自然与科技""生命与健康""信息与交叉""责任与视野"五大模块。其中，第五模块明确提出要建设"关注全球化时代多文明共存的世界和人类面临的共同议题的课程，重在拓展学生的全球视野，促使其较深入地了解人类社会的历史演变和多元文明的差异、价值整合，建立学生对国际性问题的基础认知和对国际规则的通晓，培养其参与国际事务和国际竞争的能力"，这与国际通识教育的内涵不谋而合。

在此背景下，一门同时面向中外学生的课程"四海乘风：中国文化的世界传播与互动"从众多申报课程中脱颖而出，成为四川大学首批通识教育核心课程。该课程以本科一二年级和汉语水平达到汉语水平考试（HSK）高级的留学生为授课对象，以中国热点文化问题为切入点，力求贴近时代脉搏，探讨传统文化在新时代中国与世界互动中的传承与发展，充分体现了宽广的国际视野与交叉学科特色，并结合跨文化语境力求构建多维立体互通的知识体系，进而提升全校理、工、医、文各学科中外学生的人文素养与全球胜任力。

如果说一般意义上的通识课程更注重知识的基础性和体系的完整性，那么国际通识教育课程就应该重视内容的全球性、前沿性和学科的交叉性、融合性。在授课方式上，则可以将专题讲授与中外学生研讨交流相结合，注重深度的"生生"互动，以此提高学生的跨文化交流与实践能力。特别是要在知识的学习过程中，把中华优秀传统文化中具有当代价值、世界意义的文化精髓传播出去，展示真实、立体、全面的中国，增强我国教育的国际影响力和话语权，从而在全球范围内形成教育交流合作的强大吸引力。

## 三、国际通识教育助力高等教育高质量发展

我国的通识教育虽然起步时间较晚，但是近年来发展迅速，通识教育理念已经较为深入地融合到人才培养的实践中，特别是通识课程建设取得了显著成效，课程体系基本覆盖了自然科学、人文科学、社会科学等学科领域，逐渐形成了具有中国特色的通识教育体系。

从世界范围来看，由于我国的高等教育仍然处于转型发展时期，在通识教育的观念和实践方面，与专业教育的"矛盾"还没有得到有效解决。"随着国际化时代和建立人类命运共同体时代的到来，培养世界公民的问题将会日益重要，大学通识教育的理念和课程设置也会因此进一步更新和改革。"而加快国际通识教育改革创新，对于进一步提高通识教育成效，进而推动我国的高等教育高质量发展都具有积极的作用。

## （一）广泛开展国际通识教育，完善大学通识教育体系

通识教育自诞生之初就树立了广泛性和非专业性特征的教育理念，我国的教育界也普遍达成了一种"通识为本，专识为末"的共识，注重人文社科与自然科学的学科交叉与知识融合。同时，各高校也充分意识到，在全球化浪潮的影响下，高等教育不能"闭门造车"，必须坚持开放办学的国际化方式。而作为一种全新的教育观念，以中外学生为对象，坚持趋同化管理，以关注全球治理、推进世界和平为主要内容的国际通识教育，将成为助力高校未来国际化发展战略，全面提升人才培养质量的重要力量。长期重视国际通识教育，发挥其在大学未来发展战略中的基础性作用，是我们必须直面的现实课题。

## （二）统筹国内外教育资源，提升国际通识教育水平

与专业教育相比，如果说通识教育注重的是"通识性"，那么国际通识教育则以"国际性"为其根本。这不仅是指教学内容方面要紧跟国际学术前沿，了解最新研究动态，更包括了教学对象与教学方式的国际化。因此，国际通识教育要统筹利用国内外优质的教育资源——既包括数字化、智能化时代先进的科学技术知识，也包含了全球共生的多元文化，在不断提高知识传授效果的同时，注重提高中国学生的跨文化交际能力和留学生跨文化对话的语言能力，从而培养留学生"知华爱华"的感情，并提升中国学生的文化自信。

## （三）打造高水平师资队伍，优化国际通识教育方式

中国的国际通识教育，不仅意味着对普遍意义上通识教育在国际化方面的强调与强化，更根植于当代中国的政治、经济和文化背景之下，承载着国家和社会对人才培养的期许，对国际学生情感的维系和对未来社会的建构，体现出一种文明开放、兼容并蓄的育人理念。而这一美好理念的落实离不开每一位国际通识教育从业者。无论是任课教师还是管理人员，师资队伍水平的高低直接决定了国际通识教育质量的优劣。为了打造高水平的师资队伍，可以采用"引育并举"的方式，一方面，从海外招聘获得博士学位的人员从事国际通识教育工作；另一方面，培育校内教师开设相关课程，同时鼓励不同语言、不同文化背景的中外教师相互沟通，搭建通识教育与专业教育教师交流平台，做到"人尽其才"，从而不断优化国际通识教育的方式方法。

### （四）做好国际通识教育评估，推动通识教育高质量发展

与国内高校普遍开设的通识教育类课程和讲座等相比，国际通识教育虽然开展的时间不长、范围不大，但其所具备的开拓性和探索性是毋庸置疑的。作为新生事物，它更需要来自高校师生、管理者和相关政府部门的监督与评估，以确保其良性、健康地发展。正如通识教育既不能指望一个一蹴而就的理论来提供方向，也不能依赖无理论的实践操作而沿袭传统模式，国际通识教育也需要在实践过程中做好动态评估，接收各方反馈意见并发现问题，从而调整课程体系、完善教学内容，提高学生学习目标达成度，推进国际通识教育融合贯通，保障大学通识教育全方位、高质量发展。

## 四、结语

新时代的中国高等教育事业蓬勃发展，成绩卓著，国际通识教育水平得到了有效提升。在深入实施人才强国、科技强国以及创新驱动发展战略的进程中，国际通识教育也应顺应时代潮流，坚持改革创新，为全面提升高校人才培养质量，进一步推动中国教育国际化、实现教育强国的目标而不断努力。

### 参考文献

[1] 新华社. 习近平主持中央政治局第五次集体学习并发表重要讲话[EB/OL]. (2023-05-29) [2023-12-20]. https://www.gov.cn/yaowen/liebiao/202305/content_6883632.htm?device=app&wd=&eqid=b7076170000c7889000000066478095e&wd=&eqid=d8fe4fc4006954b6000000046496d90d.

[2] 钟秉林、王新凤. 通识教育的内涵及其本土化实践路径探析 [J]. 国家教育行政学院学报，2017（5）：3-9.

[3] 董成武，张东辉. 对"通识"教育的再考察：文化、历史与本土化 [J]. 中国人民大学教育学刊，2014（3）：163-171.

[4] 钱穆. 文化与教育 [M]. 北京：九州出版社，2014.

[5] 罗亚利、王运来. "执两用中"：钱穆的通识教育思想 [J]. 高教发展与评估，2023（2）：27-39.

[6] 别敦荣，齐恬雨. 论我国一流大学通识教育改革 [J]. 江苏高教，2018（1）：4-12.

[7] 朱镜人. 现代大学通识教育的特征和发展趋势 [J]. 高等教育研究，2018（7）：66-71.

[8] 李红、王莉平. 融合与开放：日本国立大学国际通识教育建构研究 [J]. 外国教育研

究，2023（11）：3—17.

［9］中华人民共和国教育部. 来华留学生高等教育质量规范（试行）［EB/OL］.（2018—10—09）［2023—12—27］. http：//www. moe. gov. cn/srcsite/A20/moe _ 850/201810/t20181012 _ 351302. html.

［10］胡文华. 国际学生中国概况课的定位、目标和教学模式［J］. 华南师范大学学报（社会科学版），2022（1）：72—82+206.

［11］朱镜人. 现代大学通识教育的特征和发展趋势［J］. 高等教育研究，2018（7）：66—71.

［12］李红、王莉平. 融合与开放：日本国立大学国际通识教育建构研究［J］. 外国教育研究，2023（11）：3—17.

［13］尤西林. 中国当代通识教育的起源背景与现状问题［J］. 华东师范大学学报（教育科学版），2022（8）：1—8.

# 浅谈大类招生与通识教育的关系

丁宇飞　　胡廉洁　王　鹏　谭杰丹　白　伟　王苏宁

四川大学教务处

**摘　要**：随着教育改革的不断深入，中国高等教育正面临着人才培养模式的重大转变。为打破传统专业界限，促进学科交叉融合，大类招生模式逐渐替代传统的针对特定专业的招生模式。与此同时，各大高校大力建设通识教育，旨在培养学生宽广的知识视野和全面的素质能力。本文通过分析大类招生与通识教育的内在联系，探讨二者如何相辅相成，共同推动人才培养模式的优化与创新。

**关键词**：大类招生；通识教育；人才培养；教育改革

随着经济的快速发展及社会需求的不断变化，对高等教育水准和人才培育体系的期望与标准也随之提升。在此背景下，传统的针对特定专业的招生模式显露出其局限性，特别是在促进学生综合素质和创新能力方面存在明显不足。为应对这些挑战，大类招生和通识教育理念应运而生，并得到了广泛推广。大类招生模式通过提供更为宽泛的学科选择范围，扩大了学生的学术视野并丰富了其发展潜力；同时，通识教育注重培育学生的全面素质以及自我认知和未来规划能力，使他们更好地适应社会变革和职业市场多样性需求。本文旨在探讨大类招生与通识教育的交互关系，深入分析二者如何相辅相成，共同推动高等教育的创新发展。

## 一、大类招生与通识教育概述

### （一）大类招生的起源与发展

大类招生及培养模式的初步探索可追溯至 20 世纪 80 年代末至 90 年代初，其标志性改革为按学科类别（系）进行的招生试验，随着通识教育理念的融入和专业教育的重构，大类招生模式逐渐兴起，标志着教育范式从传授单一专业知识向培养学生综合素质的转变。2014 年国务院出台的《关于深化考试招生制度改革的实施意见》进一步推动了大类招生模式的采用，这一文件的发布不仅影响了基础教育，也对高等教育教学产生了深远影响。大类招生改革不仅对基础教育阶段产生广泛影响，亦对高等教育教学体系带来深刻的变革。在当前的背景下，大类招生模式已被越来越多的高等教育机构所采纳。特别是在中国"双一流"高校中，超过半数的学校已经实行了大类招生制度，这一趋势表明大类招生已成为高等教育入学机制中的主导方向。

## （二）通识教育的定义与目标

针对现代教育中学科过分专业化的问题，通识教育鼓励学生跨越学科界限，促进不同领域知识的融会贯通，提升综合解决问题的能力。通识教育强调对学生进行全面的素质教育，教育注重跨学科的知识结构和联系，提供广泛而深入的学科背景，不仅仅是专业知识的学习，更包括人文、社会科学、自然科学等领域的广泛涉猎，以培养学生宽广的知识视野和综合素质。通过培养学生综合素质和批判性思维能力，使其能够独立思考，具有分析和解决复杂问题的能力，在此框架下，学生被鼓励根据自己的兴趣和职业规划选择课程，学生的个性发展和选择权得到尊重。

## （三）大类招生与通识教育的共同点与差异

大类招生与通识教育在目标和理念上存在较多共同点。大类招生和通识教育都致力于打破传统专业教育的局限，强调培养学生宽广的知识视野和综合素质，同时，两者都追求学生的全面发展，不仅仅局限于某一专业技能的培养，而是涵盖了人文、科学、社会等多方面的能力提升。

此外，二者具有一定的差异性。大类招生主要是一种招生模式，它通常意味着学生入学后接受一段时间的通识教育，然后再根据兴趣和成绩选择专业。而通识教育则是一种教育内容和理念，贯穿于学生的整个大学生涯，甚至在研究生阶段也有体现；另外，大类招生更多是为了让学生在入学初期有更多的选择空间和自我探索的机会，而通识教育则是着眼于培养学生的综合素质、创新能力、自我认知和未来规划能力以及社会责任感。

## （四）国内高校大类招生与通识教育开展现状

四川大学、同济大学、中山大学等部属高校采用了大类招生和大类培养的本科教育模式，并将通识教育作为学生大类培养阶段的主要任务。部分尚未开

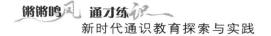

展大类培养工作的高校也将通识教育纳入了学生培养方案，设置了相应的通识学分，并开设了足量的通识课程。这些措施表明，无论是大类招生还是通识教育，都在努力实现教育的多元化和个性化，以适应社会对复合型人才的需求。

## 二、大类招生对通识教育的推动作用

### （一）大类招生强化通识教育地位

近年来，随着大类招生模式的兴起，高校普遍将通识教育纳入学生培养方案的核心环节，并为此设置了相应的必修或选修课程，确保学生能够接触到人文、社会科学、自然科学等多元知识领域。同时，大类招生模式通常伴随着学分制度的调整，要求学生完成一定数量的通识教育学分，以确保其在专业学习之前能够获得全面的知识结构。这无疑增强了通识教育在本科阶段的地位与作用，推动其成为培养学生综合素质、批判性思维和创新能力的关键途径。通过这种方式，大类招生有效促进了通识教育的发展，使其成为高等教育中不可或缺的一部分。

### （二）大类招生促进学科交叉与综合能力培养

大类招生模式通过将不同学科和专业的学生招入较宽泛的学科类别中，为学生提供跨学科学习和探索的机会。在经过一至两年的大类培养阶段，学生接受通识教育并接触到多个相关学科的基础课程，这不仅为他们开拓了宽广的知识面，还促进了不同领域间的相互融合。同时，这种模式鼓励学生主动发现兴趣点和天赋所在，进而选择更适合自己的专业方向继续深造。在这一过程中，学生能够自然地发展出跨领域的思维方式和解决问题的能力，从而有效地促进学科交叉与综合能力的培养。

### （三）大类招生为通识教育提供更广泛的学科平台

大类招生通过整合不同学科和专业的教育资源，为学生提供了一个包容性更强的学习平台。在这一制度下，学生在入学初期不需要直接选择特定的专业，而是可以在一个较为宽泛的学科范畴内自由选修课程，涵盖人文、社会科学、自然科学等多个领域。这种教育模式不仅拓宽了学生的知识视野，而且使他们能够在探索和互动中建立起跨学科的联系，从而为通识教育的深入实施提供更为广阔的学科基础和实践空间。

## 三、通识教育在大类招生中的作用与影响

### （一）通识教育在引导学生专业分流中的作用

大类招生模式下，学生在入学初期不需要立即选择专业，而是通过通识教育的平台，有更多的时间和机会来探索和了解自己的兴趣所在，通过提供涵盖多个学科领域的广泛课程，帮助学生在大学初期探索和发现自己的兴趣和潜力，从而更好地指导学生分流工作。这种跨学科的知识体验不仅增强了学生对不同领域的理解，还促进了他们综合思考和创新解决问题的能力，从而为学生后续的专业选择和深入学习打下坚实的基础，并有助于他们做出更为明智和符合自身发展的专业分流决策。

### （二）通识教育对于大类模式培养下学生综合素质的提升

通识教育在大类培养模式下对于提升学生综合素质具有不可替代的重要性。首先，它通过跨学科的课程设计，为学生提供了广泛的知识视野，有助于培养学生全面的世界观和价值观。其次，通识教育注重对学生进行人文素养、科学精神和社会实践能力的培育，这些都是现代社会所需求的复合型人才必备的素质。此外，通识教育还强调批判性思维和创新意识的培养，使学生能够在面对复杂问题时独立思考和解决问题。在素质教育理念的指导下，我国高校越来越重视通识教育在人才培养中的作用。例如，同济大学的"通识教育改革"就是一个典型的案例。该校通过建立通识教育课程体系，引入多元化的教学方法，旨在培养学生的综合素质和创新能力。可以看出，成熟的通识教育体系对于提升大类培养模式下的学生综合素质具有极强的正反馈作用。

### （三）通识教育对于大类模式培养下学生未来规划的提升

通识教育在培养学生的自我认知能力和未来规划能力方面发挥着关键作用。通过提供多元化的课程内容，学生能够涉猎不同学科知识，这不仅有助于他们发现自己的兴趣和潜能，还促使他们进行自我反思，从而增强自我认知。同时，通识教育中的核心课程，如哲学、心理学和职业规划等，直接引导学生思考个人价值观、长远目标及职业路径，锻炼其面向未来的规划能力。此外，通过讨论、写作、团队合作等教学方法，通识教育强化了学生的沟通与表达能力，这些技能对于有效的自我表达和职业发展至关重要。因此，通识教育为大

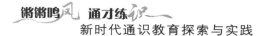

类培养模式下的学生提供了深入了解自身和发展个人规划能力的平台，帮助他们为未来做出更明智的选择。

## 四、基于大类招生的通识教育改革策略

### （一）构建全面的通识教育课程体系

为了适应大类招生模式，高校需构建一个涵盖多学科的通识教育课程体系。这一体系应包括人文、社会科学、自然科学等基础学科，以及跨学科课程，旨在培养学生宽广的知识视野和综合分析能力。同时，应鼓励学生在兴趣导向下自由选修课程，通过个性化的学习路径探索个人潜能，促进自我认知的提升。此外，课程内容要与时俱进，不断更新以反映社会、科技的最新发展。

### （二）创新教学方法与学习方式

教学过程中应采用多种教学方法，如案例研究、小组讨论、项目式学习等，以提高学生的参与度和学习兴趣。这些方法有助于学生建立批判性思维，提高解决问题的能力。同时，教师应引导学生进行自主学习，通过网络资源、图书馆资料等多种途径获取知识，培养学生的独立思考和终身学习能力，进而强化对学生自主学习能力的培养。

### （三）实施多元化的评价机制

通识课程的评价机制应当从单一的知识记忆测试转变为对于学生的分析、应用和创造能力的综合评价。除了传统的考试和论文，可以引入口头报告、项目作品、社会实践报告等多样化的评估方式。这样的评价机制更能反映学生在通识教育中获得的综合素质和能力。

### （四）加强师资队伍建设和资源配备

教师是通识教育改革的关键执行者。高校应加强师资队伍建设，为教师提供跨学科教学培训，提升其设计和实施通识课程的能力。同时，学校应投入必要的资源，如建设图书资源丰富的图书馆、多功能的教学空间、在线学习平台等，为通识教育提供充足的物质和技术支持。

## 五、结语

目前，国内外对大类招生与通识教育的关系研究不多。本文首先介绍了大类招生和通识教育之间的异同和联系，再从地位强化、能力培养、学科平台建设等方面介绍大类招生对通识教育的推动作用，并对通识教育在大类招生中引导学生专业分流、提升综合素质、自我认知能力和未来规划能力的重要作用进行分析，最后提出了四种基于大类招生的通识教育改革策略，强调了大类招生和通识教育在现代高等教育中的重要作用。

## 参考文献

［1］尹苗苗. 高校"大类招生、分流培养"模式探析［J］. 合作经济与科技，2019（16）：140－141.

［2］冯用军. 大类招生与通识教育论［J］. 教育与考试，2012（4）：9－13.

［3］何学敏，吕光辉，杨建军. 综合类大学本科大类招生培养目标和模式探索［J］. 教育教学论坛，2023（15）：1－4.

［4］常洁，袁爱雪. 高等学校通识教育存在的问题与思考［J］. 文史博览（理论），2011（12）：85－88.

［5］叶青. 大类招生培养通识教育模式研究［D］. 武汉：武汉大学，2017.

［6］朱雅洁. 大类招生下本科生专业选择的过程与效果研究［D］. 上海：华东师范大学，2021.

［7］谭颖芳. 选择与引导：大类招生背景下高校专业分流研究［D］. 武汉：华中师范大学，2015.

［8］李晓玉，封义帆. 大类招生视角下高校通识教育课程体系建设［J］. 华北水利水电大学学报（社会科学版），2021（4）：53－58.

［9］赵长林. 通识教育的历史演进、价值追求与课程建构［J］. 山东高等教育，2023（3）：7－12.

# 探究式课堂中构建师生学习共同体的路径与方法
## ——基于"全球治理"课程的实践*

张玉芳

四川大学国际关系学院

**摘　要**：在现代教育教学理论的推动下，构建师生学习共同体成为高等教育领域教学改革的新方向。本文以专业课程"全球治理"为载体、以线下课堂为主场域，构建师生学习共同体，并通过问卷对其实践效果进行验证分析。结果表明，师生学习共同体教学模式被学生普遍认可，既有助于学生对专业课程的深度学习，又能促进教师教学水平的提高。

**关键词**：师生学习共同体；构建路径；运行方式；高等教育

## 一、师生学习共同体概况

### 1. 师生学习共同体的含义

"学习共同体"是由著名教育家博耶尔于 1995 年提出的概念，指的是"能够向所有人提供因共同体的使命而朝他们共同的愿景一起学习的机会"的组织，即学校，在此过程中，"共同体中的人不仅共同分享学习的乐趣，同时共同寻找通向知识的旅程和理解世界运作的方式，通过相互作用和共同参与实现教育这一相同的目标"。但随着研究的深入，人们对学习共同体的理解也发生了一些变化。有人将学习共同体视为是一种多元、民主、平等而安全、开放、系统的学习环境。有人从社会学的视角出发，将学习共同体理解为"由学习者及其帮助者共同构成，其成员经常在学习过程中围绕一定的学习任务，彼此之间经常进行沟通、交流，分享各种资源，形成相互影响、相互促进的人际联

*　本文系四川大学高等教育教学改革工程（第十期）项目"探究式课堂中构建师生学习共同体的路径与方法——基于'全球治理'课程的实践"（项目编号：SCU10245）的研究成果之一。

系"。本文认为，学习共同体的含义共有三层指向，即宏观层次的学校、中观层次的学习环境和微观层次的人际关系。

由于大学被视为"一个由学者与学生组成的、致力于寻求真理之事业的共同体"，并"为学者们提供条件，使得他们能够与同行和学生一起开展直接的讨论和交流"。这种多向（包括师生之间、生生之间、师师之间）的交流与共生就形成了高校中的教师共同体、学生共同体和师生共同体。其中，着眼于人际关系的微观层面，聚焦学习者与帮助者即师生之间、关注课程环节的"教与学"关系的师生学习共同体成为近年来研究的热点和重点。

当前，学界对师生学习共同体的界定聚焦于课程学习中师生关系和教学形态的变化，认为师生学习共同体是师生之间经常在学习过程中进行融洽交流、平等沟通，分享各种学习资源和思想观念，共同承担一定的学习任务、实现一定的学习目标，培养学生在教师指导下自主学习和创新思维能力，实现师生共同进步的一种形式和平台。

2. 师生学习共同体的主要特征

师生学习共同体的主要特征有以下三点。

一是师生地位的平等性。在师生学习共同体中，学生是学习的主人、课堂的主人、课程的主人，由被动学习者转变为学习活动积极的参与者和主动的探究者，由孤立学习者转为合作学习者，并在不断的互动中对知识产生新的思考和洞察。

二是教师角色的多重性。在师生学习共同体中，教师从知识的传授者变为学习的促进者，从"知识的权威"转变为"平等的首席"。

三是师生关系的交互性。民主平等是现代师生伦理关系的核心要求。教师和学生都是交往的主体，共同平等地参与合作学习，从而相互启发，共同汲取有意义的知识。教师以民主的思想、作风和教风，尊重学生特定权利和尊严，与学生进行平等交流、相互促进。此外，在师生学习共同体中，师生能相互理解、感同身受。尤其是教师能设身处地地思考学生的需求，尽量满足并实现学生的期待，在此过程中，学生也能满足教师的期待，实现教师的自我期待。

3. 构建师生学习共同体的重要意义

在高校，构建师生学习共同体不仅符合高等教育信息化、网络化、智能化和个性化的发展趋势，而且能够提升学生的学习能力、课程的教学效果和教师的教学能力。

首先，构建师生学习共同体有利于培养学生的创新精神和实践能力。

高等教育的任务是培养具有创新精神和实践能力的高级专门人才。2010

年颁布的《国家中长期教育改革和发展规划纲要（2010—2020 年)》中提出，要"创新人才培养模式"，加快培养具有较高素质和能力的创新人才。2017 年颁布的《关于深化教育体制机制改革的意见》中也明确提出，要强化学生认知能力、合作能力、创新能力和职业能力等关键能力的培养。师生学习共同体着眼于培育学生的自主学习能力、发现问题的能力和批判性思维，提高学生的应变能力、交际能力和团队合作精神，提升学生的综合素质，有助于实现上述人才培养目标。

其次，构建师生学习共同体有助于学生对课程的深度学习，提升学习效果。

深度学习是学习者基于前概念的知识理解、批判、整合、平衡、建构和迁移应用的过程，是对兼具心理学意义和社会建构学意义的学习状态、学习过程以及学习结果的一种质性描述。但深度学习需要教师和学生共同参与特定场域并积极行动才能实现。师生学习共同体强调学生的自主学习和师生之间的教学相长，注重对知识的再背景化、再情境化，从而能够有效克服传统技术主义取向的课程教学对知识的确认性、事实性和封闭性的片面强调和机械记忆，推进对课程的深度学习，提升上述人才培养效果。

再次，构建师生学习共同体有助于提升教师的教学敏感度和教学能力。

高等教育的核心任务是提高育人水平，其中较为关键的是教师的"教"与学生的"学"。但在网络化时代的大学校园中，学生自主学习的平台和接受知识的方式也更加多元化。因此，要解决课堂教学中的"三低"（出席率低、抬头率低、关注率低）、"四无"（无参与、无作为、无互动、无脑球开动效应）问题，提高学生的学习兴趣、增强学习的深度，得到学生的尊重，教师就需要与时俱进，提高教学能力和教学敏感度，满足当代大学生的学习需求。而构建课程师生学习共同体，倡导师生同发展共命运，不仅有助于教师知识水平的提高，也有助于提升教师教学敏感度，增强教师对课堂教学进行有效监控与调节的能力，提高教学水平，实现服务于学生的教学目标。

## 二、高校师生学习共同体的构建路径与运行方式

在理论上了解高校师生学习共同体的概况（包括含义、特征和意义）之后，就需要在行动上予以实践。只有通过路径构建和运行方式的实践，才能证实师生学习共同体构建的效果，才能发现其中的问题，找到优化路径和提高运行效率的方法。

1. 以专业课程为载体、以线下课堂为主场是构建高校师生学习共同体的主要路径

专业课程是构建高校师生学习共同体的主要载体。由于在高等教育中，学生学习主要依托学科专业，而综合性大学学科门类众多、学科特点各异、专业培养方案层次复杂。因此，师生学习共同体的构建需要在遵循一般原则的基础上，以专业课程为载体进行。专业课程是培养学生能力素质的主要平台，也是其完成学业规划的主要内容。同时，专业课程设置有先后次序和基础与前沿之分，课程内容的关联性、关照度较高，特别是高年级（大三大四）的专业课程相对前沿，许多课程内容处于开放讨论阶段，开展深度学习的空间比较大；同时，高年级学生具有一定的专业素养和较为丰富的知识储备，因而非常适合构建师生学习共同体。

虽然网络化、信息化的快速发展为构建虚拟师生学习共同体提供了机遇和可能，但传统的线下课堂仍然具有明显优势。许多研究和实践表明，面对面的交流互动不仅能促进学习的深入，而且可以锻炼学生的人际交往能力，改善师生共同体成员的人际关系，进而提高课堂教学效果。因此，高校师生学习共同体的构建应以线下课堂为主要实践场域，辅以线上虚拟场域。

2. 高校师生学习共同体的运行方式

高校师生学习共同体不仅是一种共同学习的教学模式，更是一种具体的学习实践活动，遵循活动理论的基本运行原则。相关研究发现，学习共同体"本质是一个学习活动系统，主要包含主体、客体和共同体三大核心要素，以及工具、规则和劳动分工三大调节要素"。以此为基础，本文以国际政治本科专业课程"全球治理"为例，按照学习共同体活动的构成要素和结构开展师生学习共同体的运行实践。

首先，明确主体、客体和共同体的边界与职责。

师生学习共同体中的主体指的是参与活动的学习个体，包括教师和学生。客体是指课程知识，共同体是基于课程、目标或任务组成的学习者共同体的集合，即各种类型的学习小组，小组成员包括教师与学生。

在师生学习共同体中，教师作为主体的角色具有多重性。其既是基础知识的传递者，又是学习活动的指导者，还是新知识领域的学习者，更是学习场域规则秩序的维护者、监督者和调控者。同样，学生的主体地位和角色也是多重的。学生既是学习行为的发出者、知识的承接者，又是学习活动的主要规划者，还是小组内部分工、讨论和交流的主导者和学习结果的呈现者。作为客体的课程知识同时具有客观性和主观性。课程中的学科基础知识和政治原则要求

具有客观性，这是开展深度学习的基础。而前沿性的知识内容则具有主观性，为师生学习共同体提供讨论的空间，启发师生的创新思维，帮助其在共同学习中发现新的知识点。因此，教师要明确教学目标，找准学生学习愿景，激发学生学习兴趣。而学生则要在既定的目标框架下，发挥主体作用，积极开展小组内的学习活动。因此，在"全球治理"课程教学中，师生要把握好角色关系。值得注意的是，明确主体、客体和共同体边界和职责是构建师生学习共同体的前提和基础。

其次，共同协商学习规则和确定主要的学习工具。

开展师生学习共同体的教学活动，还需要师生共同协商学习规则和确定主要的学习工具，这是提高教学效果的重要手段。

学习规则指的是课堂学习的一般规则，其重点包括教学环节的设计、教学主题的确定、学习互动的激励机制、学习过程的呈现方式、学习动力的奖惩激励以及学习结果的评估等规则。这些重要规则应基于学生的学业情况、所选课程的数量和内容结构，在教师和学生共同协商下确定。在"全球治理"课程的学习规则设计中，教师先提出规则模版，供学生讨论，然后在协商基础上达成一致，并将其作为学习结果评估的重要依据，从而实现课程"规则先行、结果公平"的目标。

在主要学习工具的选择上，坚持传统与现代相结合。既要保持线下课堂的学习主场域的地位，也要利用 QQ、微信等网络交流平台的辅助作用。在重视基本的理论著作和学术期刊等传统学习资源的基础上，加强对新学习资源的挖掘和利用，包括短视频、MOOC、视频会议和智库报告等，从而强化对某一主题的深入学习和研究。如在全球环境和气候治理问题上，不仅需要掌握气候治理的相关理论视角，更要关注不同行为体对气候治理的立场、政策和实践，以及学界和政策界对该问题的共识与分歧、背后的原因和未来的发展趋势。为此，师生学习共同体必须合作搜集国内外相关信息，进行讨论比较，求同存异，以加强对该问题的思考和研究。

最后，规范共同体学习活动的分工和学习流程。

从结构看，师生学习共同体分为两个层次：在宏观层面上，师生学习共同体包括主体、客体和所有小共同体；在微观层面上，师生学习共同体主要是专题学习小组。其中，专题学习小组在彰显学生主体地位、培养学生创新能力和团队意识等方面的作用较为关键。对此，教师应尊重学生在小组共同体分工的选择权与话语权，专题小组的构成、内部分工、学习结果汇报等由有着共同学习愿景的学生协商决定。教师主要在选题、资料搜集和结果展示方面给予辅助和引导，防止出现常识性和政治性问题，同时在课堂的学习结果展示环节组织各学习小组之间的交流互动。教师引导学生主动地进行知识意义的建构，从而完成学习目标。

在"全球治理"课程中，除了热点分享外，教师主要围绕专题学习小组规范共同体的学习流程。首先，教师依托课程内容引导学生灵活地组织学习小组，构成学习共同体。其次，学习小组内部协商，提交学习专题和分工名单，包括资料搜集人、展示制作人、代表发言人等，并与教师协商课堂展示时间。再次，在课堂展示环节，各小组学习共同体应提前将专题展示内容幻灯片分享至微信群，教师就相关内容提出反馈意见，与学生进行协商。其他小组可以提前了解相关内容，为课堂交流做准备。专题学习小组在展示完成后，要接受其他学习小组成员的点评和提问，组内成员分工协作进行回应，其他成员还可进行追问、补充和完善。教师不仅要组织课堂展示，还要参与互动，对课堂展示和提问进行总评，对专题内容进行系统梳理和必要补充，从而共同完成专题的深度学习。最后，由其他专题小组成员随机组成的评议团对展示的内容、形式、效果和问答情况进行评分，该评分将作为课程学习共同体学习成绩的重要组成部分。

## 三、效果与启示

调查显示，经过一个学期的教学实践，"全球治理"课程师生学习共同体构建效果较为显著，但仍存在改进和完善的空间。

首先，该课程得到了学校督导教师的高度评价。

其次，课程结束后开展的在线问卷调查（选课的 35 名学生中有 32 名实名填写）结果显示，参与课堂师生学习共同体的学生对该教学模式的满意度总体较高（表 1）。

表 1 "全球治理"课堂中师生学习共同体教学模式问卷调查

| | 完全不同意 | 不同意 | 基本同意 | 比较同意 | 完全同意 |
|---|---|---|---|---|---|
| 师生学习共同体模式提供更多的自主学习情境，改善了学习环境 | 0% | 0% | 12.5% | 59.38% | 28.13% |
| 师生学习共同体尊重了学生的个性，保障和发挥了学生的主体性 | 3.13% | 0% | 6.25% | 62.5% | 28.13% |
| 师生学习共同体将教师转变为学习活动的指导者和帮助者，有利于学生的深度学习 | 3.13% | 0% | 3.13% | 53.13% | 40.63% |

|  | 完全不同意 | 不同意 | 基本同意 | 比较同意 | 完全同意 |
|---|---|---|---|---|---|
| 通过师生学习共同体，学生自主学习能力有了很大提高 | 0% | 0% | 18.75% | 46.88% | 34.38% |
| 课堂中的小组展示对课程学习有很大的帮助 | 0% | 3.13% | 34.38% | 40.63% | 21.88% |
| 小组展示中的互动问答环节增强了学生主动建构知识的能力 | 0% | 3.13% | 15.63% | 50% | 31.25% |
| 小组展示的匿名互评有利于激励组内合作协商和组间竞争 | 0% | 3.13% | 37.5% | 37.5% | 21.88% |
| 小组展示中的教师点评环节有利于深化对相关专题的学习和课程论文的选题 | 0% | 0% | 6.25% | 62.5% | 31.25% |
| 师生学习共同体学习模式效果好 | 0% | 0% | 9.38% | 65.63% | 25% |

最后，学生在开放式问题中，提出了进一步改进和完善课程师生学习共同体的具体建议。在17条有效回复中，针对专题展示与互动，包括主张"提供更多讨论思考的时间和空间""提供简要的课前阅读材料""问题设置可以更为精妙"等建议。

总之，经过一个学期的教学实践，"全球治理"探究式课堂构建师生学习共同体实现了"由教到学"的转变，不仅发挥了学生的主体作用，激发了学生的学习兴趣，也提高了学生的学习能力、团队参与意识和协作沟通能力。同时，师生学习共同体能够创造和谐的学习氛围，促进师生对课程内容的深入理解，并推动教师加强自创性，开展反思性教学，不断提高教学水平，促进了融洽的师生关系和生生关系的构建。

## 参考文献

[1] John Retallick, Barry Cocklin et al. Learning Communities in Education: Issues, Strategies and Contexts [M]. New York: Routledge, 1999.

[2] 郑葳，李芒. 学习共同体及其生成 [J]. 全球教育展望，2007（4）：57—62.

[3] 陆朋，冯玉珠，王立宝. 高校"师生共同体"及其活动方案 [J]. 合作经济与科技，2016（9）：182—183.

[4] 卡尔·雅斯贝尔斯. 大学之理念 [M]. 邱立波，译. 上海：上海人民出版社，2007.

[5] 单莎莎，张安富. 教学理念的历史审视与价值定向 [J]. 中国大学教学，2016（2）：74—78.

［6］彭远菊，熊昌云，崔文锐；等. 基于创新创业教育的应用型本科人才培养模式探索［J］. 创新与创业教育，2016（5）：86－88.

［7］张晓娟，吕立杰. 指向深度学习的课堂学习共同体建构［J］. 基础教育，2018（3）：35－41.

［8］范玉凤，李欣. 活动理论视角下的虚拟学习共同体构建研究［J］. 中国电化教育，20133（2）：43－47.

# 通识教育视域下高校教师核心素养
# 培养的路径探索

林 祎

四川大学教务处

**摘 要**：本文旨在探讨如何提升高校通识教育教师核心素养，从而更好地推动通识教育的发展和实施。通过结合国内外相关研究成果，对当前通识课程教师核心素养以及现存问题进行分析，进而提出有效的教师培训与发展策略，为高校通识课程教师的专业成长和教学质量的提升提供参考和建议，促进高校通识教育的不断深化与发展，以适应时代发展的需要，为培养更多全面发展的人才做出积极贡献。

**关键词**：通识教育；教师核心素养；人才培养

随着中国经济增长模式转型对创新人才的迫切需求，知识经济与人工智能时代对知识生产即教育方式的变革，以及对现代化人文反思的变化，2015年兴起的中国当代通识教育迄今仍处于不断探索的状态，其重要性日益凸显。通识教育旨在通过为学生提供经典文献研读的机会、开设文理通识课程等，培养学生全面发展的能力，提升其综合素养，以适应多样化、复杂化的社会环境。作为通识教育的主要实施者，高素质的教师对于保证课程教学质量和促进学生成长至关重要。

## 一、教师的通识性核心素养

高校通识教育倡导知识的整体性、系统性以及人格的完整性。为实现这一目标，教师也需要培养通识性的核心素养。教师核心素养由知识、技能和价值观等组成，而通识性的核心素养则包括跨学科知识和能力、批判性思维与问题解决能力、多元文化意识与跨文化交流能力、课程思政感知力及教学能力、引导学生深度学习的综合教学能力等。

1. 跨学科知识和能力

笔者通过整理教师专业化发展的一系列的研究成果，发现"具备丰富学科知识的教师能促进学生在该科目上取得更优异的成绩"。针对通识教育"拓宽学生学科知识"的培养目标，教师需要掌握跨学科知识和能力，做到既能够在不同知识领域之间建立联系，又能够把知识和生活经验结合起来，运用多学科的视角和方法思考解决问题，将跨学科知识融入教学实践，促进学生的综合能力的提高。

2. 批判性思维与问题解决能力

通识课程旨在培养学生全面发展的能力，其中便包括批判性思维与问题解决能力。通识课程教师通过引导学生对不同学科、不同文化、不同社会现象进行批判性思考，通过案例分析、团队合作等方式，培养他们提高分析、评价和判断能力，更沉着、有条理地解决现实生活中的复杂问题。通过引导学生进行批判性思考，通识课程教师能够培养学生的逻辑推理能力和创新意识。

3. 多元文化意识与跨文化交流能力

通识课程旨在引导学生全面了解各种不同的文化、价值观和观念。通识课程教师应该具备对这些多元文化的认知，理解不同文化背景下学生的需求和特点。应具备多元文化意识与跨文化交流能力，通过尊重和认可不同文化的存在和价值，与学生建立更加融洽的关系。应引入不同文化背景的案例、教学资源和学习活动，丰富课堂内容，激发学生的兴趣和参与度。这不仅有助于拓展学生的视野，增进他们对多种文化的理解和尊重，还能帮助他们更好地理解和评价不同文化背景下的现象和事件。

4. 课程思政感知力及教学能力

课程思政是指在各类课程中融入思想政治教育元素，实现知识传授与价值引领的有机统一。教师的课程思政感知力越强，就越能在通识课程中自然、贴切地融入思政元素，找到丰富的思政教育素材和教学灵感，为课程思政打下坚实的基础。具有高超课程思政教学能力的教师能够将思政教育素材和教学灵感转化为生动、有趣的教学活动和案例，使学生在学习各学科知识的同时接受正确的价值引领和思政教育。这不仅有助于提升学生的综合素养，还能帮助他们形成正确的世界观、人生观和价值观，真正实现通识课程的教学目标。

5. 引导学生深度学习的综合教学能力

深度学习强调学生对知识的深层理解和应用，并非表面的记忆和模仿，而通识课程旨在培养学生的综合素养，强调知识的广度、深度和整合性，因此，有效的深度学习能实现高质量的通识课程教育目标。在这个过程中，教师需要具备一系列综合教学能力，包括设计高质量学习任务的能力、激活学生前知的能力、引导学生深度加工知识的能力以及提供及时反馈的能力等，帮助学生更好地理解和应用在通识课程中习得的知识内容，形成自己的见解和判断，主动思考和探索，从而提高学生的综合素养和跨学科能力。

## 二、通识课程教师面临的挑战

当前高校通识课程教师面临一系列挑战，这些挑战影响着高校通识教育的有效开展，制约着通识教育人才培养质量。

### 1. 跨学科教学内容整合的复杂性

通识课程通常涉及跨学科的教学内容，教师需要具备跨学科的知识和能力，需要平衡传授基本知识和培养学生综合能力两个目标，还要考虑到学生的学术兴趣和职业发展需求。教师通常对自己学科专业知识掌握较为深入，而对跨学科的知识掌握不足，难以有机融合不同学科领域的知识，难以有效平衡教学内容的广度和深度，难以合理整合跨学科的教学资源。因此，这样的教师很难有效帮助学生建立全面的认识和思维方式，难以确保学生在掌握基础知识的同时，能够对某些跨学科领域进行深入研究。

### 2. 通识课程多元设计的复杂性

设计通识课程需要考虑多学科领域的知识、不同群体的学生、不同学科背景的教师等多个元素，其复杂性对于教师综合性教学能力要求较高。通识课程的学生来自不同的学院，专业背景和学习能力各异，教师需要综合考虑来自多元化学生群体的学习需求，了解其在学习能力、学习风格和认知水平等方面的差异。这意味着教师需要采用不同的教学方法和策略，满足不同学生的需求，努力确保所有学生都能够参与课堂。通识教育的理论基础目前仍是宏观的文化哲学，缺少教育学的介入，特别是专业性的量表调查与实证性教育学研究，课程设计的专业性不足。

### 3. 通识课程教师评价的复杂性

通识课程的教学目标通常比较宽泛和抽象，难以量化和具体化，教师在课堂上可能涉及多个学科领域的知识和概念，然而，对通识课程教师的评价在标准和激励机制政策上仍相对模糊，缺乏有效的激励措施，大大影响了教师开展通识课程的积极性。

### 三、通识课程教师核心素养培养的策略

1. 明确通识课程教师核心素养，设计有针对性的教师培训课程

明确通识课程教师所需核心素养，用一种整体性、综合性的视角来理解教师的核心素养，如跨学科知识和能力、批判性思维与问题解决能力、多元文化意识与跨文化交流能力、课程思政的感知力及教学能力、引导学生深度学习的综合教学能力等。高校应针对不同职业发展阶段的教师的需求设计通识教育培训课程，如"通识教育理念与实践""引导学生深度学习的课程设计""跨学科课程设计与实施工作坊""多元化及个性化的教学设计及评估"等，帮助教师掌握跨学科知识整合的技巧，引导教师尝试并实践新兴的教学手段，加深教师对通识教育目标与价值的认识。

2. 深化通识教育理念，定期组织跨学科的教学研讨会

通识教育不仅是一种教育模式，更是一种教育理念。为了深化教师对通识教育理念的理解，高校应定期组织跨学科的教学研讨会。这些研讨会可以围绕通识教育的目标、内容、方法、评价等展开，邀请校内外专家分享经验，激发教师的思考与讨论。通过研讨会上的思想交流与思维碰撞，教师可以更加清晰地认识到通识教育在培养学生综合素质和跨学科能力方面的重要作用，从而更加自觉地在教学实践中践行通识教育理念。

3. 设立跨学科的教师教学研究项目，鼓励跨学科的研究与合作

为了进一步提升教师的跨学科能力和教学水平，高校应设立专门的跨学科教师教学研究项目。这些项目可以围绕通识教育中的热点、难点进行深入研究，鼓励不同学科背景的教师共同参与、合作通关。通过项目的实施，教师可以深入了解其他学科的知识体系和教学方法，拓展自己的学术视野和教学思路。同时，跨学科的合作与交流也有助于打破学科壁垒，促进不同学科之间的融合与创新。

### 四、通识课程教师核心素养培养的评价与保障

1. 搭建通识教育智慧化平台，推动教学资源共建共享

为了促进通识教育资源的有效利用和教师的专业发展，高校可搭建通识教育智慧化平台。平台可集成丰富的教学资源，如课件、案例、视频等，也可开通在线交流、合作备课等功能。通过平台，教师可以轻松获取所需的教学资

料，并与他人分享自己的教学经验和成果，实现教学资源的共建共享。同时，平台的数据分析功能可以帮助教师了解学生的学习情况，为教学改进提供依据。

2. 营造良好的教学氛围，推动通识课程教学团队建设

通识课程的成功有效实施离不开一个团结协作的教学团队。为了营造良好的教学氛围，高校可定期组织通识课程教学团队开展交流活动，如教学沙龙、团队拓展等，以增进教师之间的了解与信任，鼓励跨学院、跨学科、跨学校的教学经验的交流与传承。同时，高校应鼓励教师之间开展合作研究、共同开发课程等深层次合作，以形成具有凝聚力的通识课程教学团队。

3. 采用多元化的通识教学评价体系，改革教学

为了全面、客观地评价通识课程的教学质量，高校应采用多元化的评价体系，包括学生评价、同行评价、专家评价等多个维度，从多个角度反映教师的通识教学水平。以形成性评价为导向，鼓励教师积极运用评价结果，深入反思自己在教学中存在的问题和不足，更加深入体会和准确把握各种独特的教学情境，形成融灵活性、适应性、判断力为一体的实践教学智慧，并不断改革和创新课程。高校还应为教师提供必要的教学支持和指导，帮助教师提升教学技能。

4. 建立激励机制，对在通识教育教学中表现优秀的教师给予表彰和奖励

为了激发教师在通识教育教学中的积极性和创造性，高校应建立完善的激励机制，设立通识教育教学成果奖、优秀教师奖等多个奖项，对在通识课程建设和教学改革中做出突出贡献的教师进行表彰和奖励，并将教师的通识教育教学成果与职称晋升、岗位聘任等挂钩，为教师的职业发展提供有力支持，营造出积极向上、充满活力的通识教育教学环境。

## 五、结论与展望

教师的通识性核心素养是通识教育得以开展的基石，它包括跨学科知识和能力、批判性思维与问题解决能力、多元文化意识与跨文化交流能力、课程思政感知力及教学能力，以及引导学生深度学习的综合教学能力等。这些核心素养不仅要求教师具备多元的学科知识，还要求他们在不同学科领域之间建立联系，将知识与实际生活相结合，培养学生的综合素养。然而，通识课程教师在实践中面临着诸多挑战，如跨学科教学内容的整合、通识课程的多元设计以及

教学评价等。这些挑战要求教师具备更高的综合素养和教学能力，以满足通识教育的需求。高校需要采取一系列策略来培养通识教育教师的核心素养。这包括明确通识课程教师核心素养，设计有针对性的教师培训课程；深化通识教育理念，定期组织跨学科的教学研讨会；设立跨学科的教师教学研究项目，鼓励跨学科的研究与合作等。同时，还需要建立评价与保障机制，如搭建通识教育智慧化平台、营造良好的教学氛围、采用多元化的教学评价体系，以及建立激励机制等。

展望未来，随着科技的快速发展和社会的不断变革，国家对创新人才的需求将更加迫切。通识教育将继续在高等教育中发挥重要作用。因此，通识课程教师需要不断提升自己的核心素养和教学能力，以适应新的教学环境和学生需求。智慧化教育平台和教师数字化教学能力将在通识教育中发挥越来越重要的作用。这些智慧化平台和数字化教学能力不仅为教师提供了丰富的教学资源和交流机会，还可以帮助他们更好地了解学生的学习情况，为个性化通识教学提供有力支持。

## 参考文献

[1] 尤西林. 中国当代通识教育的起源背景与现状问题——兼论通识教育"评估调整"机制的意义 [J]. 华东师范大学学报：教育科学版，2022（8）：8.

[2] 孙华，徐思南. 荣誉教育与通识教育：精英教育的分野和超越 [J]. 现代大学教育，2023（1）：17—27.

[3] 玛丽莲·科克伦·史密斯，等. 教师教育研究手册 [M]. 范国睿，等译. 上海：华东师范大学出版社，2017.

[4] 中华人民共和国教育部. 关于印发《高等学校课程思政建设指导纲要》的通知[EB/OL].（2020—06—06）[2023—04—10]https://www. gov. cn/zhengce/zhengceku/2020/06/06/content_5517606. htm?eqid=d4eec6260001a749000000066460415b.

[5] 郭元祥. 论深度教学：源起、基础与理念 [J]. 教育研究与试验，2017（3）：1—11.

[6] 张光陆. 教师核心素养内涵与框架的比较研究 [J]. 宁波大学学报（教育科学版），2018（5）：101—106.

# 四川大学通识核心课程建设的成果、申报与思考

胡楠芳

四川大学历史文化学院（旅游学院、考古文博学院）

**摘　要**：通识教育核心课程建设是通识教育教学改革的关键。自 2019 年起，四川大学在顶层设计和整体规划下，已成功建成 90 门通识核心课程。其"申报要求"展现出学校通识核心课程建设的实时路径，可以观摩到学校在开设要求、申报方式及课程配套等方面的探索，显露"川大味道"，为后续通识核心课程建设、新时代教育教学改革提供参考。

**关键词**：四川大学；通识核心课程；教育教学改革

通识教育起源于古希腊，致力于弥合过度专业化教学带来的鸿沟，促进人的全面发展。人的全面发展是马克思主义的重要理论，也是中国特色社会主义建设的重要目标。党的二十大报告指出："我们要办好人民满意的教育，全面贯彻党的教育方针，落实立德树人根本任务，培养德智体美劳全面发展的社会主义建设者和接班人，加快建设高质量教育体系，发展素质教育，促进教育公平。"四川大学通识核心课程是通识教育的升级版，立足于尊经书院的通识传统和新时代的教育使命，以"强基础、厚通识、宽视野、多交叉"为培养措施，2019 年起至今已建设五大模块课程群、90 门通识核心课程。本文以此为切口，结合四川大学通识核心课程"申报要求"，从开设要求、申报方式、课程配套等方面分析建设路径及特色，为接下来的新时代通识核心课程建设、本科教育改革与发展提供思考。

## 一、通识教育升级版背景下的核心课程建设

通识核心课程是通识教育建设的必然结果。作为百年名校，四川大学拥有深厚的人文底蕴，其中不乏通识教育的助力。张之洞《四川省城尊经书院记》

提到"入院者人给'五经'一、《释文》一、《史记》一、《文选》一……更有《国语》、《国策》……《说文》",显示出四川大学前身尊经书院重视通识教育的渊源。新时代条件下,四川大学通识教育升级版应运而生,一个重要的时间节点是 2019 年。该年 12 月,四川大学召开新时代教育改革与发展大讨论总结会,出台了"本科教育升级行动计划"——《四川大学新时代本科教育改革与发展指导意见》及配套的 13 个实施方案,其中就包括《通识教育核心课程体系建设实施方案》。该实施方案建立起"一个目标、两条主线、三大先导课程、五大模块、百门金课"为主体的四川大学通识教育体系。该体系以课程建设为着力点,其中"两条主线"指的就是课程以"人类文明史"和"世界科技史"为方向,"三大先导"课程指的是"人类文明和社会演进""科学进步与技术革命""中华文化(文史哲艺)","百门金课"更是直接指向通识教育核心课程的建设目标。值得一提的是,在此之前,学校已成立通识教育委员会和专家工作小组,就通识教育核心课程建设、教学团队、教学方法、课堂延伸、质量评价、教材建设、校园文化、支持和保障机制等内容进行广泛研讨,并在 2017 年、2018 年、2019 年发布《关于开展通识模块等课程建设与申报工作的通知》《通识模块课程申报事项服务指南》《关于开展通识教育核心课程申报工作的通知》等,为通识教育核心课程的启动做好充分的保障和准备。

正是在前期部署和研讨基础上,2020 年秋季学期,四川大学通识教育核心课程正式面向全体本科新生开课。课程门数共 31 门,主要分为"人文与艺术""自然与科技""生命与健康""信息与交叉""责任与视野"5 个模块,分别由哲学、化学、基础医学与法医等 26 个专业领衔,文理工医学科专家、教师都投身其中,形成了通识教育核心课程的第一波热潮。4 年以来,经过 4 轮申报工作,学校通识教育核心课程总数达 90 门,离"百门核心课程"的预期目标仅一步之遥。开设班次至 800 余次,选课人数近 60000 人次。

同时,核心课程五大模块群更加清晰,"人文与艺术"课程群突出世界及中华优秀文化、艺术的教育与熏陶,"自然与科技"课程群梳理全球重大科学发现、科技发展脉络,展示相关学科起源、发展历程或未来研究前景,"生命与健康"课程群学习探索生命科学、医学、生命伦理等领域,强化学生对大自然、对生命的尊重与敬畏,"信息与交叉"课程群突出以"信息+"推动实现"万物互联"和"万物职能"的新场景,"责任与视野"课程群则培养学生对公共事务、国际事务的参与感,强化承担中华民族伟大复兴的责任意识。五大模块的设置固然参照借鉴了国内外高校经验,其建设则体现学校特色,比如梁中和教授负责的"生命哲学:爱、美与死亡"首次将生命教育引入通识教育核心课程,得到师生、社会好评;李月炯老师负责的"微见真酌:中国西部的天工、物华与人杰"从西部视角出发，增强学生文化认同感等。建设通识教育核心课程的过程中，通识教育遂以一种无言的方式浸润学生心灵，彰显"川大味道"。

## 二、四批通识教育核心课程申报公告中的建设细节

通识教育核心课程不同于一般性的院系专业课、选修课和全校全选课结构，必须单独设计，并且要根据课程目标和标准配备师资和其他资源（如教材、经费、场地等）。课程申报是通识教育核心课程建设走向成功的第一步，也是建设过程精细化管理的重要环节。四川大学通识教育核心课程申报公告（简称"公告"）体现出学校以"百门通识教育核心课程建设"为基，构建通识素养课程体系，彰显"川大通识"品牌影响力的奋斗历程。

如前所述，2019 年至 2023 年，四川大学教务处 4 次发布通识教育核心课程申报公告，具体时间分别是 2019 年 7 月、2020 年 5 月、2022 年 1 月、2022 年 11 月。四批公告既显示出学校贯彻实施通识教育体系的坚定，又可见探索创优的努力。

公告内容、环节基本确定为 3 个部分、7 项内容，它们一并勾勒出四川大学通识教育核心课程的建设图景。"课程模块的分类与内涵""申报选题"显示出学校通识核心课程建设的大方向，"材料提交""申报方式""申报要求""评审方式、遴选标准及验收流程"是把控课程建设、实现课程落地的关键环节，"经费与政策"则以激励性的条件对课程建设进行保障。

除"材料提交""评审方式、遴选标准及验收流程"内容年年相同外，其他内容皆有调整，显露了探索的痕迹。这些痕迹包括更新、调改、细化等。更新调整主要涉及对象为"申报选题"及"经费与政策"。选题尤其体现出学校对通识核心课程的战略部署。初期申报公告中未对选题作出明确安排，"鼓励新建课程，也可在原有课程基础上进行改造升级"的话语给予教师充分的自由性，说明课程建设初期调动一切积极性的尝试。之后，选题安排更加明朗，比如将第三批通识核心课程定性为以"经典导读"为主的类型，把"优先支持经济类、'信息＋'的课程……课程内容需融合课程思政，加强'经典阅读'"作为第四批通识核心课程的建设目标，既形成对前期主题的总结，又增加了新的条件范畴。年年更新的选题并非简单的变化，而是蕴藏了通识教育的中心、重点。以"经典研读"课程为例，通识教育旨在培养"有教养的人"，课程体系的设置往往容易陷入定义不清、涉猎粗浅的怪圈，国内外学者如艾伦·布卢姆、徐国利等遂倡导在通识教育中加强经典阅读。四川大学具有深厚的人文底

蕴，在通识核心课程体系中专注于经典版块，传承文化血脉，厚植经典基因，既是教育培养人才的基本出发点，也是酝酿学校风气、彰显学校精神的必然途径，更是纠偏传统通识教育体系的尝试。"经费与政策"基本内容不变，涉及课程建设保障条件如经费额度、课程优先配备助教，及激励措施如将"通识核心课程优秀教学质量奖"纳入本科教学奖励，任课教师专项职务申报等。其中，自第二批公告起，"入选课程纳入'川大通识'出版计划和校级立项教材建设，由四川大学出版社重点打造支持"的教材计划加入进来。此项内容后来被归纳为"一课一书"的编著计划，形成"百门核心课程打造计划"的进一步推进，最后势必在"川大通识"品牌影响力上发挥效应。调改调整主要涉及"课程模块的分类与内涵""申报方式"。"课程模块的分类与内涵"的内容延续三期后进行了调整。原有模块是"人文艺术与中华文化传承""社会科学与公共责任""科学探索与生命教育""工程技术与可持续发展""国际事务与全球视野"，调整后为"人文与艺术""自然与科技""生命与健康""信息与交叉""责任与视野"。"途径＋目的"式的命名方式被更精炼地加以概括，并加以改变，比如原有模块三部分皆涉及科学，新模块就予以整合更新，抓住模块要点，提炼出"自然与科技""信息与交叉""生命与健康"。"信息与交叉"模块课程群尤其贴近时代要素，显示出与时俱进的课程建设体系。"申报方式"在第一批申报公告中主要有"自由"与"定向"两种，后两批则是完全"定向"申报，至第四批公告时，虽未明确具体方式，但从表述来看，更偏向自由。或"自由"或"定向"的安排与前述"申报选题"关联密切，是通识核心课程进展情况的体现。"申报要求"的调整显示"细化"的痕迹。此部分内容对课程作出具体的安排，比如开课团队、学分、行课情况等，从第一批到第四批申报公告，该部分内容持续细化。比如第一批公告提到"原则上课程学分不超过 3学分，有实践环节的课程，可适当放宽学分限制"；至第二批公告，学分变为"2—3 学分"；至第三批公告，又变为"2 学分"；至第四批公告，学分确定为2 学分的同时，还对总学时进行了要求。再如第一批申报公告仅对课程团队人数作出规定，后续则逐步增加了"作为课程负责人承担的通识教育核心课程不能超过 1 门""梯度合理，老中青相结合，具有传、帮、带精神"等要求。细化程度最大的要数行课情况。第一批申报公告中仅提到"每学期多头多班次开设，以满足学生修读需求"，后续三批则分别对开设学期、班次，甚至修读人数进行了具体规定，比如班次至少为 2 个，一般性课程修读人数≥80 人/班次等。这些细化的点滴充分回应着第一批申报公告的总要求，显示出通识教育核心课程建设过程中的探索历程。

### 三、四川大学通识教育核心课程建设的思考

2019 年起，四川大学通识教育核心课程经过 4 年多的建设期，已经初具规模，成果颇多。该过程中，通识教育核心课程教授团队出力最多，在学校充分整合优质教学资源基础上，教师们作为实施者，在课程内容、教学设计、教学方法、考核方式、教学效果等方面不断费心费力。除此之外，以四批申报公告为切入点，我们也能看出，学校方面持续的加持也使得通识核心课程建设之路平坦不少。这主要表现在以下两方面。

一是战略性部署。新时代条件下，本科教育与改革工作如火如荼，重视通识教育不能仅仅表现在口头上的承诺，还需要有相关制度的支持。《通识教育核心课程体系建设实施方案》是四川大学对通识教育作出的回应和承诺。该体系立足新时代，面向新变革，确立了四川大学通识教育的新理念、新目标，构建了具有四川大学特色的通识教育体系。在此框架之下，四批通识核心课程申报才有依据、有方向，"一课一书"的四川大学通识系列品牌等才得以提出。

二是实时跟进、调整。任何战略的部署落地，都并非一朝一夕、一蹴而就的事情，何况关涉立德树人重要使命的通识教育发展战略。四川大学发布的四批通识教育核心课程申报公告就显示出不断更新理念，调整措施的重要性。调改、细化等措施都旨在推演出更好的申报公告，反映出学校时时经营的用心。职是之故，通识教育核心课程的实施过程才变得更实在、更具有实操性。

以 2 年为期，四川大学第一批、第二批通识核心课程已经完成或正在进入验收阶段。验收是总结的时机，在离"百门通识核心课"一步之遥之际，思考开拓成为个中要义。其一在于借鉴学习。对比国内高校如复旦大学、中山大学，四川大学的通识教育核心课程起步晚是不争的事实。这些高校已然进入巩固和提炼通识教育核心课程成果的阶段，而我们还在建设课程的道途之中，如何从庞大的学生基数出发，吸收优秀建设成果，遂成为接下来很长一段时期中的任务。其二在于创新自立。高校通识教育体系各有千秋，如何从中脱颖而出，打造一批具有"川大味道"的通识教育核心课程，并最终成为学校标志性的成果，并非易事。究其实质，可能还需要源源不断的创新意识，这既涉及战略性的部署环节，也牵涉实施环节的细化更新。

2019 年通识教育升级版启动之际，四川大学举全校之力，整合优质资源，文理工医各院系齐心协力，加之管理人员协调布置，时至今日成绩斐然。相信在后续提炼深化阶段，川大人更能如此，共同谱写新时代的通识教育华章！

## 参考文献

［1］尤西林. 通识教育文献选辑. 第三卷. 当代通识教育的理论与改革探索［M］. 北京：科学出版社. 2020：20－25.

［2］四川大学关于开展通识教育核心课程申报工作的通知［EB/OL］.（2019－07－08）［2023－10－25］. https://jwc. scu. edu. cn/info/1021/1279. htm.

［3］四川大学关于开展第二批通识教育核心课程申报工作的通知［EB/OL］.（2020－05－25）［2023－10－26］. https://jwc. scu. edu. cn/info/1031/1880. htm.

［4］四川大学关于开展第三批通识教育核心课程申报工作的通知.［EB/OL］.（2022－01－13）［2023－10－26］. https://jwc. scu. edu. cn/info/1081/8250. htm.

［5］四川大学关于开展第四批通识教育核心课程申报工作的通知.［EB/OL］.（2022－11－02）［2023－10－26］. https://jwc. scu. edu. cn/info/1081/8820. htm.

［6］徐国利. 史学经典与高校通识教育中的中国传统文化教育［J］. 历史研究. 2022（6）：83－88.

［7］李加林. 高校通识教育核心课程体系建设研究［J］. 宁波大学学报. 2015（1）：80－85.

# 创新实践通识课程浅论

## ——创新实践教学改革突破口 [*]

### 吴 迪

四川大学创新创业学院；四川大学创新创业教育实践基地；四川大学化学学院

**摘 要**：创新实践通识课程作为高等教育改革的重要方向，面临教研框架构建和能力评价指标缺失等难点。四川大学在此领域进行实践探索，通过跨学科形成教学共同体、重视教研并开发原创教学内容、构建半定量的即时反馈评价指标等策略，致力于提升创新实践通识教育教学的效率。本文定义了创新实践通识课程，探讨了一流高校建设创新实践通识课程的必要性和可行性，并对其模式做了展望。

**关键词**：创新实践通识课程；高等教育改革；课程建设

## 一、前言

党的二十大报告明确指出，教育、科技、人才是全面建设社会主义现代化国家的基础性、战略性支撑，必须深入实施科教兴国战略、人才强国战略、创新驱动发展战略。党的二十大报告还指明了一流大学是基础研究的主力军和重大科技突破的策源地，要以产生一流学术成果和培养一流人才为目标，研究真问题，做出真贡献。

在新质生产力的浪潮下，基础学科拔尖学生培养计划 2.0 的推出进一步凸

---

[*] 本文系第二批四川省产教融合示范项目"四川省先进建筑材料产教融合创新示范平台"、中国高等教育学会"2022 年度高等教育科学研究规划课题"项目"大学生创新创业项目成熟度评价量表研制与实践"（项目编号：22CX0413）、四川大学高等教育教学改革工程（第十期）研究项目"数字化评价指标'双创就业能力指数'研制与应用"（项目编号：SCU10059）的研究成果之一。

显了创新教育的重要性。创新实践能力已然成为当今时代对拔尖领军人才的核心要求，培养立大志、明大德、成大才、担大任的时代新人，关乎国家的竞争力、民族的伟大复兴。

然而，创新实践能力的培养并非易事，尤其是在传统的"作坊式"创新实践教育模式和"主观型"能力评价体系下，我们面临着诸多挑战。对于创新实践，缺乏系统、科学、高效的指导；对创新实践能力，缺乏科学、全面、即时的评价指标，很难为教学提供及时有效的反馈。

针对这些问题，在"创造性思维"课程的建设与实践中，我们进行了有益的探索。通过跨学科组建团队、重视教研和原创教学内容、基于即时反馈评价的方式，在创新实践能力的培养上取得了显著的成效。这些经验不仅为我们自身的课程建设和教学改革提供了宝贵的借鉴，也为其他高校和教育机构在创新实践能力的培养上提供了新的思路和方向。

本文旨在分享"创造性思维"课程建设中的实践经验，探讨创新实践能力的培养路径和评价机制，以期为更多高校和教育机构提供借鉴和启示，共同推动创新实践课程的建设与发展。

## 二、创新实践课程开设现状

目前，全国高校普遍重视创新创业教育和实践教育，大量开展了大学生创新创业训练项目计划、创新创业竞赛等形式多样的实践教学活动，但具体到实践课程，大致可以分为两类：

在专业基础实验课层面，高校根据专业开设了不同类型的实践课程。例如，"机械加工""化学实验"等专业基础课程，在工科和理科专业中广泛开设。这些课程注重学生的动手操作能力和专业技能培养，通过实验、实训、赛训等方式，让学生在实践中验证专业知识、掌握专业技能，并且锻炼创造能力。值得欣喜的是，随着高等教育发展，许多高阶、项目制、创新实践类课程正在面向高年级学生，以专业课形式开设。

在通识教育层面，许多高校开设了以创新创业基础为主的实践课程。这类课程通常面向全体学生。课程内容通常涵盖创新管理、创业知识普及、创业案例分析等，通过理论与实践相结合的教学方式，帮助学生了解创办公司的基本知识和流程，激发学生创业热情。

尽管许多高校已经开设了创新实践课程，但这类课程主要以理论、经验、案例为主，缺乏体系化的方法论指导，不太符合实践课程的定义。

值得一提的是，已经持续开展了十余年的大学生创新创业训练计划，在众多研究型高校中以每年数百万元的经费预算为支持，实现了对几乎所有本科学生的广泛覆盖。然而，经过深入调查统计发现，尽管该计划投入巨大、影响力巨大，但尚未出现一门系统化指导的课程，能够有效改变目前以"师徒制"为主的创新实践教学模式，从而实现该教学模式的提质增效。

这些现状揭示了当前创新实践教育领域的迫切需求，即需要探索和开发更加系统、科学、高效的创新实践通识课程，以更好地培养大学生的创新实践能力，推动一流的大学创新体系内涵建设。

### 三、创新实践通识课程的概念界定

本文所述"创新实践通识课程"，专门指针对"创新实践"进行系统化指导的通识课程。

首先，这里的"创新"并非仅指教学方法的更新或变革，而更多是指教学内容的创新。指通过构建体系化的教学框架，系统性的指导学生在创新实践活动中的入门级学习与初阶段发展。在此定义中，"创新"并非作为教学方法的修饰词，而是用以描述实践教学内容的特质。具体而言，创新实践通识课程的教学不再囿于传统技能培训等实践操作的范畴，而是进一步扩展到包括但不限于提出科学假设、设计实验、筹措资源、验证假设、数据分析、成果总结等创新性实践在入门阶段所必需的知识、能力和价值观的教育规律的探索与运用。

其次，相较于自发或零散的创新实践活动，创新实践通识课程的核心优势在于其系统性。在高校广泛实施的创新实践活动中，常见的教学形式为"师徒制"，即教师凭借个人的科学研究经验，对学生进行手把手的指导，学生则通过模仿与领悟来掌握相关技能。然而，创新实践通识课程要求建立更为深入的价值观体系，整合更为系统的能力要素与知识框架，并辅以恰当的教学策略，引导学生在创新实践活动中更加高效地学习与成长，促进"早进实验室、早进科研团队、早进科研平台"获得实效。

再次，与创新理论课程相比，创新实践通识课程更加注重实践性。目前，针对非管理类大学生的创新理论课程主要采用两种模式：一是"折子戏模式"，即邀请优秀的科研团队代表或产业专家等轮流介绍各自领域的最新进展；二是"综艺模式"，即邀请资深专家分享与专业相关的人生规划与经验心得。尽管这两种模式都能够在一定程度上涉及价值、思维、方法及他们在实际工作中的应用与体会，但仍依赖学生自我领悟科学家精神、自我迁移科研方法。而创新实践通识课程则更加直接地关注学生在实践活动中的亲身体验与实际操作，强调在实践中塑造价值观、培养创新能力以及掌握创新知识。

最后，与创业实践课程相比，创新实践通识课程更加符合国家战略需求。根据党和国家对一流大学创新体系建设的要求，一流大学要培养人去研究真问题，要着眼于世界学术前沿和国家重大需求，致力于解决实际问题；还要培养人真去研究问题，着眼于培养想干事、能干事、能干得成事的人。这意味着一流大学的在校大学生，无论当下还是未来，他们的创新创造与创业活动大概率会以科学研究、技术攻关、作品和产品创造、在岗的管理微创新等形式发生，所以这才是他们在校期间"应做"的事；根据四川大学大学生创新创业训练计划"创新"与"创业"两类项目数量统计，创新创业是四川大学 95％的本科生"在做"的事。所以创新实践课程应包含科学研究、技术攻关、作品产品创造等相关的价值观塑造、能力培养和知识传授，而不应该只聚焦产品开发或创办公司。

综上所述，创新实践教学是一种系统化、体系化的教学模式，旨在通过指导学生在大学"应做在做"的创新活动中的学习与发展，培养其创新精神与实践能力。相较于传统的创新实践活动、创新理论课程与创新实践课程，创新实践通识课程更加注重实践性、系统性、创新性与战略性，是当前高校实践教育改革与发展的重要方向之一。

## 四、发展创新实践通识课程的必要性

### （一）社会发展对创新教育的迫切呼唤

我们正处在一个从解放生产力向解放创造力转变的伟大时代，社会渴求的是努力培养造就更多大师、战略科学家、一流科技领军人才和创新团队、青年科技人才、卓越工程师、大国工匠等优秀创新人才，深入实施人才强国战略，完善科技创新体系，加快实施创新驱动发展战略，推动创新链、科技链、资金链、人才链深度融合，实现高水平科技自立自强。教育、科技、人才三者紧密相连，教育作为战略基石和第一驱动力，更应坚持"四个面向"，以前瞻性的眼光布局未来，构建科技创新人才成长的教育基石。

### （二）创新实践工作对通识课程的迫切要求

国家赋予高等教育人才培养和科研创新等重要使命。当前，科学研究已进入"有组织的科研"新模式，其挑战更大、要求更高，要求青年学生比过去更早产出创新研究成果，也就意味着他们需要更早开阔视野、掌握方法、接触资源。然而，现实却是创新实践教学未能及时跟进，学生的创新实践能力基础相对薄弱，与科研创新能力的高要求存在鸿沟。以本科毕业论文指导为例，教师普遍反映学生在文献查阅、学术写作等方面基础不扎实，需要耗费大量时间进行辅导。通过"师徒制"等典型教学方式，在有限的时间内，若教学效率无法提升，学生往往难以达标，进而出现揠苗助长、临时抱佛脚的现象。鉴于此，加强创新实践系统化的通识教育、提升学生创新实践能力，已成为高等教育亟待解决的课题。

### （三）创新学习对高效教学的深切渴求

对于广大学子而言，创新实践学习同样充满挑战。首先，创新实践学习内容浩如烟海，跨越多个学科和领域，学生常常感到无从下手。其次，创新学习内容纷繁复杂，学习过程中容易迷失方向，导致宝贵时间的浪费。最后，创新学习内容难度较高，需要学生在丰富实践中验证。然而，由于缺乏充足的实践机会和有效的反馈机制，学生往往难以保持持久的兴趣。因此，迫切需要创新实践教学作为一种系统、完整的教学模式，为学生提供明确的学习路径、高效的学习方法、丰富的实践机会和即时反馈评价机制，从而满足学生对创新学习的迫切需求。

综上所述，无论从社会发展的宏观视角还是学生学习需求的微观层面来看，加强创新实践教学都显得尤为迫切。

## 五、建设创新实践通识课程的可能性

### （一）内容层面的丰富性

历经数载的积淀与演进，创新实践所蕴含的底层思维、基本逻辑、核心原则、关键方法及工具模板等要素，已从个体经验的零散碎片逐渐凝聚成一套宏大、深邃且信息交织的复合系统。此系统不仅囊括了深厚的理论知识体系，更将实践经验有机融入其中，为创新实践通识教学的开展提供了肥沃的土壤和丰富的矿藏。通过对这些资源的精心梳理与有机整合，我们有望构建起一套相对完整的创新实践通识教学体系，从而为学生提供全面、深入且系统的学习支撑与引导。

### （二）教学场景的契合性

一流高校的教师浸润在科研与教学的双重环境中，对科学研究与创新实践的相关信息有着深刻而独到的理解。他们的工作日常除了授课之外，更多是投身于对高年级大学生的创新实践活动手把手的指导，这种紧密的教学实践虽已久远，但尚未被系统化为规范课程。

场景的高度契合为创新实践通识课程的建设带来了得天独厚的优势。高校教师能够将自身的科研经历、实践成果以及行业前沿动态作为鲜活的案例和宝贵的经验资源，注入教学之中，为学生提供更加贴近真实情境、更具前瞻视野的引导；同时，他们还能从自身的丰富经验中提炼出共性的思维框架、操作模式和方法论体系，与同行教师形成紧密的学术共同体，通过相互校验认知、探究普适性规律，进而凝练出通识性的教学内容和课程体系，以显著提升教学效率，并在科研助手能力提升层面受益于这种教学。此外，高校教师还能依托学校的实验室、实践基地以及广泛的校外合作网络等资源平台，为学生创造更多元、更深入的实践机会，从而触发更多"试错性实践"并收获具有深刻启发意义的反馈。

### （三）驱动力的多样性

创新实践通识课程的发展受到来自社会外部需求、教师职业发展以及学生个体成长三方面的强劲驱动。首先，随着社会对创新人才渴求的不断升级，高等教育必须肩负起培养学生创新实践能力的重任，以满足社会的迫切需求，这强烈影响着教育管理者的决策，从而有利于创新实践课程的发展。其次，教师个人期望通过创新实践通识教学课程化、体系化等途径，促进学生在科研等创新工作中更快成长、具备更强能力，以更好地胜任科学研究等高端任务。最后，学生个体也迫切希望通过创新实践通识学习来提升自身的综合素质和竞争力，为未来的职业生涯奠定坚实的基础。这三重发展诉求共同构成了创新实践通识课程发展的强大动力，推动其不断走向成熟和完善。

综上所述，鉴于内容层面的丰富性、场景的高度契合性以及强大的驱动力支撑，创新实践教学展现出巨大的发展潜力和可能性。我们有充分的理由相信，在未来的教育改革进程中，创新实践教学必将发挥举足轻重的作用，为培养更多具备创新精神和实践能力的高素质专门人才贡献显著力量。

### 六、创新实践通识课程模式畅想

创新实践通识课程的教学设计与实施方法，与传统创新实践课程显著不同，这是教学目标倒逼的必然产物，它以学生为中心，对传统的教学模式进行了根本性的挑战与重构。

在创新实践通识教学模式中，学生的实践主体地位被提到了前所未有的高

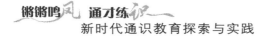

度，教师的角色也随之发生了深刻转变。创新实践通识课程作为这一教学模式的具体实施载体，可能呈现出以下特点。

### （一）高度个性化的学习路径设计

借助先进的人工智能技术，创新实践通识课程有望为学生量身打造高度个性化的学习路径。这种设计充分考量了学生的兴趣、能力及其所从事项目对知识和技能的具体需求，确保每个学生都能在最适合自己的学习轨迹上实现最高效的发展。

### （二）即时反馈与评价机制

通过运用 AI 技术，创新实践通识课程或能实现即时反馈与评价。学生在学习过程中达到的阶段性成果可以得到即时评价，从而帮助他们及时调整学习策略；同时，对于遇到的问题和困惑，学生也能通过能力型知识图谱帮助，迅速获得精准解答，有效提升学习效率。

### （三）跨学科的深度融合

创新实践通识课程致力于打破学科间的壁垒，实现不同领域知识和技能的深度融合。这种跨学科的学习方式不仅有助于学生形成全面的知识结构，还能培养他们解决复杂问题的能力，这也是当前社会对人才的重要需求。

### （四）教师角色的重大转变

在创新实践通识教学模式下，教师的角色将发生根本性的变化。他们需要从单纯的知识传授者转变为学习的运营者和管理者，运用先进的教育理念和技术手段为学生提供优质的学习资源和环境。同时，教师还需要不断研究反馈机制的有效性、关注学生的学习效率、管理学生的学习驱动力，以更好地支持学生的自主学习和合作探究。

综上所述，创新实践通识课程作为高等教育领域的一种颠覆性教学模式，不仅有助于培养学生的创新精神和实践能力，还能为高等教育的发展注入新的活力。

## 七、创新实践通识课程建设难点

创新实践通识课程的设计与实施面临着诸多挑战和难点，这些问题的解决对于确保课程的质量和效果至关重要。

### （一）教研难题：构建总体框架的挑战

构建创新实践通识课程的总体框架是一项艰巨而复杂的任务。难题在于缺乏直接相关的研究成果作为支撑。现有的教材和资源在指导大学生科研方面存在明显不足，无法直接应用于创新实践通识课程。因此，我们需要从头挖掘、总结科研方法论，并梳理、凝练为框架，这要求教育者不仅具备深厚的科研经历和丰富的指导经验，还需要拥有出色的总结提炼能力。

此外，与其他课程设计一样，创新实践通识课程的总体框架需要综合考虑课程目标、教学内容、教学方法、评价体系等多个方面，并确保它们之间的协调性和一致性。

特别值得注意的是，该框架还需要具备足够的可扩展性，以适应不同学科、不同专业、不同背景学生的学习需求。

### （二）教学效率难题：能力培养评价指标的缺失

尽管高校在人才培养计划、创新创业课程、教学方法及实践训练方面取得了显著进展，但在大学生创新实践能力评价方面仍存在明显短板。传统的成果导向型评价体系过于关注投入性指标和多年后的结果指标，而忽视了能力评价的客观性、及时性和教育质量的评估。这种评价体系无法全面反映学生的真实能力，也无法为教学提供及时有效的反馈。

针对这一问题，我们自主研发了《大学生创新项目成熟度量表》（简称《量表》），并全面应用于四川大学大学生创新创业训练计划中。该量表不仅具有较高的信度和效度，还展现出良好的延展性。具体而言，近 2 万项次基于《量表》的学生客观自评与 8 万人次教师主观评分的相关性超过 0.98，可信度高；教学效果方面，2020 年发布以来，四川大学 6000 项校级及以上立项项目的成熟度平均提升了 78%，效果显著。延展性方面，全国 20 余所高校应用《量表》，显著提升了学生的创新创业项目成熟度，证明了《量表》对于不同类型高校实践教学管理的普适性；此外，该量表已广泛应用于创新创业大赛赛训，展现出其在创新实践教育方面更广阔的应用前景。

同时，我们还需要进一步研究和构建"学生创新成长力指数（GI）"与"创新教育力指数（ECI）"，以量化评估学生的创新能力和教学质量。这将有助于我们更全面地了解学生的学习情况和教学效果，为后续的教学改进提供支撑。

然而，这一过程中也面临着诸多挑战和难点。如何确保所构建的 AI 辅助教学系统以及各项指数的科学性、准确性和实用性是一个重要问题。这需要在大量实际数据的基础上进行反复验证和修订，以确保评价结果的客观性和公正性。同时，我们还需要关注这些工具和指数如何更好地融入现有教学体系，实现教育教学的优化升级。这是一个长期而持续的过程，需要教育者的共同努力探索。

## 八、创新实践课程建设的川大实践

在深入推进创新教育的背景下，四川大学在"创造性思维"创新实践通识课程建设方面取得了一些成效，积累了宝贵的经验，并逐步形成了具有独特性的教学范式。现将四川大学在课程建设中的主要实践举措概述如下。

### （一）打破学科壁垒，建立多元化教学团队

鉴于创造性思维的培养涉及知识面的广泛性和思维方式的多样性，四川大学在"创造性思维"课程建设初期就注重跨学科整合教学资源。我们积极打破学科壁垒，组建了一支由不同学科背景优秀教师构成的教学团队。这些教师不仅为课程带来了丰富的专业知识和独特的学术视角，还通过交流协作，共同形成了一个充满活力、相互支持的教学共同体。这一举措为课程的不断创新和持续发展奠定了坚实的基础。

### （二）强化教学研究，创设系统化、开放性的教学内容

教学内容是课程建设的核心要素。在"创造性思维"课程的建设过程中，教学团队始终将教学研究作为重中之重。我们从创新实践活动的实际需求出发，精心构建了原创性、体系化的教学内容。具体来说，我们首先确立了课程的内容框架，按照大学生参与创新实践活动的逻辑顺序划分了关键阶段，细化了各阶段所需的能力和技能点，进而构建了全面的知识图谱。这一系列工作确保了课程内容的系统性和实用性，有效支撑了学生创造性思维的培养。更重要的是，该教研路径做好了教学内容的框架性与内容开放性的平衡，未来，每一个在四川大学指导过大学生创新创业项目、竞赛项目、毕业论文的教师都有端口，可将自己的教学心得融入教材。

### （三）注重教学评价，构建基于半定量指标的即时反馈机制

教学评价是提升教学质量、促进学生发展的重要手段。我们自主研发并应用了基于《大学生创新项目成熟度量表》的评价体系。该量表通过半定量的方式客观评估学生在创新项目中的表现和成熟度，为教师提供了即时的反馈信

息。借助这些反馈信息，教师能够及时调整教学策略，优化教学过程，确保课程目标的实现。同时，这种评价方式还鼓励学生进行自我反思和持续改进，有助于激发他们的学习动力和创新潜能。

## 九、结语

在剖析了创新实践通识课程的多元面向之后，不难发现"创造性思维"课程建设中所取得的实践经验，实质上是对传统创新实践教育模式的一次深刻重构。通过跨学科的教学共同体构建、教研活动的深度开展与原创性教学内容的有机融合，以及半定量即时反馈评价指标体系的精心设计，开展的课程改革可视为对创新教育理念的一次有益尝试与具体落实。

然而，面对国家战略中提出的创新驱动发展战略及一流大学创新体系建设的宏伟目标，创新实践能力的培养仍面临诸多挑战，尤其创新实践通识课程建设与能力评价问题仍然充满复杂性。未来，需要进一步加深对创新实践通识课程本质属性的认识，系统梳理其理论体系与实践路径，积极扩大课程内容建设的"朋友圈"，努力探索科学有效的能力培养模式与评价机制。同时，殷切期望同行共同致力于创新实践通识课程体系的完善与发展，共同为培养新时代的创新人才贡献力量。

### 参考文献

[1] Marquardt，M. J. The Future of Leadership Development：Insights and Issues for a New Era [M]. San Francisco：Jossey－Bass Press，2010.

[2] 何静. 现代学徒制下学生职业能力评价研究 [D]. 上海：华东师范大学，2017.

[3] Zhang，H.，Li，H.，Wang，Y. Enhancing Project Management Capability Through Maturity Assessment：The case of Huawei [J]. Journal of Business Research，2019 (1)：248－257.

[4] Chen，X.，Yang，Y. Examining the Relationship between Project Management Maturity and Organizational Performance：Evidence from China's High－tech Industry [J]. Project Management Journal，2020 (3)：35－48.

[5] Wang，P.，Zhang，L.，Guo，H. The Impact of Project Management Maturity on Project Success：A Literature Review and Future Research Agenda [J]. International Journal of Project Management，2018 (5)：1285－1298.

[6] 布鲁纳. 教育过程 [M]. 邵瑞珍，译. 北京：文化教育出版社，1982.

[7] 杜威. 民主主义与教育 [M]. 王承绪，译. 北京：人民教育出版社，2001.

[8] 李·S·舒尔曼，王幼真，刘捷. 理论、实践与教育的专业化 [J]. 比较教育研究，1999 (3)：37—41.

[9] 黄兆信. 师生共创：教师认知差异与行动取向的实证研究 [J]. 南京师大学报（社会科学版），2020 (3)：27—38.

[10] 李津津，叶佩青. 新工科背景下贯通式项目制研究型综合实践教学模式探讨 [J]. 中国大学教学，2020 (10)：58—61.

[11] 张瑾，陈林秀，白海峰. 以工程教育理念为引领的跨专业教学探索与实践 [J]. 实验室研究与探索，2019 (9)：174—117+181.

[12] 陈烈，刘吕高. 创新创业教育实践路径新探：如何培养基于项目制的塔式创新团队群 [J]. 吉林省教育学院学报（中旬），2012 (4)：72—73.

[13] 袁渊. 项目制课程下设计类学生创新创业生态链的初探 [J]. 教育教学论坛，2018 (32)：46—47.

[14] 赵国靖，龙泽海，黄兆信. 专创融合对高校创新创业教育绩效的影响研究——基于12596 份教师样本的实证分析 [J]. 浙江社会科学，2022 (7)：142—151+161.

[15] 黄兆信，黄扬杰. 创新创业教育质量评价探新——来自全国 1231 所高等学校的实证研究 [J]. 教育研究，2019 (7)：91—101.

[16] 张玉利. 创业管理 [M]. 北京：机械工业出版社，2020.

[17] 雷家骕. 创业管理：理论与实务 [M]. 北京：清华大学出版社，2015.

[18] 赵北平. 大学生涯规划与职业发展 [M]. 武汉：武汉大学出版社，2006.

[19] 徐小洲. 大学生创业技能发展战略研究 [M]. 杭州：浙江大学出版社，2014.

[20] 黄兆信. 岗位创业教育论 [M]. 北京：中国社会科学出版社，2020.

[21] 刘志阳，林嵩，路江涌. 创业基础 [M]. 北京：机械工业出版社，2021.

[22] 李开复. 创新的未来 [M]. 浙江：浙江人民出版社，2018.

[23] 范海涛. 一往无前 [M]. 北京：中信出版社，2020.

[24] 张瑞敏. 海尔转型：人人都是 CEO [M]. 北京：中信出版社，2014.

[25] 周鸿祎，范海涛. 颠覆者：周鸿祎自传 [M]. 北京：北京联合出版公司，2017.

[26] 陈倩，张朔，许可. 财政金融支持绿色低碳技术创新研究——基于技术成熟度视角 [J]. 西南金融，2024 (1)：29—42.